東西両宗教の
内実的同異

名木田 薫 著

大学教育出版

東西両宗教の内実的同異
目　次

序 …………………………………………………………………………5

第1章　仏基関係における同異の考察 …………………………9
　問題提起 ………………………………………………………………9
　　第1節　キリスト教と仏教 ………………………………………14
　　　（Ⅰ）仏教と仏教から見られたキリスト教　14
　　　（Ⅱ）神秘主義、禅そしてキリスト信仰　27
　　　（Ⅲ）真宗とキリスト教との関連　38
　　　（Ⅳ）主として両者の相違点　49
　　第2節　禅とキリスト教 …………………………………………62
　　　（Ⅰ）禅と公案　62
　　　（Ⅱ）禅の提唱　73
　　　（Ⅲ）禅と先尼外道　82
　　第3節　人格と宗教 ………………………………………………89
　　　（Ⅰ）宗教における人格の意義　89
　　　（Ⅱ）人格と無我　99

第2章　キリスト教内における同異の考察 ―ヨブ記論考― ………110
　　第1節　「成人した世界」とヨブ ………………………………110
　　第2節　ヨブ記（詩編などを含む）と「空」…………………155
　　要約（ヨブ記）……………………………………………………174

補　遺　エックハルトにおける神秘主義 ……………………181

あとがき ………………………………………………………………207

東西両宗教の内実的同異

序

（1）
　我々日本人の場合、キリスト教に関心を持とうとするとき、西洋的キリスト教に同調してしまうか、外面的にはそういう形を取りつつ内実は禅的考え方になるか、あるいは外面的にも西洋的キリスト教を離れてしまうかの三者択一になるのではなかろうか。三者のうち第三番目が最も正直で"自己"実存的であるといえよう。それに比し前二者には"自己"実存的ではないという偽りの混入が感じられる。例えば、右側には禅的悟り、左側には可視的世界のリアリティという領域があるとして、そのどちらへそれることもなく、「あなたには、わたしをおいてほかに神があってはならない。」（出エジプト20,3）という十戒の言葉を道しるべとして進み、神、キリストの許に至らねばならない。左から右へと悟るのが禅であろう。これは表裏関係にたとえれば、表から裏へという方向といえよう。これに対しキリスト信仰はそういう表裏一を突破して刺し貫くと考えればよい。啓示はいわば縦に上から下へ到来する。表裏一の世界を変質させるのである。先には便宜的に左右に分けたが、初めからそういう左右が存してはいない。キリストへの一本道を行くに当たって、そういう左右の別が自ずから生じてくるのである。左右に広がる表裏一の世界を左右同時に突破するのが実態である。本来なら重層的に縦に重なっている構成を横から見てそれを二次元的に現すと、このような表現の仕方となるのではなかろうか。

（2）
　人の心が無になったとき、その心にはキリストの姿形が映ってくる。ここに"キリスト秘"が成立する。無と一のキリストが入ってきているのだから、キリスト神秘主義ではない。そこには人間主義的な要素は欠如しているから。人間的、人間主義的、現世的、可視的なものが心をふさいでいる限り、心は霊

的なるものを写し取りえないのである。イエスが生前にモーセ、エリヤと出会ったとき姿が変わったという記事がある（マタイ 17,2 以下）が、ちょうどそのように、我々も世に生きている間にイエスのことを思い、出会うのではなかろうか。決して終末後の世界についてイメージを描くだけではなかろう。キリスト信仰は人格的宗教であるから。

　イエスが神の子であること、神が人として受肉したこと―これらのことはよく考えてみると、どういうことか見当さえつきかねるほどのことである。そもそも神の存在自体が人の手が届かないところにある。いわんやである。ただただ信じるか否かである。論証も反証もできないのである。

　さて、「あなたがたは世の光である。」（マタイ 5,14）というイエスの言葉も、もとより愛という契機も重要ではあろうが、義への固執と無関係ではなかろう。キリストの許に至って初めて人は人になる。たとえ人間でもキリストの啓示に至るまではヒトではなくてモノであろう。人はモノを超えて初めて人格的ヒトとなるのである。禅は無に至って人格的次元のことをさえも脱落させる。キリスト信仰から見れば、脱落させることで、少々極端ないい方にはなるが、もとより意図的ではないにしろ「義」を欠く限り自らモノになっているのではなかろうか。これは西田哲学の一即多がイッショクタという揶揄を招くことと平行した事態であろう。仮に宇宙のかなたにどれほど知能の発達した宇宙人が生きていたとしても、彼等もまたモノに過ぎないであろう。先の「あなたには、わたしをおいてほかに神があってはならない。」（出エジプト 20,3）とは、換言すれば"わたし以外のものを恐れてはならない"との意であろう。神以外のものを恐れることは神を畏れていないことを露呈するから。神への畏れと神以外のものへの恐れとは二律背反である。何かを恐れることはその当のものがその人にとって神であることを意味するから。かくて「わたし」以外のものを畏れる、恐れることは許されない。その聖句（これに限らないが）を道しるべとして生きて、人格的次元の事柄が立ち現れてくる。徐々に人はモノからヒトへと変えられる。このことはパウロのいう「わたしたちの卑しい体を、御自分の栄光ある体と同じ形に変えてくださるのです。」（フィリピ 3,21）という状況の始まりを意味するとも考えられよう。先に神以外の何ものをも恐れないことを

述べた。そのうちには死も入る。捨命という契機が大切である。ただ、自己に託された使命遂行のために生きることを願うのは許されはしないのか。このことは「世はわたしに対し、わたしは世に対してはりつけにされているのです。」（ガラテヤ 6,14）という事態の後でのことだから。もっともこれは単に時間的前後関係の意ではない。この告白は「この世を去って、キリストと共にいたいと熱望しており」（フィリピ 1,23）という表白へと通じていくものであろう。

　こういう過程での可視的世界のリアリティの喪失、つまり無という事態は副産物といえば確かにそうであろう。だが主産物と不可分一体なので、「副」とはいえまい。見方の相違ともいえよう。そういう喪失から見ると、逆に人格的事柄の顕在化が副産物ともいえよう。反対に人格的事柄の顕在化から見ると、そういう喪失が副産物となろう。要はキリスト信仰は例えば先の、あなたには云々の聖句（出エジプト 20,3）への固執を通して可視的世界の無化と人格的事柄の顕在化という二つの事柄を同時に達成するのである。

　　（3）
　キリスト信仰は人格的事象への集中を通してそこへ至る。そこで無という副産物と人格という主産物とが生成される。かくてそういう結果での両面の関わりについて仏基関係とキリスト教自体の内とにおいて考察したものである。
　キリスト信仰は先のような仕方でキリストの許に至ろうとするので、可視的、現象的、世俗的な事柄からの自由がそれ自体が目的ではないが、いわば副産物のごときものとして必然的に、だがあくまで付随的に生じる。パウロは心に書かれた律法をいう（ローマ 2,15）が、彼はユダヤ人なのでその背景には「あなたには、わたしをおいてほかに神があってはならない。」（出エジプト 20,3）という一句が存する。そこでただ単なる一般的な、いわばギリシャ的な心の内での法則としてのそういうものではない。ギリシャ的な心の法則というのみでは背後に啓示の神が存しておらず、そういうものは人の心に対して有限な働きしかなしえない。そこで禅の場合でのようにこれ自体も撥無される方向へいくことも生じよう。世俗的方向への歯止めの役をなしえない。例えば「心の清い人々は、幸いである、その人たちは神を見る。」（マタイ 5,8）というイエスの

言葉を聞いて、可視的世界のリアリティが消えていく。人間社会のリアリティのみではなく、自然的世界のそれもまた。イエス・キリストの出来事をそういう意味のものとして信じて、そのことを通して霊が人の心の中に入ってくる。信じることは人が心の扉を自ら開けることを意味するから。イエスは「わたしの名のために、家、兄弟、姉妹、父、母、子供、畑を捨てた者は皆、その百倍もの報いを受け、永遠の命を受け継ぐ。」(マタイ 19,29)という。それだけの犠牲を払ってもイエスを信じうるのは、神が義なる存在だと信じるからである。ほかに理由はない。ただ単に終末後の世界と今の世界との境目が消えるのではなく、さらに心が境目の先の方へと移っていく。そしてそこに住まうこととなる。またそこからこの世界へといわば出張ってくる。こうして世にある人々と神、キリストとの間にある存在となる。死後は本来の住所のあるところへ帰ることとなるのである。

　以上によって、禅では不十分ではないかと思わざるをえない。キリスト信仰によって人格的存在となり、それでもって初めて主体が成立して、主体性の確立に至るのである。一方、禅では人格は成立せず、厳密な意味では主体は成立しない。無という点では現象としては同じだが、人格全体としては全く異なる。なぜならキリスト信仰は人格的事柄への集中を通してキリストへ至ろうとするから。かくてキリスト信仰ではそういう集中なしでは無もまた成立しえないのである。一方、禅ではそういう仕方での無の成立は不可能であろう。

　先の『東西の表裏一と聖書的思考』はキリスト信仰に基づくのだが、主として客観的、宗教史的、歴史的観点から東西両宗教について基本的に同一なる点について扱い、次いでそれを啓示は突破することを述べた。一方、本書『東西両宗教の内実的同異』はキリスト信仰に基づく主体的、実存論的観点に立って東西両宗教の内実の同じ点と異なる点とについて論じている。かくてこれらの二書は内容的に深く関連しており、相互補完的と考えることもできよう。このように両書は同じ事柄を扱うが、見る観点が異なる。前者では実存的受容による啓示に基づくキリスト信仰を予備的に第二部において考察した。一方、後者ではまさにその啓示の場に立って仏基関係とキリスト教内での無とキリスト信仰との関わり合いを考察している。

第1章 仏基関係における同異の考察

問題提起

　日本は伝統的に仏教国である。したがってキリスト教の立場から考える場合にも、仏教との関係は非常に重要な事柄に属する。さて人格がいわば分裂していくような苦しみの場合には、人格的他者によって救われるほかないのではないか。例えば肉欲で苦しんでいたアウグスチヌスのごとくキリスト教的にいえば、新しい自己と古い自己、霊につく自己と肉につく自己との戦いが、一人格の内で行われているような場合、自力的な無我の立場という救いは無力ではあるまいか。このような人格分裂的状況は無我の立場へは通じないであろう。自分自身の人格が分裂的状況にある場合、他者によらねば救われなくはないのか。親鸞が煩悩との戦いの果てに、他力的方向へ進んだことも同様に考えられる。罪との戦いがどれほど激しいか、換言すれば倫理的な事柄に対してどれほど強く反応する人格であるかがキリスト教のごとき他力宗教へおもむくか、あるいは自力的方向へおもむくかの別れ道である。自己の存在の根底にまで達するような上述のごとき苦しみがあれば他力宗教へおもむくであろう。あくまでキリスト教との比較での話だが、仏教は全般に罪と戦い、それから脱却しようとしているのではない。勿論全くしていないというのでは毛頭ない。キリスト

教では罪は本来あるべきものではなく、人が神に背いて入ってきたのだから、それと戦うのは当然の帰結である。仏教では罪は、業が仏教的表現だが、人間存在にとっていわば不可避的だからあえて免れようとはしない。ここにはキリスト教が絶対者、超越者たる唯一の神を信じるのに対し、仏教では全てのものに仏性があり、凡神論的であることとの相違が反映している。かくて仏教はいわば覚の立場であるが、キリスト教はそうではなく、罪の現実から脱却しようとする。だからこそ回心前に人格分裂的でもあろうし、そうであればこそまた回心後にキリストの十字架との共感、連帯という契機も生まれる。このことはまた、敵を愛せよ(マタイ5,44)という言葉から感じられるように倫理的な事柄に感覚が鋭いこととも関係する。仏教は四門出遊における生、老、病、死から始まる。一方、ユダヤ教の聖典でもある旧約のアダムとエバの物語(創世記1〜3章)を見ると、人が神を神とせず、自己を神化、絶対化しようとしたことが考えられ、そこから死が入ってきたという。聖書思想の根本は罪のない者は死なないということであろう。このようにキリスト教では最初から神を神とせずという契機が考えられている。つまりただ単に倫理的ではないが、倫理的要素が入っている。このような最初の相違は最後まで貫かれているように思われる。

　罪との戦いに参入する場合、罪と戦うことへ自我を開くとき、開く行動が先にあって初めて信じることの前進もあるのか、あるいは逆に、まず信じているから自我を開く行動があるのか、どちらなのか。行動をおこしうるには信じていなければならない。信じていない限り、行動を起こそうにも起こしえないから。しかし逆に、行動へと歩み出ない限り古いままの自己に留まっており、信の前進もなくはないのか。存在と思惟(信仰)とはどちらが先とはいえないことになるのか。信仰の前進を求めていると、それまでの自分の在り方が限界であることが分かる時が到来し、その在り方が信仰への見通しによって突き破られ、行動へと現れ出ることになるのか。

　自我という観点から考えてみよう。仏教では自我の否定とか自我の破れということをよくいうが、こういう考え方はキリスト教でもある意味で妥当する。即ちキリスト教では自我の否定とは古い自己から新しい自己へと転換す

ること、つまり古い自己を捨てること、古い自己を捨てようとすること、罪との戦いを受けて立つことを含意する。こういう仕方で今までの生き方の逆転を決意するという意味で自我の否定といえる。しかし少くとも従来の欧化されたキリスト教では自己自身が否定されては新しい人を身に着ける(エフェソ 4,24、コロサイ 3,9 以下)こともできなくなろう。このことは従来のヨーロッパのキリスト教思想では自我からの脱却という問題が解決されていないことと呼応する。ところでいくら古い人を脱ごう(エフェソ 4,22)と努力しているとはいえ、人間この世界に生きている限り、古い自己に属す生き方を存在自体として完全に脱却することは不可能であり、古い自己が完全に否定されたとはいえない。古い自己に属す、自然的に生きようとする性向の逆転をも含意するキリスト教にとってこのように古い自己の完全否定ということはありえない。仏教では罪との戦いを戦い抜こうとするのではないが、あくまで仏教的意味だが、自我の否定という契機はありうる。仏教的には自我の否定、無の立場、自然的性向をあえて逆転させようとはしない、これらが呼応する。一方、キリスト教では、新しい自己を着る(新しい自己)、新しい有の立場、自然的性向をあえて逆転させようとすることが呼応する。こういう点から考えて、敵を愛せよ(マタイ 5,44)とはきわめてキリスト教的な言葉といわねばならない。ところで、キリスト教での自我の否定は今述べたように古い自己を捨てて、新しい自己を着る、つまり真にキリストが自己の内に入ってくることを意味する。かくて自我の否定という契機が必要という点では、仏教もキリスト教も同様である。それには沈まないことを信じて海の上へ歩み出ることが必須であろう。一切の地的なものと内面的に無関係になっていることが必要であろう。自我の否定ともいうべき契機なしには真にはキリストは自己の内に入ってこないし、またそういうことなしには自分自身の十字架を負うことも、敵を愛することもできようはずはないのだから。ただ真に敵を愛しうるためには死を通っていなければならないとしても、この場合の死が仏教でいう大死一番というときの死と同質か否かは考えてみなければならない。キリスト教では、キリストのために死ぬことに呼応して、信じる者には「万事が益となるように共に働く」(ローマ 8,28)というごとく一種の運命愛とでもいうべきものが見られる。そこで仏教的な大死

一番というときの死という性格も入っているのか。大死一番という場を通っていないと、つまり現象的、現実的な世界にある何かに執着のある状況では、「世の光」（マタイ 5,14）でもありえないし、敵を愛しもできまい。

　ところで、大死一番と十字架上での文字通りの死との間には相違があるのではなかろうか。勿論この場合価値判断的にどちらがよいとか、悪いとかいうのではない。しかしキリスト教では文字通り十字架を負って死ぬことはキリストにしかできない。これはもとよりキリスト教の側からの判断だが、キリストを真に信じている者は大死一番と文字通り十字架上で死ぬこととの間にあるといっては不穏当な表現になってしまうであろうか。いかに大死一番という場を通っても、人間この世界に生きている限り、この世の思いが完全に消えるわけではなく、キリスト教的には、そういう危険と戦うことが必要であろう。キリスト教は仏教のように大死一番という覚の立場に留まりえない。自然的性向と戦いつつ、自分自身の十字架を負いつつ、キリストの苦しみとの共感、連帯を信じる立場にとってそういう場には留まりえない。仏教ではいわば静的な覚に救いがあるが、キリスト教では動的な罪と戦うところに救いがある。仏教の世界を無色透明の世界とすれば、キリスト教の世界は光と闇の世界、陰影のある世界である。十字架を負うことのない信仰によって義とされようとするので、無益な実りのない議論が百出する。また大死一番の場を通る必要があるとはいえ、これはあくまで内面的に時熟してそういう状況に達するのでなければならない。ただ単に外面的にこの世界の内のものの断念を強要されているだけであれば、その外面的条件が何らかの契機によって取り除かれると、またこの世界の思いが復活するであろう。もしそういう外面的条件がある場合には、そのことが契機となって内面的に時熟するという方向に向かうことが不可欠であろう。

　最後に、強い自我について。アウグスチヌスのように顕在的に肉欲の方に崩れていく弱い自我の場合には、そういう自我からの自由から神秘主義的に神の方へ上っていくという形で信仰が形成されることも考えられる[1]。一方、現実的、世俗的ないかなることへも、一見崩れていかぬ自我、そういうもの一切からいわば離脱しているようにも見える自我も存しうる。アウグスチヌスの場合の自

第1章　仏基関係における同異の考察　13

我を弱い自我といえば、強い自我とでもいえよう。勿論この場合、弱い、強いとは便宜的にであるが、こういう自我は傲慢の罪におちこむ危険がある。世俗的なものへと崩れぬ代りに自我自体への囚われが生じよう。このことが真の自由の障害になる。自我の強い人間はその強い自我のために苦しむことになろう。もっともただ単に自我が強いだけなら、別段苦しみはない。そうではなく反対にそういう自我から自由になろうとするので苦しむ。アウグスチヌスの場合にも肉欲が強くて苦しむが、ただ肉欲が強いだけなら特に苦しみはしない。そういうことから自由であろうとするもう一人の自分があるゆえに苦しむことになる。いわば人格分裂的状況がここにはある。

　自我が強くて、しかもそれから、免れたければ仏教的な自力の立場におもむこう。しかし同時に倫理的傾向が強い人格の場合は、仏教的、静的な覚の立場では満足できず、キリスト教の方におもむくのか。したがって仏教的な無我の立場でキリストを信じることになるほかないのか。しかしこういう立場が成り立つのか。たとえキリストを信じることでも、無我の立場とは相容れないのか。なぜならキリストを信じることは、新しい自己へ甦えることになり、無我ではなくなるから。あるいはそうではなく、新しい自己の立場は無我以前の古い自己の立場と異質なので、無我の立場と相容れるのか。聖書自体の中にそういう表現はないが、キリスト教では、神による無からの創造という考えが存する。かくて、キリストを信じて、無から造り直される。そこでキリスト教にとって、無は決して異質なことではない。「なんという空しさ　なんという空しさ、すべては空しい。」（コヘレトの言葉 1,2）ともいう。しかし他方聖書には罪なき者不死という基本的理念が存する。これはきわめて人格的な事柄であり、直ちには宇宙万物に関わりはない。このような点さえも仏教には、おそらく人間のセルフ・センタードネスとして映るであろう[2]。しかしこの点は人間が人格的存在であろうとする限り不可避的なことともいえよう。人格的内容の存在が直ちにセルフ・センタードネスの残存にはならないし、また逆に人格的内容を抜いてしまっても、それでもなおセルフ・センタードネスが残っていることも考えられよう。

　たとえ無を媒介している点は同じでも、このような点に仏教的な無の立場と

キリスト信仰の立場との分かれ道が存する。要は自我が弱くて倫理的傾向が強い場合にはアウグスチヌス的キリスト教、自我が強い場合には仏教的な無の立場、自我が強くて、しかも倫理的傾向が強い場合には、無我の立場でのキリスト信仰という道になるのか。

【注】
1) Soliloquia Lib.1, Confessiones Lib.10
2) 西谷啓治『宗教とは何か』昭和39 5.空と時、6.空と歴史

第1節　キリスト教と仏教

（Ⅰ）仏教と仏教から見られたキリスト教

　あるキリスト信仰に達すると、その立場と西洋のキリスト教や仏教の立場とがどういう関係にあるのかを考えざるをえなくなった次第である。そこで、まず仏教的立場の特徴及びそこから見られたキリスト教について若干論じたい。

（1）

　まず初めに宗教全般にとって重要問題の一つである自我について仏教ではどう考えるのか。自分に属さないにもかかわらず自分のものとするところから種々の問題が生じるが、少々長いが仏教者によると次のようである[1]。我執を捨てることが初期仏教の経典で強調される。修行完成者は自ら自己を見ることがなく、対象的な何かを我がものとする執着を離れることを目標としたから。実体的原理である我、霊魂のようなものの想定も拒否し、我自体については沈黙し、形而上学的考察の回避は初期仏教の根本的立場であった。人間の行動の主体という問題には返答を拒んだ。求道者には自我、生存するもの、個体などの思いもおこらぬ。後(のち)には人が輪廻の主体として存せざるをえないと考えら

れ、我執、我慢を除き去った自我は智と呼ばれ、仏教でも認められてはいる。ただ我執、我慢等が破却されれば自我の有無という問題は解消し、そういうよい意味での自我までも解消する立場に至らざるをえない。現在の自我は我々が置かれた社会との対応の中からの自己であり、いくつかの可能性の中の一つが現実化したにすぎない。自明な自我から出発せず、自明な自己に達せんとする。そうすることは心の中でここまでは無常、これは常住というように限界の一線を引けないことを意味しており、心全体が無常、無我であると主張される。無我説は時代と共にその解釈が変わった。一切を無常と知らぬは縁起の理に明らかでない。真理が有無いずれでもなく、有かつ無でもなく、有無の性なきものでもない。常住であり変化しないものの上には何事もなされえないから我が常住なら全ての行為は意味がなくなる。仏教での無我は「常見」と「断見」とを超えた立場である。アートマンにはその都度の状態の差別と自己同一的存続という一見相矛盾する両性格がある。菩薩行は自利即利他であり、主体と客体の対立は解消して両者は相即する。一切は相依り、相俟ち、相互相資の関係にある。一つも独立絶対の実体はないという考えに立つ。このような無我説を説く場合、たとえとして車が持ち出され、部分が一つにまとめられ互いに助けあって働くところに今までなかった力が生じる。部分を「縁として」あるものだが、部分「から」生じたものとはいえない。人間を構成している手足、胴、腹等を一つ一つ除くと人間は消失するが、手足等は一つ一つでは人間とはいえず、人我としての人間は得られない。太郎とか次郎とか呼ばれているものは唯名称、仮名である。以上である。

　さて、このような無我という立場に立った場合、人間の倫理的、人格的側面——この点はキリスト信仰では唯一絶対の人格神を信じることから考えても特に重要だが——はどのように扱われるのか。もとより倫理的側面が無視されるなどということはありえない。仏教者によれば次のようである[2]。仏教は心の浄化を目標とし、一切の悪をなさず善を行ない、自己の心を浄める。心の本来の清浄とは浄穢超越の絶対の清浄を意味する。人間は善いことをすると天の世界に生まれ、神々の一人となる。神々の生の方が人間の生よりもすぐれている。倫理的行為の基本的立場である自利利他とは利他から自利への道であり、私を

軸とする立場から他を軸とした立場へ翻ることである。柔軟心こそは大悲の仏心そのもののこの世への写しである。人間実存として本来的な罪の意識に覚醒し、懺悔する宗教的内省が尊重され、こういう罪観によって善を行えばそれを誇ることなく、体空を観じ善と悪とを観照して、悪は善成立の根拠であると達観する。こういう罪悪観が深い場合極悪人たる自己の地獄行きも考えている。反面、人間の本質を悪とも善とも規定せず、時には悪であり、同時に善であり悪でもありうるような不可思議な存在である。人間は神々と獣との間に位置し、人間のみでなく一切衆生も仏の教えを聞いて解脱しうるとされ、しかもこの時神々も人間と同様に欲望に囚われ執着をもっている。一切の生物は人間と同格位にある。人間は自然と不離一体の関係で見られる。自然界のみでなく人間界である世間も草に等しく、全く価値なきものという考えも現れている。人間として努力せよという場合でも、老いかつ死す運命にあるから一時半時も惜しんで励めとか人生を苦空無常と観じながら人身の尊厳に思いをいたす。人の努力の究極目標は最高の自覚に達し、人間性を完成さすことである。以上である。

　このように無我ということをいうと同時に利他行、慈悲心などの人間の倫理へ現れてくる面を強調する。このような人間観が仏教の即身成仏をハイデッガーの非本来的自己が脱自して本来的自己になるとする考えから区別する（日本仏教学会編『仏教の人間観』1975 p.47）。本来的自己の超越であり、超越の超越によって覚証されるものである。このような罪悪観の両面を考え合わせるとき、倫理的行為が強調されて罪悪観が強く出ている場合でも、キリスト信仰でのように人間自身が神による被造物として神のかたちに型どって造られているのではなく、自然的世界を構成する一要素と見られていることが背景にある。つまりキリスト信仰でのように他なる神がこの世界に色々の形で自己を啓示するという考えはなく、人間も他なる神と対話する存在とは考えられず、いわば被造的世界の中に埋没しているのであろう。励むということもあくまで人間の自然的存在との対応、連関からいわれている。キリスト信仰で神であり、人であるキリストを信じ従うように、他なる超越的人格者との関連という契機は基本的にはなかろう。キリスト信仰に比べこういう点にも人間主義的─決して悪

い意味ではない——側面が見受けられるのである。

　（2）
　以上は仏教全般についてだが、次に特に禅の場合について考えてみたい。というのもキリスト信仰の観点から見るとき、仏教といってもとりわけ日本の仏教の意であり、しかもキリスト信仰と異なる無神論の立場である点からも禅[3]、また禅から見られたキリスト信仰がどういうものかについて特に興味深いからである。
　さて、覚とは少々長くなるが、次のようである[4]。覚とは超越的であると同時に内在的であり、日常的な感覚や思考の経験が超えられる時にのみ経験しうる。感覚や思考の世界と相争うことはなく、主客の区別もなく把握する者が把握される者である。絶対的統一の経験であり、主客のかなたにあり、もはや私とかそれとかはなく、ただ純粋な存在あるいは私がある。自我は忘れられねばならぬが、西洋人には自我なしには意識というものが考えられない以上、不可思議とも思われる。東洋精神にはそういうことは困難でなく、意識は自我の状態を超えていきうる。自我の拡大体験では自我意識の広がりと強さが直線的に無限なるものへ入るのではなく、むしろ消えることとして自我の限界が失われるのであり、神秘主義者が自我の外界に対する限界をもはや感知しない状態と類似の性格をもつ。自我の消滅は自我と外なるものの間の融合と結合し、主客の分裂の止揚でもある。禅での思惟が垂直的思惟とされるように、種々の表象が停止させられ精神が深く沈み意識が拡大され無意識なるものが登ってくる。この無意識は客観的諸条件から持続的に自由であり、それらとの接触により刺激されない。これは意識の基礎でもなく、混沌の上にただよう世界精神でもなく、無時間的でありつつ、しかも全ての時を含む。自己認識のある一定の様式を意味してもいない。人々が脱自、無関心、無感覚の状態に堕していくことの内にあるのでもない。過去、現在、未来のいかなるものにも囚われず自由なのでいかなるものの上にも留まらない。以上である。
　キリスト信仰のように自己の外の世界へ受肉したキリストへ重点が移るごとく、外なるものの方に重点が移ることはなかろう。

ところでこういう状況にどのようにして達しうるのか。大略次のようである[5]。公案において思考を集中して最高の緊張状態に至り、二つの道しか残らないようにする。第一は人間の意識が崩壊して悟性を失うか、第二は人間の意識が限界を超えて完全に新しい視野を開くか、悟性の能力を可能な限り高めさせることを通してである。後者の道へいった時、論理的飛躍により理性的思惟は止み今まで不合理に思えていたものが全く自然なことと感じられるようになる。一方、心理学的飛躍により意識の限界がふみこえられ、人は無意識的なるものの中へと沈んでいく。こういう出来事は関連なく突如として予見しがたく生じる。ここでは現実性が全的、直接的に把握されるのだから、人間悟性により現実性へかぶせられた概念は捨てられており、かくて天へ向けて努力しようとするような思弁や抽象などはなく、こういう仕方でまた身体と精神との二元論的思考が破棄される。禅的信仰は何かを真実とすることではなく、体験的行いであり、種々の思考を脱落させて、刺激の鏡は沈む。そういうものに支配されなくなる。人間は自己の支えがただ自己となるまで平和を見いだしえず、ここに至って自己の内にあって全てのものを貫く生命を発見して、生を自己から生き、自己以外のものを権威とせずにすむようになる。以上である。

　以上は覚自体についてだが、このような覚を開いた自己としての人間と他なる、外なる世界との関係という点に重点をおいて見てみよう。次のようである[6]。覚は永遠の今、絶対的現在の上に確固として立っており、時間空間は一体であり、しかも両者が分かれ始めており、両者はいわば全ての来たるべき出来事と可能性と共に熟睡している。自我が破れて魂は拡張され自分の身体の限界を感じなくなり、人は世界全体と同一的となる。自分の回りや上下を見る時、全世界が以前と違って見えて、嫌らしく見えていたものさえ自分の最も内的な本性の流出と見えるようになる。坐禅とは宇宙である自己を信じることである。外から規定されたところの自己への自意識の完全な脱落を通して自己と他者という対立への思考は止む。もし我々の自己が他の人々の自己と対立すると信じているのなら、自己の真の生命の本質を失っていることになる。全ての生けるものは全宇宙を流れている一つの偉大な生によって脈打たれているのだから。その場合には真の覚ではなく、覚を空虚な怠慢と混同していることにな

る。生死の循環の中にありつつも、それをそれとして気づくことによってそれを超えるのである。以上である。時間空間はいわば止揚されている。このような時間空間の止揚においては決して外的世界が否定されるわけではない。

（3）
さて、最後に仏教、特に禅から見られたキリスト信仰について、これまで見てきたことを参考にして予備的に考えておきたい。まず次のようである[7]。禅の教義の全体系が人間をあらゆる拘束から解放する一連の試みの内にあるように知性主義もまた超越される。自我が消えて道徳的罪も一種の幻となり、道徳的世界は存在を止める。このように良い意味での自我もまた解消する立場になるほかない。こういう側面に対応して禅での生活は目的によって規定されていない。また先に述べた無意識なるものが現れてくるという場合の無意識において人の個人的意識は死んでおり、絶対的従順の意であり、意識の個別化がない。かくて神のみが残るように自己を忘れることは真の自己が残るまで全てを忘れるのとは異なる。以上である。

このことは必然的にモラルのアナーキーを意味しないにしろ、道徳的考慮が知性の主権の下でのみ可能である以上、禅にはアナーキッシュで自然主義的なところがあることになろう。これに対してキリスト信仰では自我—よきにつけ悪しきにつけ—は神と対話する存在であり、かくてこれが消滅してしまう—たとえ消滅しても新しい自己として復活する—ことは決してありえない。神が「どこにいるのか。」（創世記 3,9）と人に呼びかけることで人は自己を人格的存在として認識せざるをえなくなる。キリスト信仰では「キリストがわたしの内に生きておられるのです。」（ガラテヤ 2,20）というモチーフがあるので、古き自己が死んで新しき自己に甦っている。このように他なるキリストというものがあるのでどこまで信仰が進んでも自己がキリストに照らして自己を見ることは消えることはない。仏教では人間性の完成が目標としても、キリスト信仰ではそうではない。キリスト信仰ではキリストが自己の内で生きているといいつつも、キリストと自己とはあくまで分離しているという面がある。

次に、覚は内面的性格が強い。公案でも思考、悟性に重点があると思う。キ

リスト信仰では内面的であると同時に外から、神から、他なるものから見られているという側面がある。存在全体が無に瀕している時に悟性を緊張させる余裕があろうか。キリスト信仰はそういう場合にこそ救いの手を差しのべる。一方、こういう点とも関連して禅では自己の外の外的世界が軽視されることは否めまい。外的世界には消極的評価しか与えないであろう。人間の社会的状況を決定する職業、家族、名声、金銭等は単なるおおいであるにすぎない[8]。しかしキリスト信仰にとってそれらのものがいかにすぎゆく世に属すものであっても、この世—これはいわばサタンの支配下にある—に神の啓示が現される以上、単にすぎゆくおおいとして片づけられないものがあろう。覚では覚を開いた自己以外のものに権威を求めないのであろうが、キリスト信仰では神、キリストの側に権威があるのである。

　具体的に見ていくと、イエスが神殿の祭礼の時に商人の台を倒したという話（ヨハネ 2,15 以下）について、これが非福音的であるという米国人学者の説が引用されている[9]が、仏教の立場から見る時にはそのように見えても不思議はないであろう。しかしこういうイエスの行為は古い自己同士の個人的、あるいは集団的な争いではない。「わたしが地上に平和をもたらすために来たと思うのか。そうではない。」（ルカ 12,51）ともいう。他なるものの突入によって、それにつく者とつかぬ者との間に争いがおこるのは当然である。このことは個人対個人という形でも生じるし、一個人の内面においても起こる。我執によって争いが起こるのは事実としても、光につく者と闇に固執する者との間にも争いは生じる。全ての争いが我執から起こってはいない。たとえ他を責めるようなことが起きても、それはただ単に責めているのではなく、キリストへ立ち返らせるという隠された意図あってのことである。キリスト信仰の場合、神を信じる以上、それに反することにはどうしても厳しく反対するほかない。他への批判は内省欠如からきているのではない。むしろ欠けているのならキリストを信じられもせず、他を批判することもなかろう。「あなたがたは、自分の裁く裁きで裁かれ、自分の量る秤で量り与えられる。」（マタイ 7,2）ことも真実であるにしろ、先のこともやはり真実と考えざるをえない。

　また「明日のことは明日自らが思い悩む。」（マタイ 6,34）という言葉の禅の

立場からの解釈[10]を見ると、この言葉が禅的な絶対的現在に生きる生き方と類似のニュアンスをもっているという。しかしこの聖句の背後にある信頼では絶対的な人格神が信じられており、内容的に全く異なる面も見逃せまい。悪い意味での人間中心的ということが破れて、神中心的という事態に至り、これと表裏一体的に人格主義的という意味での人間中心主義があろう。同じ言葉についての解釈が覚において現れる無意識との関連でも見られる[11]が、ここにおいてキリスト信仰における受動性とか従順とかという面が特に強調される。そしてまた野の花(マタイ 6,28)や空の鳥(マタイ 6,26)の話が引用されている[12]。このように禅の側から見る時、キリスト信仰における受動的側面が一方的に強調される。確かにそのとおりであるにしても、それはキリスト信仰がそういうものであるのではなく、禅がそういうものであることを示す。キリスト信仰にはやはり絶対的受動性において新しい自己へ甦って、自分自身の十字架を負ってキリストに従うという新しい能動性が見られよう。一切を無常とする感覚自体の中に人格的なるものに対する断念がすでに入っていると思わざるをえない。敵を愛せよ(マタイ 5,44)というごとき超人格的な新しい自己へと甦えるという可能性が圧殺されてしまおう。人格とは自己の限界を超えていこうとする超人格的なるものであるほかないのである。

　また、覚とは光あれと神が叫んだ前に神と共にあることである、神そのものでさえあることであり、そしてまたその天空、その地球、その日、その夜であることである[13]。神そのものでさえもあるというようなことはキリスト信仰の立場からは考えられないことである。神秘主義は別にして、あくまでキリストにおいて神を見るのである。しかもここでいわれている神はキリストの父なる神とは異質であろう。つまり復活において神の一人子であることが顕になったような神ではない。人間の自然的知性と矛盾しないものへと変質されられ、換骨奪胎させられているであろう。また覚の地平と合理的地平との間には深淵があるが、一度この深淵が超えられると覚の地平は常に知的地平によって浸透されうる[14]。二つの地平の間に断絶のあることはキリスト信仰の場合も同様であろう。しかしキリストの復活のごときことになると信仰に立つ知性にはそれがそういうものとして合理的であるにしろ、超合理的なものとして合理的である

以上、自然的知性と特に衝突するものが何もない覚の場合と同じ意味で知的地平によって浸透されうるとはいえない。異質なものの突入という契機が欠けると、人間知性の自律性の廃棄が完全とは思われない。このことは聖書の中から人間の知性と矛盾しないような言葉が特に引用、使用されていることにも現れている。

次に、ローマ 7,19 の解釈だが、我々が道徳的、合理的観点から考察する限りこのような矛盾から逃れられない[15]。けれどもこの個所とその前後においてパウロは自己の肉体の内に残っている肉との戦いにおいてなお残存している罪に対しての勝利をいわば逆説的に表現していると解すべきである。彼はここでただ単なるどうしようもなさを嘆いているのではない。キリストが自分の内に入ってきて初めてこのような戦いが始まるのであり、かくてこういう矛盾から逃れられないというのは判断の次元がずれている。こういう矛盾こそキリストが生きている証しである。キリストを信じることさえ止めれば、いつでもこの矛盾はなくなろう。この矛盾はなくすべきものではないのである。

また、信仰が覚である時とは、神が主体であって客体でない場合であり、これに対して神が信仰の対象であったり、また外にあるものとして見られている場合にはその信仰は覚ではなく、神が個体の中にあり、個体が神の中にあるのが覚である[16]。しかし信仰も単に対象であったり、外にあったりということではない。キリストが私の内に生きているという契機がない限り、信仰とはいえまい。神は直接人の内に内在はしないが、キリストが賜わる霊は内在する。またこのような覚と信仰の関係に関連して、マタイ 7,7 について答が与えられるには苦難を通して一度死ぬことが必要であろう[17]が、キリスト信仰の場合にも同じことがいえよう。キリスト信仰では苦難を通して復活のキリストを信じる —そのキリストの霊が自己の内に生きる—ところに立ち至るのだが、禅の場合にはこういう人格的に超自然的なることに対しては閉鎖的であろう。こういう意味では決して悪い意味ではないが、何らかの意味で人間の自律性が温存されているように思われてならない。こういう事態はキリスト信仰が専ら人間の救いのための宗教ではなく、キリストにおいて「御自分が正しい方であることを明らかにし」（ローマ 3,26）というごとく、いわば神のための宗教であることと

内的に連関していることである。

【注】
1）　中村元編『自我と無我』1976 p.8 以下 23 142 55 84 465 132 以下 94 384　385　387 390 395 443 459 498 502 413 521 578 398 以下 397
2）　同上書　p.391
　　　日本仏教学会編『仏教の人間観』1975 p.282 13 15 50 309 以下 195 233
3）　日本仏教学会編『仏教の人間観』p.20 3 60 31 90 178 以下 215
　　禅宗と最も関係が深いのは楞伽経であり、そこには全てのものは唯心の所造であると書かれている（鈴木大拙『禅とは何か』1977 p.169）。さらに、知性は無知の平和をくつがえし、問題解決のため自己より高い何かを待っている（D.Suzuki; Essays in Zen Buddhism 1961 p.18)。要は知性は最後のものではない。確かにそうであろう。だがそういう判断自体もまた知性的であることに変わりはない。禅の立場と自然的知性とは矛盾しない。僧院での修行は内面的力を最大限高めることを目指しており、禁欲の実践が目的ではない。だが現実には前者のために後者的なことを行っていることとはなろう。それに対してキリスト教では神の律法に照らしての自己の行いの反省自体が意味を持つ。そうであるとして、時と場合によっては後者的なことが要請されもしよう。少なくとも not-but-という形で前、後者を関連はさせられないのである。このことは禅が現実から一歩退いていること、衆生済度においてキリスト教なら例えば水を飲むこと自体が意味を持つ（マルコ 9,41）のに、禅では、否一般に仏教では衆生自身が浄土へわたるのを助けることに主眼があることにも関係する。法蔵が修行したこと自体このことを示す。しかし意志は二元論もなく平和が支配していた本来の居場所に戻ろうとする（同上書 p.131）。だが対象があって初めて意志は意志でありうる。かくてこのような場合に、そこに意志があるといってよいものかと思う。ところで悟りは、知性の行為ではなく自己の全存在の変化で、自己自身を見て、その内にあろうとする意志から生まれる（同上書 p.138）。たとえそうとしてもそういう意志は人格的観点から見ると、果たして意志といってよいのかと思う。特定の方向とか内容をもってはいないから。
4）　D.Suzuki; Erfuelltes Leben aus Zen 1973 p.40　203 205 207 210 以下
　　W.Johnston; Der ruhende Punkt 1974 p.33 以下　16 61
　　G.Schuettler; Die Erleuchtung im Zen-Buddhismus 1974 p.109 以下 112
5）　D.Suzuki; Erfuelltes Leben aus Zen, p.146 以下 199 25 27
　　K. Uchiyama Roshi; Weg zum Selbst 1976 p.99 以下 67 32 125 以下
　　　文中の「二つの道しか残らない」ことに関するが、通例統覚は外へ注意を向け、自我—実体という考えに固着しているが、それが無意識（Prajna）を実現するのは、注意を内

に向けるときである(D.Suzuki; The Zen doctrine of no-mind 1984 p.144 以下)。"注意を内に向ける"というが、ローマ7章のような場合も内に向いている。だがいかなる意味においてにしろ無意識的でありえてはいない。かくて仏教で無意識という場合、ある特定の意味での無意識ではないかと思う。先の聖句のような内容と無意識とは矛盾する。統覚する心が自己という存在が無心によって裏打ちされているという事実を忘れると個人的エゴイズムが主張される(同上書 p.143 以下)。自己という存在が無心とされるが、確かに人格に無関係のこと、例えば立つ、座る、山を見るなどについてはそういうことをいえよう。だが先の聖句のような内容についての統覚が生じたときには無心ではありえていないからこそ、それについての統覚する心が生まれるのである。無心そのものとはいえない。そういうことは不可能であろう。無意識は神々やデーモンたちの集積地である(同上書 p.144)。二元的世界もまたそこに基礎を持っているのであろう。人格的存在である限り無意識の方へはいくまい。

「不合理が自然になる」ことに関するが、仏教者の鍛錬では徳行、瞑想、直観的知識の三種が本来一体的である(同上書 p.32)。そしてこれらのうちの最後に挙げた直観的知識によって人間全てによって所有されている自己―本性(Self-nature)への洞察を持ちうる(同上書 p.51)。人は日常の状態では種々様々の分別、識別を行いつつ生きている。仏教的理解ではそういう分別、識別の基礎は識別しない直観的知識にある。だがそういう識別なしの知恵とか直観とかがそういうものとして理解されてよいものかと思う。それはいわば脱価値的であるほかないから。もっとも空に達するにはそうであるほかなかろう。これに関連して思うことだが、非佛、非魔とは結局殺佛殺祖と同じ所へ至ることになろう。各人の人格によって例えば罪の意識の強い人は自己の内に罪、さらには魔ということを感じ、非佛、非魔へ至ることとなろう。一方、久松のように「わたしには煩悩はありません」という人は殺佛殺祖というのみであろう。あえて先のように唱える必要を感じないであろう。

「二元論破棄」に関するが、キリスト信仰では人が神と人々との間にある存在になることが大切であって、それと並んで、パウロのいう、世に対して死んでいる(ガラテヤ 6,14)ことが生じている。間にある存在になるほど人の心は世のものから離れていかざるをえまい。心の在り方自体が問題というよりも、神と人との関係がどういう在り方になっているかがより根本的問題であろう。禅では現実から遊離することを嫌って、分別から見た個を抽象的、概念的再構成と見て無視する(鈴木大拙『禅の思想』昭 38 p.81)。キリスト信仰はごく常識的な個を個として認める。というよりも神の語りかけに対して個であるほかないのである。自己を破滅させて自己に何も残らないことがアダムとしての彼が自己に対して死ぬ時であり、そこに古い自己以上でも以下でもない自己を見出す(鈴木大拙『禅による生活』昭 35 p.167)。自己が相変わらず古い自己であったという。この点は

キリスト信仰とは異なる。またアダムが自己に対して死ぬという。あるがままの自己に対する時には、対する自己というものは存していることとなる。勿論あってしかもないということではあろうが。キリスト信仰ではキリストが入ってくるので、新しい自己があって、しかもないというのではない。アダムとは神から呼びかけられた存在としての自己であるように。

「自己以外を権威としない」に関するが、「『内なる人』としては神の律法を喜んでいます」（ローマ7.22）に関連して、「内なる人」は徳山の"考えのないこと"に呼応する (D.Suzuki; Leben aus Zen 1993 p.127)。パウロの「内なる人」は徳山の「無心」に相当し、事において無心であるとき目に見えない望みに満たされる無目的の生活を営む（鈴木大拙『禅による生活』p.104）。仏教における静観主義に反対を表明している（鈴木大拙『禅問答と悟り』昭38 p.66）。キリスト教では信仰、希望、愛の三者が一番大切とされるが、禅でも希望という感情はある（鈴木大拙『禅とは何か』1977 p.136）。これらの引用ではよい考えをもつことと考えなしということとが対比させられている。考えを持つということは自己追求的な計算が働くからであろう。そうもいえるが、持たないことが持つこととパウロでは同時に生起しているといえよう。同じ個所で持つことは霊の国に至るのを助けぬというが、たとえそうなってもよき考えを持つべきなのが律法を授かった人間の務めであろう。こういう点が禅では抜けている。

6) D.Suzuki; Erfueltes Leben aus Zen, p.49 53 119 以下
    G.Schuettler; ibid, p.109 110 以下
    K.Uchiyama Roshi; ibid, p.100 以下 95

7) D.Suzuki; Erfueltes Leben aus Zen, p.175 254 134 211
    中村元編 同上書 p.85
    W.Johnston; ibid, p.54

「無意識」に関するが、過去、未来、現在のどこにも住家なしの無住の心こそ絶対的現在である（鈴木大拙『禅による生活』p.62）。無意識的な直観的知恵においては到達とか達成とかという事態はないので、そのうちに留まることもない (D.Suzuki; The Zen doctrine of n.m. 1984 p.65 58)。だがそういう知恵の教師はその滞在場所を別の側にもち、そこから相対的世界を否定して、この世界を夢、こだまとして表示する (D.Suzuki; Prajna 1990 p.95)。このように可視的世界軽視という傾向は不可避なのではないか。かくて全存在は夢のよう、まったき悟りは夢のようといわれる（同上書 p.68）。これはお経に出ている考えだが、存在も悟りも夢のようだという。全てが夢ということに関して、鏡はそれが映している物事のどれをも留めおくことはないという事実を挙げる (D.Suzuki; Karuna 1996 p.22)。確かにそうであろう。このことが認識されると、Leere と Soheit との意味を把握するというが、空から感覚が起きるのはよいとしよう。だが人

格的な性格がどうして生起するかは分からないままである。人格的なことにしろ、非人格的なことにしろ、なぜそれらが空とせられるのか。神によって創造されたとしても何の不思議もないから。つまり現実的なものに重みは欠けてしまう。直観的知恵(Prajna)の地平において初めて空の次元が開かれる(D.Suzuki; Prajna p.61)。またこういう地平ではいかなるものも自己存在を持たない(ibid, p.90)。さらにこういう性格の悟りの知恵では、自己の本性を見るという場合、主体も客体もなく見ることであると共に見ないことでもある(D.Suzuki; Leben aus Zen p.85)。要は二元論的な「見る」という事態は問題にはならないのである。かくて無心(no-mind-ness)というものは虎が近づくとき、それを見ても近づかないかのように見、見ていないかのように見ている(D.Suzuki; The Zen doctrine of n.m. p.75)。無心というところに自己は存する。そこで自己たる無心は近づく虎を写さないのであろう。逆説的にいうと、見ることが見ることでないときに真の見ることがあり、それを否定用語で no-thought あるいは no-mind とよぶ(同上書 p.29)。また自性が自己自身を見るときに自性に与えられる名が直観的知恵であり、したがって後者は自性と同じものである(同上書 p.46)。悟りとはこういう構成のものなのである。

8)「神を愛する者たち、つまり御計画に従って召された」(ローマ 8,28)人のうちに先の"考えのない人"が入れられ、考えなしとは"肉的でなく、霊的な気持ちを持っていること"である(D.Suzuki; Leben aus Zen p.127 以下)。考えなしということと神を愛することとは異なる。また考えのないことと父の意志を受けることによる無垢、無我ということとも異なる。人格的内容の有無が無視されている。これは禅が元来人格的内容を持つようにはできていないからであろう。「事」とはローマ 7,7 以下でのような心を乱す矛盾のことである。パウロでは無目的ということはありえないのである。

9) 中村元編　同上書　p.40
10) D.Suzuki; Erfueltes Leben aus Zen, p.57

　　さらに、有像、無像の主義思想を放擲するとその後から天空海闊なる無功用が働く(鈴木大拙『禅百題』1977 p.69)。キリスト信仰はむしろここから人格的創造として始まるのである。ただ禅にもそういうキリスト信仰に近いとも思われる言説も見いだしうる。例えば禅匠が無心で表したいのは「我を送れる父」の意志を無心、無我に受け取ることである(鈴木大拙『禅による生活』昭 35 p.105)。これはまさに自我崩壊と一体のキリスト信仰の内容と一致しよう。だが禅には主の復活とか、自分の十字架を負うという契機はないので実質的には異なろう。ただ無功用行為は報いを考えていない(鈴木大拙『禅の思想』昭 38 p.92)。犠牲とは他からつけられた名であり、当人にそういう心は絶対無である(鈴木大拙『禅百題』p.114)。この点はキリスト信仰でも同じである。だが信仰ではいつも主の方を見つつ自己反省するという契機が存する。そこで禅と同じと同時に異

なった要素も入ってくる。主と同じ姿に変えられていくという気持ちで世俗の世界のものを犠牲にするという局面が生じてくるから。禅から見ると、こういうことはあってはならないと判断されるのではないかと思う。意識的に行為するという局面が不可欠であろう。もっとも他人によるにしろ、自己自身によるにしろ、認識されるという意識なしでの善行が隠れた徳である(D.Suzuki; Essays in Z. B. 1961 p.343)。これは禅基両教で共通といえよう。キリスト信仰でも「断食するとき、頭に油をつけ、顔を洗いなさい。」(マタイ6,17)という。ただキリスト信仰での、先の意識的犠牲という契機は仏教での、精神の安定(Shamatha)と観想的洞察(Vipashyana)、意識が重くなるか軽くなるかとの間の平衡の尊重という考えとは矛盾しよう。キリスト信仰はこの点で考えてみると、主を信じて主が内に生きることによって同時にそれら重軽双方でありえている道ではないかと思う。決して平衡の道ではなかろう。平衡の道をいこうとすると、かえって観想の中で平衡の道をいっている自己を失う事態も生じてこよう。こういう事態を心配せねばならなくなる。もし自己を失うという懸念が残っていれば、ここにはまだ"自己"という契機が存している。この自己がキリストによって取って代わられているのがキリスト信仰である。

11) D.Suzuki; Erfuelltes Leben aus Zen, p.214
12) ibid, p.250 以下
13) ibid, p.78 以下
14) ibid, p.84
15) ibid, p.97
16) ibid, p.107
17) ibid, p.111 以下

(Ⅱ) 神秘主義、禅そしてキリスト信仰

　キリスト教の背景には当然ヘブル的なものの感じ方があると思うので、改めて東洋的思惟及び西洋的なそれと比較してのヘブル的思惟の特質について考えたい。というのも現代西洋のキリスト教ないし神学の閉塞打破のためには一度聖書自体の世界に立ち返って、西洋でも東洋でもないヘブル的世界独特の感じ方、考え方に思いを致す必要があると思うから。西洋思想はギリシア思想とヘブル思想の双方から形成されているが、西洋の神秘主義においてヘブル的思惟とは異質な西洋的な考え方がよく現れている。また日本におけるキリスト教を

考える場合、日本での思想が問題になるので、禅との同異について考え、次にこれらの同や異をこえたところのヘブル的思惟の特質について考えたい。

　東洋思想は一般に汎神論的であるが、仏基の関係を考えるに当たっては、当然日本の仏教を問題にしたいので禅の場合をもうしばらく考えたい。というのもカトリック信者の中にもコンテンプラティオということと禅の覚との類似性を考える人もいるから。

　禅については、西洋神秘主義との類似という点から始めたい。探求の過程が次のように似ている。即ち色々の意識の層を通って自己自身の存在の根底にまで下りていく、外的世界から離れて全ての概念や心象から自由にら旋形に存在の中心へと動き下りていく[1]。下りていって何を見るかであるが、禅の場合も神秘主義の場合も必ずしもその見るものを明確に表現はできない[2]。しかしキリスト教の場合には神を信じることがあるので、神の像であるところの自分自身の本質を直観する[3]。そして両者いずれの場合においても、エクスタシスや魔境のような神秘主義的体験がなくても神秘主義的合一や覚に達するといわれる[4]点でも類似性が見られる。そういう体験はそれとして意味があるにしても最重要のものではない。また禅の魔境におけるような幻覚はキリスト教の神秘主義にもある[5]。キリスト教の神秘主義でも禅でも普通の理性以上の認識に達する結果、普通の理性から見ると不合理と見えるが、その場合に陶酔させるような浄福感がある点―もっともこの点の欠けた覚もある―も両者に共通する[6]。そして覚において光ということをいう点でアウグスチヌスといく人かの禅師の場合が似ている[7]。そこに達した時には努力、意欲などの能動性の体験が欠ける点も似ている[8]。さらに倫理的、審美的な価値を超えている点でも似ている[9]。

　次に両者の相違について考えたい。禅においても他力的要素や倫理的命令があり[10]、また欲情のないことや憐れみが主要な徳とされ[11]、かくて禅の無我の教義がキリスト教の自己否定の教義と類似しているという解釈もなされうる[12]。ただ仏教では全般に個としての人格が欠けており、キリスト教の場合のような、例えば隣人愛という教えは神の前に立つ個を前提にしており、その場がないことになろう。このように自我の否定という契機を両者共考える点で類似の

モチーフは存するが、キリスト教の場合にはキリストによって個が捕らえられて新しい自己へ甦るという事態を同時に考える点で両者の相違もまた顕になる。また先の類似のところで両者共意識の底へ下りていくといったが、キリスト教神秘主義の場合には隣人愛というか、神、キリストへの愛というかともかく人格的な内容がそういう過程を促進させるモチーフになっている。一方、明らさまにそうでなくても知性を非被造的でさえあるとまで高く評価する場合、人格的なることと愛ということとは切り離せないのだから、なおさらそうあるべきであろう。また東洋思想では一般に本来の区別は身体と魂との間にあるのではなく、外界へ囚われた欲情にからまれた経験的な自我と永遠不変なものに触れうるところの自己との間にある[13]。その際、禅の場合には道徳的観点において人間意志の自由の確信が印象的であり、罪はいわば夢であって、悔いは罪を消すという解釈もなされうる[14]。かくて罪が他なる神が存しないので深く認識されない—そういう表現に語弊あらば、深く認識されるとしてもその認識のされ方、あるいはその認識の視点が異なっている—ことになりはしないかと思う。キリスト教ではたとえ神秘主義といえどもカタルシスということにおいて現れるように罪の排除はどこまでも続く。

　以上で神秘主義及び禅についてのごく限られた範囲に関してだが、両者の同異について考えた。集中の状態を造り出す方法が禅の場合には公案、坐禅[15]であり、キリスト教神秘主義では最高の知性のごとき人格的なるものであるように異なっていたり、カタルシスという形で罪を退けることがどこまでも生きていることなどにおいて異なる。だが意識の底へ下りていく、あるいは最高の知性に昇っていくように垂直的である点で共通の構造をもつが、こういう垂直的構造において共通なことはあるがままの現実の世界自体から離れていくことである[16]。もとより離れていくとしても往相と還相といわれるごとく両者共この世界の中に還帰してくるというモチーフは存する。しかしそうであるべき程度と仕方においてこの現実の世界が重んじられることにはなるまい。最高の知性、あるいは無に究極的なるものについての直接的な知、体験があることにこのことは関連する。キリスト信仰では究極的なものについての直接の知というものはあくまでもない。もしそういうものがありうるのなら信仰は不要とな

ろう。この世界に受肉したキリストへと人が呼び集められることが理解されうるには、人として自己の意識を堀り下げることも必要だろうし、あるいはカタルシス的なことも必要であろう。しかし結局行きつくところは、自己の意識の内ではなく、自己の外なるキリストでなければならない。このように外なるキリスト、他なるキリストへ引き寄せられる点に汎神論的な東洋思想とも西洋の神秘主義とも異なるキリスト信仰の特色がある。このことに対応して、自分が最初から体験しようとしている究極的なものに達するのと異なり、それまでの自分の生き方が他者の力によって坐折させられて、他なるキリストへ目を向けさせられるという契機が存する。パウロでもダマスコ途上でのキリスト顕現はこういう性格をもっていた[17]。自分の生き方が他者によって奪われるという契機が存する。神秘主義にしろ、禅にしろ自分の弱さを誇ることは欠けていよう。人は生きようとする。否、そうすることしかできないため、自主的に死を選びえない。死を克服したのなら罪も克服したのだが、この場合にはキリスト信仰は無用の長物となろう。ただ自我崩壊して小我を捨てるとか最高の知性に達するとかであれば、人間の努力によって可能であるかもしれない。しかしこれはそれ自体がある意味で死の克服だが、むしろ死の克服の前提であろう。死によって妨げられないような仕方で生きようとしているのであろう。これは死の克服の前提ともなるが、逆に人がそこに留まろうとすればかえって障害ともなろう。キリストのごとく自分に対して罪を犯す者を無条件的に赦しつつ十字架を負うことが、キリストを信じることなしにできようか。問題はこの点にあろう。真の死の克服とはこういうことでなければならない。死へ向かうことはいわば奇跡としてしか生じないであろう。他者によってのみ死を選ぶことを可能とせられるのだが、その場合には基本的にはもはや神秘主義的なものではなかろう。たとえ人が現象的に死を選んでいるように見えても、それは同時に別の意味で生きていることと一であろう。真の意味での死の克服の努力は人間生きている限り続く。こういう仕方で悪い意味での生の探求が失われることとキリストが入ってくることとが一になっている。積極的に死の克服の努力をしないことが超えられるには、自己の外なる現実的なるキリストを信じることが必要である。外的世界への囚われから自由になる形にしろ、最高の知性に達する形

にしろ、真の自己として自己が生きており、ここにいわば権威が存することになろう。しかしキリスト信仰はこのような権威を許さないであろう。

　以上において神秘主義や禅とは異なるキリスト信仰の性格について若干述べた。次にそのようなキリスト信仰の背景であるヘブル的思惟について考えたい。前者では両者共に真なるもの、永遠なるものを求めていく場合、あるがままの現実世界から退いていくというモチーフが見いだされるが、ヘブル的思惟においては動いてやまぬ現実自体へと心が向けられている。したがって感じ方、考え方が全般に静的ではなく、動的である。まず第一にヘブル語の言語構成が動詞中心であることが挙げられる。例えば坐るとか横たわるような静止を表現すべき時でもそれが動作をも同時に意味する動詞を通して以下のように表現される[18]。即ち立っていることと動作することとは相互に似ていて両者が統一を形成しうる。このように動作がリアリティをもっていると意識され、静的な在り方もヘブル人にとっては静止へと移行した動作として意識される。以上である。ヘブル語の顔（pānīm）は行為する主体の意であり、この表象はギリシャ語の顔（πρόσωπον）が人が見た顔を意味するのと異なり、視覚的ではなく、動的に形成されているという。このような意識には真理はギリシャ人にとっての ἀληθήs とは異なる。これは隠されたものが顕になることであり、いわば客観的に真なるものである。動いてやまぬ現実世界から退いているごとき性格をもつ。ヘブル人は真理を見るものとして意識するのではなく、また自己を行動する者として観念する。行動する人間にとってはその行動に当たって重要なのは、真理が見られるものではなく、当人にとって信頼しうる、確実なものであることである。このことはヘブル語の動詞が過去、現在、未来という構成ではなく、完了、未完了という形で形成されている——これはヘブル語に限らずアラビア語でもそうなのでセム系の言語に共通のことかと思う——ことにも現れる。ある事が客観的に見られ位置づけられるのではなく、主体的に当人にとって完了的で確かなものか否かが重要であることを示す。かくて神の約束とか言葉とかは完了形で書かれることにもなろう。これは神の約束は確かであることを意味し、あえて三つの時制の方に言いかえれば未来完了ともなろう。こういう事態はヘブル人が過去の出来事をも現在的に体験しえたこと[19]に呼応する。

過去のことだろうが、未来のことだろうが、自分にとってリアルな具体的、現実的出来事が現在に生きている。これらのことに呼応してヘブル語の真実 'emeth は確かであることを意味する 'āman という動詞から由来する。このようにヘブル人は客観的に確実なものではなく、主体的に確かなもの、実存的意味で信頼しうるものを問うという[20]。このように客観的で、それ自身の内に安らいだ真理を問うのでないことは、人の意識が外の動いてやまぬ世界へ向けられていることであり、かくて物と世界の存在はヘブル人には生きた、活動的なものであった。この世界に目が向けられ、この世界が動的なものと見られることは、ヘブル人にとって神の言が決して自然的な力の意ではなく、一種の意識的、倫理的人格性の機能[21]であることと呼応する。言は一般に単なる思想の表現ではなく、力を表わし、言と行いとの結合を背景にしており、言は作用するものである[22]。そして真にそうあるべき実在をもっていないものは非存在的[23]であるが、このあるべき実在は神の言によって造られ、かくて言は実在的なるものの元になるものと受け取られている。このことは神が光あれと言うと光があった[24]という聖書の言葉にも現れる。

　先にヘブル人の場合、心が一般に外の動的世界へ向けられていることを述べたが、このことはヘブル語の言語構造の次のような特徴にも現れる[25]。第一に一般にヘブル語の概念は具体的なものと抽象的なもの、個体的なものと集合的なものとを同様に意味しており、アダムは人間と人類とであり、個々の個体は全ての支配的な型の現象様式であり、抽象的なものは具体的なものから分けられていない。プラトニズムでは普遍的なものが個別的なものより優先されるが、そうではない。こういう傾向はヘブル語において繋辞がないことにも現れる。例えば神の道が恵みと信実であるというとき繋辞がないが、一般的にはまず神の道を考えて、次にその道の性質を厳格である場合をも含めて考える。だがヘブル人はそうは考えず、神の道と恵み、信実とは不可分な概念である。以上である。

　さて、具体的なものと抽象的なものとが区別されないことはヘブル語の dābār という語がものやことを表すが、見られる対象という意味をもたない[26]こととも関連する。というのももものが対象として見られるところよりそのもの

の性質、形状等についての形容が生じ、これらの形容の抽象化も生じるから。このようにものが一般に対象として見られるのでないこととヘブル人にとってしるしが神の力の表現であるという受けとり方とは関連する。「ユダヤ人はしるしを求め、ギリシャ人は知恵を探します」（第一コリント 1,22）とあるごとく、ユダヤ人は神の力の表現であるところのしるしを求め、それがあるところに権威を認めた。またものが対象として見られるのではないことは、例えば複数とはただ単に数が増えたことではなく、ヘブル人にとってはある種の強度の違いと受け取られる[27]こととも内的に関連があろう。つまり数が抽象化されていない。数の形成が直観によっていない。「サウルは千を討ち　ダビデは万を討った。」（サムエル記上 18,7）は数が質的であることをよく示す例として挙げられる[28]。ものが一般に客観的対象として見られるのではないことは、ヘブル人の神への信仰と関連していよう。神の力、あるいは意志の表現として受け取るのである。神は人と対話する存在であって人の願いを聞いたり、人に命令したり、人を叱責したりもする。例えばイスラエルの民をエジプトからカナンの地へと導いていくごとき神である。世界の中での出来事を通して人類を導いていく。そこでの出来事において人は神の力を感じる。神は何かが主体としての人に出会うことにおいていわば間接的に体験される。そして人に迫り来る力が抵抗しがたく、そのために人は現実の中にあってその力のインストルメントになる[29]のである。このような力は人間の意識に対しても超越的なものであろう。ヘブル人が魔術を拒んだのは自分達の信じる神から全てを期待していたからである[30]。このようなヘブル的世界では、自然が優先するのではなく、人間的、人類的出来事が優先しており、世界は自然としてではなく、歴史として体験される[31]。人間的出来事の優先は人間がそういう出来事を傍観者的に見るのではなく、そういう出来事の只中にまきこまれているものとしての自己認識を意味する。かくて歴史が目的論的に受け取られることになり、そこよりまた終末論も生まれてくるのである。ギリシャ的考え方では、ものを客観的に見ることに応じて自然が優先するし、また東洋的考え方、特に禅でも自然と人間との一体化によって結局は自然が優先されるのと対照的である。かくてヘブル人にとって世界は神の力の表現の場である。このことに呼応してものごとは全般に可変

的、動的であり、決して不変性、不動性をもっておらず神のハーヤー（hāyā）とその救いに比較すれば全宇宙は虚無である[32]。こういう世界の中で人の知性、理性を超えたことが生じてくると受け取られている。こういう世界に神は人を地のちりから造る（創世記 2,7）。人とちりとは不可分であり、神が人の鼻からその息を吹き入れられて初めて人は生きたものとなった。かくて神がその息を引き去ればちりに戻るだけのことである。このようにヘブル人の世界では人間はそれ自身として見られるのではなく、神という他なる存在との関連で見られる。しかも神と人との本質的区別は決して止揚されず、神秘主義のように神性の享受ということはなく、予言者的な敬虔は神秘主義のそれと区別される[33]。ヘブル人の意識が動いている世界へ向けられていること、具体的なものと抽象的なものとが区別されないこと等に現れるものの感じ方は時間が直線的にいわば空間化、抽象化されないことと内的に関連する。夏至、冬至等—ヨーロッパにも日本にも元来ある—のごとく時間を太陽や月を使って計るごとき種類の祭りは旧約の中にはない[34]というが、このことは偶然ではない。直線的、循環的、空間的に抽象化された結果、可能なのである。これに対してヘブル人には時とその内容は切り離し難い。例えば光と闇の区別はただ単に日と夜の区別だけでなく、善と非—善の区別をも造り出した[35]。たとえ旧約で天上での太陽の運動が論ぜられても時の規定としてではなく、その力と栄光の表現としてである[36]。かくて内容のない時というものはなくなるし、時の持続の量は内容のある時と共に入ってくるか、時の中で生じるところの独特なる事柄のあとに退く[37]。かくて動的世界から抽象化された不変なるものを問わないことと相俟ってヘブル人にとって世界（'ōlām）は空間的にではなく、時間—内容に満ちた—的に規定されている[38]。

【注】

1） W.Johnston; Der ruhende Punkt 1974 p.81 82 以下
2） ibid, p.85
3） ibid, p.86
4） ibid, p.51　さらに、禅ではこういう魔境は覚の体験とは無関係とさえいう（ibid,p.32 以下）。また幻覚によって深い印象を受ければ、覚にとり有害とさえいう（H.Dumoulin;

Oestliche Meditation und christliche Mystik 1966 p.211)。
5) W. Johnston; ibid, p.88 以下
6) G.Schuettler; Die Erleuchtung im Zen-Buddhismus 1974 p.100 以下
7) ibid, p.90 以下
8) ibid, p.105 以下
9) ibid, p.103 また、西洋には大きく分けて弁証法的思惟の結実としての神秘主義ともう一つは全ての概念から自由となって、全てのものを統一的に把握するような静止点へ下りていくそれとがあり、後者がキリスト教化されるといわれ(W.Johnston; ibid, p.145 以下)、禅の瞑想の多くの要素は中世ヨーロッパに知られていたという(ibid,p.149 以下)。
10) H.Dumoulin; ibid, p.267
11) ibid, p.271
12) ibid, p.275 以下
13) ibid, p.148
14) ibid, p.264 以下
15) 分裂克服の方法の一つとして公案がある。公案は論理的分析では到達できない心の奥底で取り組まれるべきものである(鈴木大拙『禅仏教入門』1977 p.100 以下)。この"心の奥底"とはキリスト信仰から見れば観想的といいたい。というのも同時に現実界を見るという契機は欠けていてよいから。知る人と知らるべきものとの二元的関係は言語によって表現されることはいうまでもない。こういう言語について、言語は因果的依存の産物で不安定で、意識の真の本性に関しては誤った判断に基づく(D.Suzuki; Essays in Z.B. p.72)。確かに言語はこういう性格であろう。こういう点から考えて、意識を妨げる種々の考えを止めること、変化の世界に対する精神的な目を開いたままにしておくことが必要である(D.Suzuzki; Leben aus Zen 1993 p.171)。無知というものは知られざる何かを前提としており、その何かが自我だが、これは実は盲目の意志である(D.Suzuki; Satori 1996 p.129)。そしてこの意志は行為する者、観察する者の二面をもち、そこから一の状態へ戻ろうとして争いが起きるので、こういう困難の克服が不可欠である(ibid, p.128)。絶対的知が相対的知の基礎にあるにもかかわらず、後者は自己自身だけで十分と思っている(D.Suzuki; Leben aus Zen p.94)。こういう過程では、疑いは絶対知へと目が開かれず、自殺と同じであるし、努力する者は否定するが、そうする限り生死の大海から逃れられない(D.Suzuki; Shunyata 1991 p.43)。では何かについて努力するということは全くなくてよいのか。人は死ぬまで完全ではない。かくて努力は不可欠である。そこで悟りまで達する過程の話としてはこれでよいであろう。だがそれ以後の過程については努力は不可欠であろう。悟りまでと悟り以後とでは状況は全く逆であろう。

　さらに、『春秋』第163号　キリスト教と禅（二）　西谷啓治によると、坐禅は単に手

段ではなく、それ自身が自己目的でもある。

16) 超越的な何かを求めるならば、そのことはあなたを相対的世界から切り離す、それはあなた自身の絶滅と同じである(D.Suzuki; Essays in Z. B. p.25)。これは正しいとはいえまい。相対的自己、世界への留まりが根本にあるのでそういうものを求めるのだから。もし超越的なものと自己とが根本において一であれば、自己の絶滅どころか正反対となろう。先の考えと表裏一体のこととして、生には何も欠けてはいないのに知性が介入して何か欠けてはいないかと自問し始める(D.Suzuki; Satori p.22 以下)。しかし単に知性が入ってくるだけではこうはなるまい。この知性が超越的、超自然的なものと連なっているからである。二元的世界を超えることは絶対的なものの中への同化を意味するが、通常は相対的世界の中で論理の道筋に従っている(D.Suzuki; The Zen doctrine of n. m. p.146 以下)。論理の道筋というが、ローマ7章のような表白は論理ではない。実存的な人の在り方である。これこそ体験的世界であろう。体験の内容が異なるのである。人間性の違いによるであろう。キリスト信仰では世と神との間にあるという事態を全力で推進するプロセスの中で死の問題も自ずから解決される。つまり自己にとって最も本質的なことを推し進めることで死を克服し、生に囚われることも忘れられていく。生命を捨ててももはや恐れないという心境になっていく。一方、仏教では例えば禅寺で坐禅して悟りを開いて生死の問題を超える。前者はいわば動的に生死の問を解決する。心身一体の行動において解決する。後者はいわば静的に解決する。このように仏基両教では死の問題の解決の仕方も異なる。"動的"とは人格的との意で、"静的"とは自然的次元の存在としてとの意である。仏教では人の心が世から離れることがいわば目標であろう。

17) パウロの言葉との関係で考えてみよう。まず、「泣く人は泣かない人のように」(第一コリント7,30)に関連して罪について種々述べる(D.Suzuki; Essays in Z. B. p.344 以下)。キリスト教について、罪を消すために修行するというが、そうではない。確かにキリストの十字架は消すためだが、一般の信者のはそうではない。罪が赦されるのを利己的としているが、罪を知らない方がはるかに利己的であろう。禅はエゴイズムから自由というが、そういう考え自体がエゴイズムではないのか。世界を罪から救うを願うというが、罪を知らぬ者がどうして他を罪から救いうるのか。罪が人の本性に生得的ではないというが、罪を知らないからいいうることであろう。神、律法が来なければ、罪もまたないであろう。人が自己を反省する鏡を持たないのだから。ただ先の聖句は無の境地をいっていると思う。そういう点では禅と共通であろう。「キリストがわたしの内に生きておられるのです。」(ガラテヤ2,20)、「あなたがたは死んだのであって、あなたがたの命は、キリストと共に神の内に隠されているのです。」(コロサイ3,3)などが引かれ、宗教的生での受動性の大切さをいう(D.Suzuki; Shunyata p.37)。全くの無など単純に無があるのではなく、今初めて真に生きているという。この点では賛同できる。共通であるようで

ある。慧能の衣鉢の伝授の話に関連して、あなたが仏陀である、あなたと仏陀とは一である、仏陀はあなたの中で生きているなどのいい方は古いという（D.Suzuki; Essays in Z. B. p.211）。ガラテヤ2,20 とどう関わるのか。パウロは"わたしの内に"という。ここでは"あなたの中で"という。この相違をどう考えればよいのか。"わたしの内に"とは当人自身の信仰告白なので、それだけ主体的で人格的性格が強いといえよう。

18) T.Boman; Das hebraeische Denken im Vergleich mit dem griechischen 1968 p.19 20 21 90
19) ibid, p.123
20) ibid, p.177 以下
21) ibid, p.47
22) ibid, p.45 52 55
23) ibid, p.43
24) 創世記 1,3
25) T.Boman; ibid, p.26 57
26) ibid, p.161
27) ibid, p.145
28) ibid, p.143
29) DDr.Johannes Hessen; Platonismus und Prophetismus 1955 p.54
30) ibid, p.61
31) ibid, p.91
32) T.Boman; ibid, p.38 以下
33) DDr.Johannes Hessen; ibid, p.128
34) T.Boman; ibid, p.106
35) ibid, p.111
36) ibid, p.114
37) ibid, p.120
38) ibid, p.133

さらに、鈴木大拙『禅問答と悟り』1968 p.72 以下によると、エックハルトの突破ということと禅の悟りとの類似がいわれている。これらの立場ではたとえ差別、無差別の自己同一があってもヘブル的意味での時間的場が中心になるところへは至らない。

（Ⅲ）真宗とキリスト教との関連

（1）

　真宗では人よりも仏の方にむしろ中心がある。救いの願いにしても仏が人に対しかけている願いであり、決して人が自分の救いに対し願いをかけるのではない。人に関する仏による願いを信じるところに真宗の信仰はある。頼りない、不安な人をして真に安心でき争いをこえて手をとり合える者にしたいという如来の願、弥陀の願[1]がまず存する。だから阿弥陀仏、人を救うというその願い、そしてそれに対する人間の信仰が三要点である。しかも特にキリスト教と比べて注意すべきはどの人をも捨てないという普遍的な願いを仏が持っていることである。キリスト教では結果的にはあるいは皆救われるかもしれぬが、少くとも最初から皆救われるとは宣言してはいない。やはり最後の審判が厳として存する。だから真宗では救いの性格がやや人間中心的傾向を持つ。即ち仏が人にかける願い自体人間中心的内容であろう。仏中心的とはいえない。かくて「如来本願の精神からいえば悪人こそ救いたい[2]。」という言葉にもこの点は現れる。もっともキリスト教でも医者を必要とするのは病人だという（マタイ 9,12）ので、こういう面が全くないのではない。ただ真宗ではキリストが十字架上で死ぬごとき契機はなく、悪、罪に対しての厳しさが欠ける一面がありはすまいか。親鸞自身がそうだというのでは決してない。また他力本願によるしか救いはないと感じる人についても同様である。しかしそこまで感じぬ人に対しては人の罪深さを感ぜしめるための厳しい面（律法的側面）が必要と思うが、そういう面が真宗自体の中には欠けていないのか。この点に不安が残る。これはキリスト信仰でほど仏と人との隔絶がないことによろう。「阿弥陀の本願といっても釈迦によってとかれたものである。その釈迦も人間である。とすると大悲の本願というも人間の理想に他ならぬのである[3]」。本願もこのように人間の理想でもあるが、願が人間の我を破りうる点からは単に理想のごときものではあるまいが、理想ともされる。このように人と仏との質的相違という契機は欠ける。元来仏教では不二の立場にあり、能所とか対象というごときもの、一般に二元という契機を排除するのでこうなるのであろう。しかしこういう所になお人間中

心的色彩の残滓を感じる。かくて人に対して願いをかける者についても「この者というものを執らえないのが仏教である。何故ならばその者というものを考えることは対象化したる我を想定することであるから[4]。」ということになる。願いをかける者をあえてとらえようとしない。仏教が仏教たる限りこのことは避け難い。そこで如来、仏の本願を不思議と信じ、名号を不思議と一念信じるという形における凡夫の願生心として、如来の願い、願心は具体的には現れる[5]。それ以外に現われる所とてはない。

（２）

　本願が人間の願いでなく、仏の人へかけた願いであることに応じて、仏によって開かれた救いの道が廻向である。衆生の方から仏の方へという方向をなしとげさすものは摂化であり、こちらから出かけていくと仏の方からも出かけてきてくれてどこかで双方が対面できる[6]。人の側からの願いに応じ仏がはからいをして下さる。こういう摂化ではそれ自体悪い意味で人間のはからいとはいえぬが、ややそれに連続的であるごとき人の側での何かがあろう。そういう契機が何もないのなら、禅でのごとくあるがままとなりはすまいか。しかも人の側に至心がないことさえも、仏の側から見るとそんなはずはない。だからこそ「至心に信楽して我が国に生まれんと欲せよ。」と声をかけられる[7]。かくて仏の心は親の心の子に対するようなもので、子がどんなに悪くても、お前はよい子なのにどうして悪事をしたのかというごとき場合に似ている[8]。もっとも万人の救いという信仰に達する過程では、求道の途上で業の深さに泣くこともあろう。さもなくば絶対他力の大道は開かれまい。真剣に求道して初めて"自分はとても"という心境になりうる。もっとも人は思わず善いことをすることもある。駄目だときめてしまうことは必らずしも真実ではなく、ある面についての自己反省を全自己へ拡大しているのではないかとも思う。駄目だと判断する自己こそ自我であろう。だから他力門では自己をどう判断するかしないかというごとき自己による自己へのはからいを全て捨てる。ここで人が仏の名を呼ぶとその声に応じて現れて下さる[9]。人の声に応じて仏が現れるところがいかにも真宗的である。キリスト信仰では必らずしもそうではない。神の側

に中心があり、予想外の方から神の声が聞こえてくることも生じる。もっとも仏の声を聞く際の自己否定はそのまま仏の働きである。かくて自己否定は他者からの招喚の働きであり、摂取不捨の働きがそのまま人間の自己投棄の働きである[10]。この点はキリスト信仰ときわめて似ている。もはや私が生きているのでなく、キリストが私の内で生きている（ガラテヤ2,20）のである。

　真宗の信に至るにはその過程で地獄の苦しみを味わわねばならぬが、善を求めようとするほど、かえって悪をする、せざるをえぬ、避けえぬ自己に対する良心的苛責は強くなろう。かくて自力門、行門の教えに対し誠実であるほど、それが達成不能たるを知らされる。これはキリスト教でも同様。ルターにおいて事実である。キリスト教で律法遵守が福音信仰の前段階たるのと同様、自力門の教えは他力門の教えへの前段階となろう。かくて「観門は行門の延長として語られるのでなく、行門を否定的に超えることにより観門は開かれる[11]。」という。かくて行門では救われぬ機根の者に対しては教えあるのみである。「講ずる分なき者には講せずして与えられる法以外にない。他力門、観門こそは請せざるものを機として説かれる唯一つの教えである[12]」。請すことに対し与えられるのでなく、仏の本願の上に「自己の出離生死はすでに果たされている[13]。」ことに気づくのである。しかしたとえ仏の方に中心が移っても自己が自己の出離生死に囚われている事実に変りはなくはないのか。もっとも自己の妄想、不真実に徹してかえって不真実の彼岸よりおくられる真実[14]なので、不真実はもうそこにはないともいえようが、不真実にいかに徹しても不真実は不真実に変わりあるまい。感覚が現実的である場合には不二ということはいえなくはないのか。死に徹する時には死のみで、かくてもはや死もないとはいえぬのと同じである。もっとも徹することにより、不真実をあえて不真実とみなし苦しむことはあるいはなくなるかもしれぬ。だがもしそういうことが生じれば、自己を何らかの他のものとの関連では見ないが、ここにはかえって自我の介在が認められよう。

(3)

　次に念仏に移る。念仏するのは人だが、そうさせるのは阿弥陀である。このことはキリストが私の内で祈っているのに似ている。他力宗に共通の現象であろう。この念仏にあっては、「それに先だつ何ものも不要で唯念仏する。もしこうあるべきだ、ああああるべきだというのなら、念仏の方でやってくれる[15]」。このように念仏に際しては人の方からのはからいは一切無用である。そうとすれば禅の無我と似ているが、それならどうして念仏すらなくてよいことにならぬのか。こういう念仏により阿弥陀の光にあって身も心もやわらかになってよい心がでてくる[16]。キリストを信ずる場合にはこのような心身柔軟という事態に留まれなくなる。このような念仏する人がそのまま無碍の一道であることにより私の進むところどっちを向いてもいきづまることなく洋々と開いている[17]。念仏と人との一体。不二である。だから念仏によって自己が念仏者となって既成の無碍の一道をいくのではない。無碍という道がすでにあるのではない。即今当所が無碍なのだ。念仏者と無碍とが別々ではない。即非である。念仏者が即無碍である。

　念仏は信心の具体的現れであり、念仏なき信心は中身のない器のごときもので無力にすぎぬ。単に抽象的では力はない。また単に口で称えさえすればよいのではない。実存全体の行でなくてはならない。当然といえば当然。かといって回数を沢山称えればそれでよいのでもない。一遍か多遍かは根本的には問題ではない。というのも人が念仏往生できるのは仏の願いによってであり、決して人が願うことを念仏という形に現すからではないから。念仏によって救れるからといって「貪愛瞋憎の心をもやしてよいという筈はない[18]」。リベルティニスムスに陥ってはならない。煩悩に障（さ）えられる時に念仏するわけで特に行動的なのではない。キリスト信仰は、十字架を負って私に従えとか敵を愛せよとかのごとく、キリストを信じての行動的、積極的な働きを示唆する。こういう表現が多々見られる。救いとられる仕方が異なるであろう。

　ただこういう念仏において無意識のうちに自力作善の人になってはならない。これは即ち念仏すると罪が消えたり、少しづつ善人になっていくごとく思えたりすることを指す。善でありたい、仕合わせでありたいとの希求が残って

いるとこうなろう。本願に依ることが真に理解されていないとこうなり易い。自力への絶望が徹底していないと、こうなる。かくて他力に徹している時には、禅でいう、死人となりてするわざぞよきと同じ境地にあると思う。いかに念仏を有難いと称えても、名号の不思議を未だ信ぜざる人は念仏を善として称えている[19]。念仏を無心、無我の心で阿弥陀の不思議として称えることは禅の無にも通じていよう。人を救うのは仏の本願であるが、称えるのは人の力であるというごとき考えは不十分で、その称えること自体も他力であると分からねばなるまい。それには真に自我が捨てられることが不可欠だ。だから「南無阿弥陀仏の中に願もあれば行もある[20]。」といわれる。

　（4）
　念仏により救われることの根拠に移ろう。次のようである[21]。法蔵比丘が既に正覚成じ、阿弥陀仏たることが衆生往生の定まっている証拠である。法蔵比丘は衆生に代って兆載永劫の修行をせられた。そして称えることのみが正定業ではなく、南無阿弥陀仏という名号が正定業なのでこれを称える。阿弥陀の本願を成就するために、阿弥陀の本願に現実の基礎を与えることが釈迦の最後の使命であり、それが釈迦の出世の本懐である。以上である。こういう関係での世界と仏界との結合はキリスト信仰の場合のごとく創造者と被造物の関係のごとく明確ではあるまい。もっともそこが仏教の特色で、長所であると同時に短所でもある。我々人間にとってはその阿弥陀の世界へいくのが救いであり、ほかに救いはない。具体的にいえば、煩悩をなくして仏になるのでなく、日常生活は煩悩のほかないのだから、その煩悩の心の上に仏の心をいただいていこうとする[22]のである。もとよりこの煩悩の裏にはそれから自由になろうとする心があろう。この心をいわば間接的に満たすのが真宗の信仰である。自由になろうとするのが悪い意味ではないが自我であれば、禅のごとく自我から自由ではなかろう。しかし自由になろうとする気持が強くなると、いきつく所はそういう気持すら捨てることである。ここには禅と同じ境地があろう。自己を責めるから貪、瞋、癡で苦しむが、責めること自体も捨てるともはや自我はない。もっとも常楽我浄を得たいと思い、これが得られるのが仏教だと考える[23]のなら、

真宗では禅のごとく不思善不思悪[24]ではなく、どこまでも善悪を追求するようにもきこえる。もしそうならキリスト信仰的ともいえる。禅の不思善不思悪を通った後でそうあってほしい。そうならよいが、もしそうでないとして、心がどこまでも自己の煩悩に障えられて心が内へ向いていて外向的、行動的になりにくいのはなぜか。無我なる心がいわば恒常的状態として現在化していないからか。つまり南無阿弥陀仏と名号を称えるときの心は無我であっても、そういう心が恒常的にその人の心の中に現在化していないのか。心ごときものさえなくなるという契機が欠けているのか。もしそうなら禅から見て真宗は途中の仏教ということも当たっていようか。このことは阿弥陀仏信仰では仏の本願に人の救いの根拠があることとも関連しよう。仏に頼る所に救いがある。自分の十字架を負って私に従えという場合、罪悪深重な自己に絶望して南無阿弥陀仏と称名するだけではすまない。改めて自己の罪悪との戦いへと向かわしめられる。だからある意味で南無阿弥陀仏という救いから再び人を引き出す一面が生まれる。こういうことを果して真宗信者は受け入れられるのか。もしそうなら真宗信者は同時にキリスト者となろう。もしそうでなければ真宗でのはからいのなさとキリストを信じる無我との間には差異があろう。真宗では南無阿弥陀仏という報恩念仏に留まらせる（このことは必ずしも行動的実践的なことを排除はしない）力がどこかに作用してはいないか。このことは仏教が結局は人間の救いのための宗教であることに呼応する。仏の力が念仏において人の中へ入るにしろ、阿弥陀仏自身が人間を救うことを誓ったのだから、人をあえて罪悪との戦いの中へ向かわしめることは、そこからは必然的には出てこない。キリストの十字架において第一義的なことは、神がまず自ら義たり給うたことである。かくてキリストは人の心に入った以上、その人を神の子の形へと形成しつつ、この世の力との対決へとさし向ける。かくて真宗信者たりえてもキリスト者たりえぬ場合もありうることが分かる。真宗の信仰は念仏に留まると先にいったが、行動、実践も念仏に留まるという性格をそのまま有していよう。キリストを信じる場合には、感謝してそこに留まるのではなく、一歩踏み出して罪との戦いをあえてするという契機が生じざるをえない。もとより真宗でも本願たる念仏の中へ摂取された形での行はあろう。しかしここでは行自体がいわ

ば念仏指向的ともいうべき性格を持つといわねばなるまい。キリスト信仰では、信仰した上はむしろ"自分の十字架"指向的ともいうべき性格を持つ。いずれにしろ禅や真宗の内にある要素はキリスト信仰の内にある。しかし後者には前二者にはないものも存する。このことはキリスト信仰がいわば神のための宗教たることに呼応する。

（5）

　最後に浄土について。第一にいえることは、「浄土三部経に描かれた浄土は現代意識には余りにも神話的である[25]」。聖書の場合の終末描写と同様であろう。ところで超越的存在が現実に示されるには、論理的、思考的な即非の論理によるか、情的、神話的に表象されるかだが、浄土は後者である[26]。宗教的世界の表象は、真宗でもキリスト教でも同じだが、科学的、経験的世界とは質が異なる。特に二重真理というのではない。経典が書かれた当時は科学、神話未分化の時代なのでこういう二重真理という問題もなかったであろう。特に浄土の場合、方向を西方としたり、距離を限定したり、死後に行くと規定したりするので余計に受け入れにくい。いずれにしろ単なる外的存在として浄土を考えることはナンセンスであろう。かくて「七宝荘厳の浄土は有無をはなれた寂静無為涅槃界である。その救済の働きも度無所度のはたらきである。そこに往生するという不往の往であり、往生するところも無生の浄土である。そこでは往生者も自然虚無の身、無極の体をうけるのである[27]。」という考えが親鸞による浄土の非神話化である。かくて浄土が現実的にどこかにあるというごときことでなく、ブルトマンの非神話化が重く見られる理由もよく分かる。しかしこういう浄土観が生まれるのは、仏がこの現実界の創造者という契機が欠けているからであろう。キリスト信仰では神は創造者なので新しい天地を来たるべき存在として考えうるし、またそうできねばならぬ。こういう浄土を禅から見るとどうであるのか。まず「霊性の世界、つまり法界を極楽浄土とよんでよい。華厳の入法界品などをよむとどうも極楽浄土と法界とを一つに見たい気がする。」（鈴木大拙『浄土系思想論』1942 p.109）という。ここでは浄土とは法界のことである。また浄土は此土と対立しつつ此土に映っており、両者の論理的

第1章　仏基関係における同異の考察　45

関係は相互に否定しつつ、而して相即する(同上書 p.158 以下)のである。死後いく所ではない。相互映発の関係である。いずれにしろこの世と拮抗して争うごときものでなく、弥陀はそんな限られたものを打ち建てはしなかった(同上書 p.222 以下)。この世と争う関係でないのなら、キリスト信仰のように戦いをもたらすために来たのとは大いに異なる。またそういうものを限られたものとするところに、別の意味で限られたものの見方がでている。

　浄土の生は次のようである[28]。人たる限り、時には悪いことも考えようが、一度信心決定して摂取不捨の利益にあずかった以上、必ず浄土へいく。その際浄土の働き、方便法身の働きはこの生を生としながら、しかも無生たらしめるところにある。浄土は生即無生の理より生まれたものである。したがって浄土へ往生するとはこの理に達せしめることである。また往生の生は元来生まれることである。浄土に生まれるとは生まれながらの場所に帰ることである。生まれながらの場所に帰った時、感知せられる世界が浄土である。以上である。浄土往生とは生即無生の理に達することである。こういう考えになると通仏教的な即非、不二の考えに近く特に真宗的色彩は薄いといえる。こういう浄土は「西方十万億土というものもからだの外であっても心の外ではない[29]。」といわれる。心の外に実在すると考えはしない。これは万法唯心というごとき考え方に通じる見方であろう。また有限あれば無限なかるべからずということでこの世ありだからあの世なかるべからずという風に何かそういう所に理屈でない実感があるのである[30]。これによると実感、予感としてどうしてもそういうものが存せねばならぬようである。明々白々として存するのではない。そこの所を理論的につきつめない。かくてこの世があるごとき形であの世があるとは仏法では説かぬわけで、あの世とは人の分別ではきめられぬがそれは生の依る、死の帰するところとして不可欠[31]である。このことの反面にはこの世がどうしても頼みにならぬという人生における不安があり、あの世はこういう人生を悲しむ心から生まれていよう。だからこの世はいとうべきだということを忘れるなという[32]。ただ真宗ではいかにこの世いとうべきといっても、そういう世が神への人の罪からきたという考えは欠ける。元来そうであってそれ以外ではありえぬというだけであろう。神が別の新しい天地を約束するというごとき契機

も欠ける。もっともこの浄土の存在の有無などは仏の願が人にかけられてあることを知る者にとっては問題外で、その有無を論じることは人間の知識の分別にほかならぬ[33]。このように浄土の有無を問題にせぬ点はキリスト信仰とは異なる。後者では天地の更新への信仰と現在的終末とは一である。一方だけということはありえない。未来的終末と現在的終末とは一である。これにより現実界が重みを持ってくる。浄土の有無を問題にせぬのなら、現実遠離的となり、その点では禅と類似する。

浄土に関連するが、「浄土の教えは涅槃の覚証を今生でなく未来において得るという教え[34]」である。禅とのこういう違いは禅は善悪を最初から超えているが、真宗では善悪、罪悪という契機が最後まで問題として残っているからであろう。たとえ悟りは未来にあっても、その悟りへ達するに違いないという涅槃に通じた道に出ればそれで十分である[35]。支那の天台大師でも最後は弥陀の浄土へ生まれようとしている[36]。たとえ自力門であっても結局最後には浄土を願わずにはおれぬという。人は今生において煩悩を断ち切り難いからである。この煩悩の内には善悪という要素が多分に入っていよう。自力的要素と他力的要素はここにおいて別々でなく、元来一であることが分かろう。

仏教とキリスト教とをあえて対比すると、禅はパウロに、真宗はアウグスティヌスやルターにとなろう。ただ仏教ではキリスト教でのような神は存しない。そこで、禅と真宗とでは空(無)と自然法爾とは究極的には同じことを意味しよう。だがキリスト教では他者なる神が存しており、そうはなりえない。他者の存在によって、人は主体―自我的な在り方をとることになるから。

真宗ではしかし他なる阿弥陀仏が不可欠である。それなしには自然法爾には至りえない。そういう点では他に依存して初めてそういう心境になりえている。その点、禅から見ると、途中の仏教(久松)ということになろう。人の側での心理学的側面にのみ注意すると、自然法爾は空と同じともいえよう。だがそれが成立している全体的構成で見ると、そうはいえなくなろう。

キリスト教では他者なる神の存在によって人間の側での在り方の相違がその分より明確になる。他者が存すると他者中心に考え、対応するから。反対に他者欠如の場合は仏教でのように自ずから自己の側、即ち人間の側に重点がか

かってくるのである。

　親鸞は最初は山で修行していた。その後にそういう仕方では救われないという体験を経て結果的に真宗の開祖となった。かくて彼に対しては禅と対比して上る道は異なっても上って見る月は同じという解釈もその分行いにくいであろう。修行の体験があるのだから、一度は自我を張り切ったとも考えうるのではないかと思う。一方、アウグスティヌスは最初はまず肉欲の方へ崩れていたのだから、この点に関する限り事情が異なっていよう。もっとも外面的にはそうであろうが、内面的には類似の面が強いであろう。

【注】
1) 金子大栄『親鸞の世界』昭53 p.68
2) 蜂屋賢喜代『歎異抄講話』昭50 p.77
3) 宮本正尊『仏教の根本真理』1958 p.1097以下
4) 同上書　p.1098
5) 星野元豊『浄土』昭54 p.127
6) 金子大栄　同上書　p.81　こういう考えはアウグスティヌスにおいて神が医者にたとえられているのに似ている。カリタスである。
7) 同上書 p.210
　　さらに、到達するところとしては、わたしのものとあなたのものとの絶対的同一性と個別化が共にいわれているのだが、もしThat is yourselfという最後の発言がなければ、全体は汎神論的哲学へと解消するかもしれない(D.Suzuki; Essays in Z. B. p.298)。ここでの言表によれば、myselfの代わりにignorant、humanを、yourselfの代わりにenlightened、Buddha's を入れ替えるとよい、すると人の迷った自己が仏陀の自己となるという。迷っているという点で個別化されていて、しかも同時にそれが仏陀の自己ということで同一的である。だがこういう同一、つまり異なったものが直ちに同一ということ、無媒介に。同異とはもとより異次元のこととしていわれるべきだが、異なっているといいながら根源的に同一ということでは、異は真に異となりうるのかと思う。異なる個にとって何か(例えばある困難)が生じても、いつも同一というところへ逃げ込みうる。これでは個として十全に個たりえない。否、そうではなく、最初からそういう同一というところへ逃げているのであろう。そして時々異という個たる次元において出てくるのみなのである。何が起こっても同一というところへ逃げ込めないという状況に置かれていることが個にとって不可欠であろう。
8) こういう考え方を見ていると、金光教などでも神様のことを親神様というのに似てい

るとも思う。やはりここには人間の救い中心という発想があろう。こういう要素あればこそ「大乗菩薩道にはすでにその発端に時代、民衆の凡人の要望が容認されていることを知ることができる。ゆえに大乗仏教の興起はそのまま浄土教の興起である。」(松原裕善『親鸞と末法思想』昭 51 p.65 以下)。

9) 金子大栄『口語訳　教行信証　付領解』昭 53　p.96
10) 星野元豊『真宗の哲学的理解』昭 47　p.152　このことに関係するが、「菩薩は禁欲行を修してこれによって自己自身の道徳的霊的功徳を成就するのみでなく、又一切衆生の中にかくの如き功徳を増進せしめる。又或いは他の衆生のために自らその苦悩を受けて、彼らをそれから解放し、彼らの心に正覚を願求せしめる。回向はかくて贖罪の性格をもおびる。」(鈴木大拙『浄土系思想論』1942 p.82)のである。回向がそういう性格を持つという解釈もなされることは他者を信じる点で少なくとも禅から見て真宗とキリスト教とが類似することを示す。
11)　日本仏教学会編『仏教における信の問題』1977 p.186
12)　同上書 p.191
13)　同上書 p.192
14)　同上書 p.194
15)　金子大栄『親鸞の世界』p.156
16)　同上書 p.144 以下
17)　蜂屋賢喜代　同上書　p.201　203
18)　星野元豊『真宗の哲学的理解』p.224
19)　蜂屋賢喜代　同上書　p.315
20)　金子大栄『親鸞の世界』p.181
21)　大河内了悟『真宗学原論』1973　p.239
　　　日本仏教学会編『仏教における行の問題』1975　p.291
　　　宮本正尊　同上書　p.591
22)　金子大栄『親鸞の世界』p.28
23)　蜂屋賢喜代　同上書 p.642
24)　釈尊は最後にインドに生まれ出られたとき、それまでにつまれた無量の功徳によって大悟を得(鈴木大拙『禅とは何か』p.46)、天上天下唯我独尊といった(同上書 p.96)。誕生するまでの前生の間に何度も生まれ変わり死に変わりして、その間に種々の功徳を積んだので、あのように大悟したのである。ただ、誕生後での悟りへ向かっての出発点は、釈尊の四門出遊の話からも分かるが、生老病死という問題意識からであった。生老病死は結局死へ究極する。つまり死からの解脱が中心問題であることが分かる。このことは、盤珪の経歴について死を異常に嫌ったという話が取り上げられている(鈴木大拙『禅に

よる生活』昭35 p.108以下)点からも分かる。このように死によって苦しめられるのも、単に知性上の問題ではないが、基本的には知性の問題である。そういう事情に無知であることも自我の一形態であろう(D.Suzuki; Essays in Z .B. p.132)。そして自我は知性の光の到達しない盲目の場所であり、それと自我という表象とは同一物である(D.Suzuki; Satori 1996 p.135以下)。こういう無知においては知と行、知る人と知られるべきもの、自己と世界とは別物と主張され、二つの要素が対立している(D.Suzuki; Essys in Z. B. p.128)。二元的であることが無知、つまり悟りの反対である。こういう二元的見方のある限り解放はなく、欲情は悟りに対立する(D.Suzuki; The Zen doctrine of n.m. p.36)。このように悟性による認識と行為とが分裂している。

25)　星野元豊『真宗の哲学的理解』p.64
26)　同上書 p.68
27)　同上書 p.88
28)　金子大栄『親鸞の世界』(続)　昭53 p.42
　　　星野元豊『浄土』昭54 p.38
　　　宮本正尊　同上書　p.576以下
29)　金子大栄『親鸞の世界』p.48
30)　同上書 p.89
31)　同上書 p.188
32)　同上書 p.137
33)　宮本正尊　同上書 p.1096以下
34)　蜂屋賢喜代　同上書 p.450
35)　同上書 p.460
36)　同上書 p.463

(Ⅳ) 主として両者の相違点

(1)

　仏教での諸法実相はキリスト信仰での差異ある現実がそのままいわば絶対的意義をもつことと同じなのか。般若知に至って安心立命を得るとは自己の存在が知という次元で生きられていることである。キリスト信仰では人間が身心全体として生られており、そういう知的次元重視の問題解決では納得しきれないものが残る。知的次元での問題解決なら自我崩壊はあるいは不要かと思う。あるがままの自己に関わる自己としての自我が問題になることは、あるがままの

自己が問題になるからではあろう。だが単なる知性の働きの問題ではないとしても知的次元の問題にされた時には、このあるがままの自己が問題にされなくなっているのではないのか。途中で問題が変えられてはいないのか。生老病死から始まったことが、途中から知の問題になっている。このようにあるがままの自己が相対的に重視されなくなることはこの現実の可視的世界がそうなることと呼応する。こういう点からキリスト信仰での復活もシンボルとされる。これは他者という契機の消滅を意味する。仏教では自己をむなしうすること自体がいわば目的となるが、キリスト信仰では他者受容のためにそうしたのである。そうすること自体が目的であれば他者を受け入れはしない。それを目的にしてそこへ達したのに今度は逆にそれをあえて乱すようなことを受け入れるはずはない。目的が達せられても、そういう目的への意識は生きていよう。もとよりそういうことを常に意識しているのではなく、むしろ無意識の内にであろう。目的意識は一般にそれが達せられると表面的には消えるが、達せられた以上それを捨てることは生じない。かくていわば無我という形で我が生きているのではないのか。このことは無がやはり一つの立場であるほかないことでもある。人が生老病死から逃れようとする時、無へいわば依拠することでもこのことは分かる。現実の生身のままの人間がこの現実を生きていく信条は、それがどんなものであれ、当人にとって依拠する原理という性格を持たざるをえない。

　人間が人格として生きるとは現実界を一定の原理に基づいて形成して初めていえる。だが分別、無分別一の仕方で生きる時、本当に人格として生きるといえるのか。現実を形成する以上、分別界、無分別界が一ということはありえない。創造者と被造界とがあるようにこれら二つは現在は一にはならぬ。終末においてのみである。このような分別界のため、よりキリスト信仰的には神の命令が生きているため、キリスト者が論理と合理性の犠牲であるという考えも出てこよう。しかしキリスト信仰は自我崩壊を経ているのでこういうことはない。自縄自縛の状態から脱することと分別の世界から脱することとは別のことである。同一視してはならない。キリスト信仰は前者を目指してはいても後者から逃れようとはしない。仏教では神、キリストという他者は存せず、価値判断は全て悪い意味での我と不可分となろう。キリストが心に入ると事情は変わる。

分別、判断があるから苦がくる、かくてそれらを止めて苦を除くことになるが、信仰ではそういう分別を捨てずにしかも苦を除く。否、それ以上である道である。分別することと苦がくることとは別である。前者は知性作用であり後者は実存全体のことである。キリスト信仰とは仏教的には実有と思われない現実の世界を唯一つの世界と信じてキリストに従うことである。現実の世界に対する分別で苦しむか、あるいは分別を止めてそのまま肯定するかが仏教とすれば、キリスト信仰は分別しても苦しまないで、しかもそれをそのまま肯定もしない道である。仏教的二者択一のどちらでもない。聖書の世界では無分別と分別というような区別は最初からない。というのもこの可視的世界以外の何ものも存しないのだから。分別界が人を悩ますのでそれの根底である無分別界へ飛躍するなど最初から問題にならぬ。そういうことを思いつく自体が起こらない。あくまで分別界、現実界をそのままにしてその中で考えねばならない。キリスト信仰に対応した自我崩壊ではあるがままの自己に関わる自我が崩壊してあるがままの自己しかなくなり、分別、無分別の相即ということもなくなる。そういう知的世界自体存在しない。無分別界を考える必要も全くない。ちりだからちりにかえるだけである。たとえ木石のごとくなれといっても、そうなるには一度無分別界を通らねばならぬ。かくて無分別界が不可欠であろう。キリスト信仰での自我崩壊ではそのようなものはいらない。

(2)
　キリスト信仰では外界へ現される神の啓示が重要なので人の心の内面よりもむしろ外が重要ともいえる[1]。仏教では解脱において独特な内的立場に立つことが重要なので外界の事柄など重要でなくなる。たとえ外界のものごとがどれも絶対の真理を説いているとはいえ、これはキリスト信仰で個々の事柄自体が絶対的というのとは内容が異なる。個々の事柄が神の啓示として個々の異なったことを示す。普遍的な絶対的真理を開陳してはいない。外界がそのままで真理であるという時、このそのままとはそのままであることを止めているようなところでのそのままである。キリスト信仰では個々のものがそのままのものとしてそのままであり、いかなる意味においてもそのままであることを止めるこ

とはない。仏教的見方では可視的現実界の価値が消えはしないか。キリスト信仰の立場からは少くともそう思われる。自己の内面の重視はよいが、外界が二次的になろう。こういう考え方では可視的現実界が罪も死もないものに変えられるというごとき現実の大変革という感覚はもともとないのである。この世界はこういうものであって、こういうもの以外ではないというだけのことである。

こういう考え方は実在をどう考えるかにも現れよう。キリスト信仰では他なる神の側に実在性があり、実在はむしろ人間の側より外の方にあろう。だから人間が知ることができようができまいが、現在見ることができようができまいが、実在は実在である。人間がどういう態度をとるかとらぬかには依存しない。人間に見えようと見えまいとあるものはあるし、ないものはない。人間の作用、態度など問題外である。実在的、現実的とは人間の意識作用には無関係である。仏教的意味での主客合一では人間の主体から独立した実在などは最初から考えられない。しかし神のごとき存在は人間の主観を離れているほかない。そういうものこそが実在的であるといわねばならない。神の知は人のそれを超えており、主客一体においてのみ仮に神が実在しうるのなら、神はむしろ実在しないことになろう。具体性と現実性との結合という点からは禅の悟りは具体性、直截性は確かにあるにしろ、キリスト信仰のように現実的ではない。そういう意味での現実的ということからは一歩退いている。日常的生活から離れはしないとしても、現実的世界での諸々の価値を認めない点にもこういう側面は現れる。キリスト信仰では具体的と現実的とが結合する。そういう側面は現世では現世に魂を売った人間がいわば栄えているという感覚が弱いこととも関連する。だから無常とか輪廻転生という考え方に留まることともなろう。現実的感覚の強いことはキリスト教会が大体人の集まるような場所にあり、禅寺などは人里離れたところにあることにも現れる。また現実的感覚が強いことは仏教的な前後二見の否定というような考え方がないことにも見られる。

現実的感覚があえていえば希薄なので、死についても現実の死が軽く見られる。通常の死と大死とは確かに同じではなく、前者は後者の契機かも知れない。双方は次元が異なる。しかし高低の差はつけられぬ。前者なしに後者はな

い。あえていえば現実の死の方が罪の罰であることを思えば重い意味をもつ。前者からいわば切り離して後者という点から生死を問題とすると、死という事柄が人間の内面の問題となってしまい、現実的な死の問題がどこかへ消えてしまう。二つの死は同時に問題にされねばならない。前者の死が抜けると後者の死が問題となる場を失い、後者の死の問題は空中楼閣となろう。

　　　（3）

　禅とキリスト信仰の関係について早急な結論は出せないとしても、禅あるいは広く仏教での空とキリスト信仰での十字架を負うこととは異質なので両立しうると思う。もっともその場合キリストによる無我とは完全な禅であると共に完全なキリスト信仰でなければならない。禅者が即キリスト者でなければならない。キリスト信仰の立場に立ちつつ禅の考えをとり入れた、またはその逆であってはならない。不明瞭な融合であってはならない。

　自我からの解放という仏教の教えはキリスト信仰にもちこまれてもよいし、またもちこまれるべきものであろう。しかし対立のままでの自己同一、矛盾の自己同一というごとき考え方—こういう考え方は現実の場での種々の差異の捨象へ通じかねない—はもちこまれてはならない。そういう考え方と自我からの解放とは決して必然的に結合してはおらず各々別個に存しうるのである。こういう事態と関連するのだが、仏教では悟りが人間が安心立命する道と考えられる傾向が強い。一方、キリスト信仰ではキリストを信じることは人間が人間として安心立命するためではなく、むしろそこを通りすぎてキリストに従って十字架を負うためにである。こういうポジティブな面との関連でキリストを信じるのである。かくてキリストを信じることがもし人間の安心立命という面から見られれば、それは問題であろう。むしろ人間の安心立命を破るところにキリスト信仰の意義がある。ただ単に安心立命したいのなら仏教ないし禅で十分であろう。その方がより合目的的であろう。もっともこれは安心とはいえても立命といえるのか。人間が人間として安心するためならキリスト信仰はむしろ目的にそぐわない。目的に反してさえいるであろう。単に安心では満足、納得できず、いわば神の救済史のインストルメントになる場合にキリストを信じるほ

かないのである。そうなることは安心立命を許さない。それを破壊する。かくてキリスト信仰の伝道では人間に安心立命を与えることが目的ではなく、インストルメントになる人を探しているようなものである。安心に留まるか否かはそれ以前での相違からきまる。つまりインストルメントになろうとしているか、あるいは単に自己が人間として救われようとしているか。後の場合はそこに留まるであろう。この相違はその人の人格から由来することであり、この人格は神の造り、与え給うものであって人間が勝手に変えられないものである。

　キリストの出来事によって触発させられないことは何が原因か。それは分別の無分別を考えることにより実際は無分別に安心の重点があるからであろう。というのも無分別でない限り人は分別界の苦しみから安心できぬから。分別界に何があっても影響のない、無分別界に生命が移っているからである。かくてこれは真には分別即無分別ではなく、分別界は消えている。キリストを信じて分別界へ再び出てきて初めて真に分別、無分別のどちらにも片寄らない分別即無分別の世界になると思う。分別即無分別はキリストを信じて初めていえることであろう。

　先述のように安心立命、精神的安住所に留まるのならキリストは不要である。一度入った安住所からこの現実の有為転変の世界へ出ていくためキリストを信じるのである。有為転変の世界から解放され再びここへ入る。かくて生活の外面も変わらざるをえない。変わっても変わらなくてもよいのではない。内的生活に特徴があるごときことではない。悟りの境地から過去、現在、未来その他の一切を達観するごときエリート的傾向を捨てるよう命ぜられている。一切から自由で自己が自己の主となるのではなく、自己はキリストの奴隷となる。このように現実の世界の只中に自ら積極的に入りこむのなら、仏教的意味での永遠の今からは逆に離れかねない要因も生じよう。キリスト信仰ではキリストを見る者は父を見る者である（ヨハネ 14,9）ごとく、差異ある現実が即永遠の世界である。自ら積極的に差異ある現実の中に入りこむことと自由とが一でなければ、これは極めて不自由なことだと思う。

第1章　仏基関係における同異の考察　55

（4）
　もし神が意志をもつ存在であればそこには主客の分離があり、そうなるとその主客をして主客たらしめるものが絶対者となるという観点から絶対には創造はない[2]。人間が考える主客ということを神たる絶対者にもあてはめること自体が無理であろう。人間の思惟によって神を裁くことであろう。人間の思惟には不可能と思われることまでも不可能でない。神の思いは人の思いをこえて高い。人間が有限である以上、人間の思惟、判断自体も有限である。それが忘れられているとしか思われない。自我とはそれに対して他である何かが存して初めて意識される。離れ島に一人で暮していれば、その人は自我という問題に悩まされまい。自分のしたいようにしていればよいのだから。キリストの福音に接してそれを捨てるよう迫られる時、受容拒否の自己に自我のあること、知性の自律性の残存を感ぜざるをえなくなるのである。禅の立場だけで考えていれば、自己に自我が残存しているという自己認識は出てこない。禅に接してもキリスト者は自己に自我があるのを感じまい。いわば禅でいう無我を経てキリストを信じているから。逆に禅はキリスト信仰に対してどう感じるのか。知性の自律性の破棄という禅にはないものがあるのだが。知性の自律性が温存の場合、その人の生がそこへ結集し生きられているであろう。だからほかのことはどうでもよいが、その一事に関しては絶対にどうでもよいとはいえまい。ほかへ変えられぬような性格があろう。かくて禅の立場に達した人はキリストを信じることからは千里万里離れている。そこまで徹底していない人の場合はまだほかの方向へ変えられもしようが、そこまで徹底した場合は変えられまい。知性の自律性と自我とは別なのかという問題がこれに関連する。というのも前者は残っていても後者の否定が考えられているから。仏教では合理性が重んじられ超自然的なことはいわない。かくて知性の自律性の破棄は不要である。知性自体はあるがままの自己に属しており、それに関わる自己としての自我には属さない。だから自我崩壊して初めて知性の自律性の温存が問題として顕わになる。さもないとこの問題は顕わにならない。他の問題と混同されたり、他の問題が重視されるために。
　しかし知性の自律性の温存はただそれだけに留まらずキリストに従って十字

架を負うことを受け入れぬことと一である。知性の自律性の温存と人間の生き方が自然的に生まる生き方であることとが関係する。前者は単に知的次元だけのことではすまない。やはり実存的次元での相違をはらむ。無我へももとより実存的飛躍によって達するのだが、キリスト信仰はそこからさらに、あるいはそういう方向へ徹底してしまう直前に別の方向へ飛躍するのか。禅は知的傾向にあるが、これはキリスト信仰に比すれば自然的知性であろう。またキリスト教を神に頼ることと解している場合が多い。確かに欧米のキリスト教にはあてはまるであろう。しかしキリスト信仰とは元来そういうものではない。聖書とは場所と時代に応じて新たなるものが湧き出てくる無限の泉である。自我崩壊によって何かに頼らねばならぬ主体などもはやどこにもない。こういうキリスト信仰には的はずれであろう。ネガティブに頼ることとの関連ではなく十字架を負うというポジティブなことに関連してキリストを信じるのである[3]。

（5）

禅では善が勧められはしても、善悪も生死同様に超えられなければならない。我執が残っていてはたとえどんな善行でも真に無我から由来するとはいえない。無相なるものはいかなる形あるものにも対応しうる。このこととも関連して、死後に極果を得るとする真宗やキリスト教のように終末観があるのは極めて不徹底となろう。しかし少くともキリスト教からはたとえ大死を経ても人間生きている限り罪から完全に自由ではありえず、罪との戦いは死ぬまで続く。こういう感覚が禅には欠けていよう。親鸞やアウグスチヌス[4]のように煩悩から自由になろうする人格にとっては禅のようにはなりえまい。禅からは真宗は途中の仏教[5]かも知れないが、キリスト信仰からは真宗の方がむしろ禅の立場を経たその向うにあるようにも思われる。禅の方が途中の仏教となろう。もし仮に禅の立場からの考えを肯定すれば、キリスト「信仰」は禅的無我を通った上で自分の十字架を負ってキリストに従うことなので、真宗が途中の仏教であれば、真宗も禅も途中のキリスト信仰となろう。

禅では仏を自分の外に見ることは自由を拘束すると考えるが、人間生きている限り罪から自由ではないのに自由になろうとすること自体に問題があろう。

仮に禅的仕方で自由になっても、それでもし十分と感じれば、そう感じる主体自体の存在が完全に罪から自由か否かを検討せねばならない。そうであればよいが、そうでなければ、そういう自由は人には許されない自由である。神をないがしろにした人間の勝手な自由である。ところでキリスト御自身以外の者は罪から自由ではない。罪がないのなら死なないはずだが、人間皆死ぬのだから。キリスト信仰では合一神秘主義は許されない。こういう合一がないこととたとえば前後二見のようなことがあることとが関連する。しかしキリスト信仰からは無我を通った上でのたとえば終末待望は決して悪くはない。こういう要因を悪い方面からばかり見ることも理解し難い。現世はいわばサタンの支配下にあり、キリスト者の生命は基本的には天にあり、現世とは生命において分かれているのは当然すぎるほど当然である。そうでない状態はたとえそれが無我といおうと何といおうと罪と一体であり、現世の中に埋没していることである。分かれていて初めて現実を形成していきうる。そうでなければ、積極的には造っていかぬという意味で現実から退くことと罪の中に埋没しているという意味で退くこととが一である。真に退いて帰るべきところをもたないので、退くべきでないところから退いている。退くべきところをもたぬ場合の救いとしては禅的方法になる点はよく理解されるが、これは必然的にそうなのだが、退くべきところを一度知らされた以上もはやそういうことは不可能である。

　禅の立場からは日常生活の中での修行では不十分という考えも生じようが、これは禅では善悪を超えたところがあり、その分罪と戦うという性格が弱いためであることと関連する。現世の中での罪、また自己の中でのそれに対して戦えば修行が不十分ということはなくなろう。仏教では善悪については脱価値的なところがある。もっとも別の形での善悪が生じよう。キリスト信仰では人への愛と神への愛とは一なので、信仰の前後で何ら善悪は変わらない。仮に新しい善悪が生まれても事柄自体として内容的に新しくはない。見る観点が変わったので新しい装いを得るにすぎない。内容的には変わりはない。全く新しいが、全く新しくないのである。仏教的には道徳上の基準で判断して精神的矛盾の中で苦しむと見られようが、そういう判断をしながらしかも矛盾に陥らない道があれば一番よい。それがキリスト信仰である。そういう判断の虜(とりこ)にならずに、

しかもそういう判断を捨てぬのである。このような点とも関連するが、仏教では陰徳ということがいわれる。このことはキリスト信仰でもそのまま生きている。神の報いは結果であって、そのことを計算に入れて善行はしない。報いを考えていてはかえって善行はできない。自我崩壊しており報いを念頭におくことはない。善行をするのも自分ではない。キリストが自分の内で善行をする。報いるのもキリストである。善行、報い共に主体はキリストである。無が主体でなくキリストが主体である。罪と戦うのもキリスト、キリストが一切であり、キリストの霊が満ち満ちている。キリストの一人舞台である。自分の内の罪と戦うのもキリストである。人間としては無なる主体、即ちキリストが主体である。神に祈る時、祈るのも実はキリストである。その祈りをきくのもキリストである。共にキリストである。ここでは人間の自我は入り込む余地がない。ここに至って初めて人は救われている。ここで初めて自分の十字架を負いうるのであり世の光でありうるのである。

（6）

キリスト信仰ではキリストのためという契機があるが、仏教では阿弥陀仏のためという契機はなくはないのか。阿弥陀仏が人間のためということはあろう。阿弥陀仏が人間のため、救われた人間は衆生のためというように全てが人間還帰的である。キリスト信仰ではむしろ全てが逆であろう。人はキリストのため、キリストは神のためというごとく全てが神還帰的である。阿弥陀仏とは人間が成仏したものなら、キリスト信仰でのイエス・キリストのイエスという面に対応する。キリストという面はいわば抜けていよう。確かにイエスという存在を信じただけでも人は救われよう。しかしイエスが同時に神、キリストでなければ神という面が抜ける。このことは仏教では全てが人間還帰的であることと呼応する。仏教は人の救いを目的とするが、キリスト信仰では人の救いが目的といえようか。キリストにおける神の受肉が驚きであることによって人間の救いなどは吹っ飛んでしまったという仕方で人は救われる。直接には人の救いを目的とはしていない。キリスト信仰は救われた人間を神の救済史のインストルメントにするための宗教ともいえよう。勿論救われた人がどこかにいてそ

の人をそうするためにキリスト信仰があるのではない。救われていない人が救われると同時にインストルメントになる。同時達成である。理念的にはこういう分析も可能かと思う。仏教が人間学、宗教であるのに対してキリスト信仰はそのいずれでもない。キリストを宣べ伝えるのが目的である。信じる人がいなければ足の埃を払って出ていく（ルカ 9,5)こともありうる。

　いかに仏教が究極的原理として非ないし超人格的なものを考えるにしろ、人が真人であるには当然当為ということは考えられよう。たとえ神のような仏教でもそうである。人格的内容が入ってくる。無は決して当為を排除するのでなく当為を当為たらしめよう。キリスト信仰ではこの人格的内容を一次元上げて敵を愛せよ（マタイ 5,44)というごときものにする。仏教でもこういう超人格的性格が入ってくる場合もあろう。しかしたとえ入ってきても、それはいわば偶然的であろう。そのこと自体は仏教での救いにとり非本質的、派生的とまでいわないとしても、必然的にそうあるほかないのではない。仏教では人間を人間として救うのが目的であって、その人間を神の形へと造っていくのではないから。キリスト信仰では、こういういわば超人格的要素はそれをどれだけ実行できるか否かは別としても、信仰自体の中に必然的、不可欠、本質的要素として入ってこざるをえない。しかもこれは先の当為の範囲を超えた性格のものである。

　仏教では他者は存せず、信仰を証ししていく場合でも他者を証しすることはない。またその分だけ証しすることの性格が弱くなる。キリスト信仰的にはイエスの血、パウロの血、その他多くの人々の十字架を負って流した血によってこの世は支えられている。全キリスト者が今現在この血の流れに今一滴の血を加えうることは誠に有難き仕合せといわねばならない。キリスト者の群は血の群、血の集団、流血の群であり、ローマ帝国当時では怒濤のごとくうねる血の大河であった。パウロも「わたしの血が注がれるとしても、わたしは喜びます」（フィリピ 2,17)というように。そしてこの河は今や全世界をおおっている。殉教とは他者なる神を信じるところより由来する。かくて仏教にはない。もっとも忍辱ということはある。キリスト信仰での迫害と類似のことであろう。しかしキリスト信仰では絶対者たる神に仕えているが、仏教ではそういう契機はな

い。かくて耐えることでもその在り方に差異があろう。人間が人格的である以上、自己以上のものが自己に現れるとき、その者が人格者の方が非人格者の場合よりも、あるいは非人格的性格が少しでも少ない方が人をしてより勇敢に迫害に耐えしめるであろう。これにも関連するが、忍辱という形で侮辱や迫害を忍ぶことを考えるとき、仏教ではそれは自然にそうなっている、気がついてみたらそうなっていたのであろう。一方、キリスト信仰では十字架を担え（マタイ10,38）ということなので、そうであることをあえて意識的に行うという性格もでてこよう。自然にそうなっていたというにはつきぬものがあろう。しかもそうであることを避けえぬ。そしてこの「あえて」ということと現在においては納得、理解のいかぬことがありつつ、信仰者として孤独に耐えつつ、天においてキリストと相会える日には全てが氷解するであろうと信じていることとが関連する。仏教では衆生済度、菩提心において人間を人間として救うことに目的があり、しかもそういう実践が神のような絶対他者によって知られることはなく（知られるためということではないが）、比較してあえていえばもう一つポテンツが上がることが生じにくいのではないか。喜んで迫害に耐えて死んでいくというような契機が出てきにくくはないのか。

【注】

1） 空から相対性へ達するのであり、その逆ではない（D.Suzuki; Prajna 1990 p.63）。しかし同時に全てのものを見ながら心を汚れ、愛着から自由に保つのが無想である（D.Suzuki; The Zen doctrine of n. m. p.126）。これはパウロのいう、この世とわたしとの相互的死という実存的事態と同じであろう。このことを次のようにもいう。悟りは時、空間の諸制約を超えると同時にその中にあり、それらと同一視されて意味を持つ（D.Suzuki; Leben aus Zen 1993 p.70）。諸制約を超えるとき、空という在り方で超える。そこで逆にそういう諸制約の中に入るとき、本当に入りうるのかという疑問が生じる。空という事態は持続しているから。諸制約に意味を与えるような創造者、神のような存在が出現すると、状況は一変するのだが。"超える"ことと"入りこむ"こととのうちで、前者に重点がかかるのではないか。空という在り方で超える限り。時空的世界の真の肯定といえるのか。肯定と同時に否定ともいえはしないか。個は個として認識されて初めて個といえる。先のような考えの下では個は一般に個として存するとはいえず、したがって肯定とはいえない。キリスト信仰の目からはむしろ否定であろう。この

ことは最初の引用の内容からも推測しうる。空という一切の相対を除去した在り方が相対的世界への出撃基地となっている。このことは対立を超えつつもその外に立つのではなく、Prajnaparamita はそのことを原理とせずに中間の道を行くという考え（D.Suzuki; Prajna p.59）にも反映される。ただその場合、いわゆる非合理的なものも哲学者、論理学者の事柄として悟りの立場からは否定される（ibid,p.95）。非論理的なものもまだ論理によって支配されているからであろう。そういう点では徹底しているが、その徹底という事態が先の中間の道ということと関連しているのである。

2）　久松真一『東洋的無』昭50 p.163
3）　禅は教外別伝であって経典を無視している（鈴木大拙『禅とは何か』p.82）。またその内容の一部としては、あるがままの意志はそれ自体は純粋であるが、知性の誤りによりエゴイズムによって毒される（D.Suzuki; Essays in Z. B. p.158）。キリスト信仰ではアダムの行為を見ても、意志が神の言葉を無視して彼は禁断の木の実を食べた。かくて知の問題ではなく意志の問題である。神という絶対者が欠けると、人の意志が神に背くというような発想は出てこない。そこで純粋というような考えになるのであろう。知性重視に応じて、悟りが個体的存在の根源へ深く入る（ibid,p.248）。ここで individuality というが、真にそうなのか。確かに人が結局自己で自己の本性を洞察しなくてはならないが、個としての人なのでそういえよう。知的に、客観的に他から教えられえないし、また悟った後も人がその悟りを表す表し方も個性的といえる。だがそういう個的相違は表面的であって、真の根源 (the very root) は個性的といえなくはないのか。キリスト信仰ではこの真の根源自体が神と対話する存在として個性的である。また人の固有な本性へ直接に洞察する（ibid,p.235）。One's original Nature というものが明確でなくはないのか。なぜならそのものは結局仏性とか無とか空とかで表示されるものであろうから。悟りについて永遠、瞬間的出来事が時の中に切り込むところに一念はあり、悟りという（ibid, p.63）。時の中へいわば縦に入ってくる。この点ではキリスト信仰が時の世界に生きている人の心に入るのと類似する。そういう状況にある場合は、超越的知恵である非—意識が意識の基礎にあり、現実的なものの本性を把握させる（D.Suzuki; Karuna 1996 p.19）。これは"人格的なものが非人格的なものに溶かされていく"という考え（西谷）を連想させる。さらに、見ることが意識の区切られた状態への洞察という特定の行為でないときに、それは自己の本性への洞察である（D.Suuki; The Zen doctrine of n. m. p.28 以下）。純粋とか汚れないことへの洞察とはこういう性格のものとされる。
4）　「神と魂とを知りたい。」（アウグスティヌス「ソリロキア」）
　　「どんな修行もとうてい不可能な者であるから、いずれにせよ地獄はわたしの堕ちゆく住いときまっているのである。」（歎異抄）
5）　久松真一『絶対主体道』1948　p.522

第2節　禅とキリスト教

(I) 禅と公案

　禅に関してキリスト信仰との対比をも考えたいので、ここではキリスト信仰的には信じる主体(fides qua creditur)と信じられる対象(fides quae creditur)との二面から考えたい。もっとも禅自体、あるいはもっと広く通仏教的なものの考え方からはこういう区別は余り意味がなかろう。あるいはさらにいえばこういう区別は間違いともいえるかもしれない。なぜなら仏教での不二とは能所の区別、分別はもはやない世界であるから。しかるにあえてこういう区別をするのは、キリスト信仰では信じる人間と信じられる神、キリストとの間には厳然とした断絶があるからである。

　まず信じる主体だが、何ものにも囚われのない心[1]ということが挙げられる。応無所住而生其心、無住心、非心ということである。これは金剛般若経の名句であるが、これについて仏教語大辞典によれば次のようである[2]。即ち「まさに住する所なくしてその心を生ぜよ、どこにも心を留めさせないようにして心を起こせということ、禅宗ではこの句は特に重んぜられたが、その解釈によると心は自性清浄心(本来清らかな心)で仏心仏性をさす。」という。また禅学大辞典によれば次のようである[3]。「般若心経の空即是色と意味は同じ、般若皆空の境地に達した人は対象物に対して心を向けるけれども、それに心が奪われたり、執着したりすることなく、それをあるがままに自由自在に駆使し処理してゆくことを云ったもの」という。我々人間の心は通常の状態では、何かに囚われている。例えば体力、能力、名誉、地位、財産等のごとき世俗のこと、あるいは生死のごとき死に対する不安のごときもの、または道徳的観念によって捕らえられていることもあろう。またそういうものから自由になろうとすること

第1章　仏基関係における同異の考察　63

に捕らえられもしよう。いずれにしろ何かに捕らえられることなくして生きていることは極めてまれである。

　次に、禅書の中から例を挙げてこの点について考えよう。まず久松真一は臨済録抄綱の中で臨済録の中にある有名な「途中に在って家舎を離れず」と「家舎を離れて途中に在らず」について、私の解釈も入っているが、次のような主旨のことを述べる[4]。「途中に在って家舎を離れず」というが、途中とは、旅でもして家を離れたが、まだ目的地には着いていないというのが通常の意味である。途中にあれば当然家を離れており、家を離れたのならどうしても途中にいなければならない。しかるにここでは途中にあって、しかも家を離れないという。どういうことか。自我が破れ能所の対立が消えて本来の自己の面目に目覚め無相の自己が働けば、それら両者の区別がなくなり、不二となる。普通は人間何か行為する場合には、何らかの原理なり、主義主張があってそれに基づいて行為する。この場合、その主義主張が家舎になってしまい、それから出てくる行為は原理と不二とはいかない。ここではまだ二という契機があり、いかに密接に関連していても一如、不二とはいえない。無であって初めていかなる有とも不二になりうる。だから無的主体の働くところではいつもそこに家がある。特定の場所での特定の形をした家などはもはやない。即ちどこにでもいつでも家がある。至るところ一切所が家である。家ならざるところとてはない。だからここではもはや途中などというものはない。家も途中も不二となる。無なる自己の働くところが即家であり、即途中である。途中がなければ家もまたなしである。逆に家がなければ途中もまたなしである。途中のあるところに家があり、家があるところに途中がある。このようなことが「途中に在って家舎を離れず」の意味内容である。だから自分の特定の家を探したり、あるいは見つかったと思っている状態では、こういう無なる自己の生活はできていないのである。

　次に、「家舎を離れて途中に在らず」は家を離れて、しかも途中にないことである。普通は、家を離れれば、途中にあるのだが、ここでは途中にないという。途中におらねば、家におるはずであるのに、家におらぬのである。先の「途中に在って、家舎を離れず」では、家舎の方については、「離れず」というごとくいわば二重否定的にいう。即ち「離れる」ことで一度否定される。その

後で「離れず」と二重否定的にいわれて肯定される。一方、途中については、「在って」というごとく否定的ではなく、端的に肯定的にいう。このように家舎、途中について双方共に肯定的にいってはいるが、二重否定の方よりも肯定の方に重点がかかってくる危険があろう。いう方もそういう気持でいうし、またいわざるをえなくなろう。聞く方もそういう気持で聞くし、また聞かざるをえなくなろう。つまりこのように肯定的にいうとそれに人の心が囚われてしまう危険が存する。しかるに本当は家舎とか途中とかという分別もなく、そんなものはありはしない。家舎にも途中にも片寄ってはならない。また片寄ろうにもそんなものはありはしないので片寄りようがない。双方のうち片方を「在って」とし、片方を「離れず」とすると、「在って」の方に片寄る危険がないとはいえない。だから「途中に在って家舎を離れず」をさらに一歩進めて、家舎、途中双方共に否定的ないい方にして、そのいずれにも重点のかからぬいい方にした方がより適切といえよう。そこで「家舎を離れて途中に在らず」という具合に双方共に否定するいい方が生じたのであろう。この方がより徹底した表現の仕方であろう。こうして初めて家舎にも、途中にも囚われることなく、家舎と途中の間での働きの往還の自由自在さが実現することになる。至るところ家舎であり、途中であると先にいったが、それがここでは双方共に否定されて、至るところ家舎もなく、途中もないということであろう。「ある」という表現は、人がそこに何かを特別なるものとして認識することが暗黙のうちに前提されていよう。もっとも「ない」といっても、ないことに囚われては何にもならないが、「ある」という表現よりは、「ない」という表現の方が少くとも心の自由なことが表現されているいい表わし方であろう。かくて家舎にもあり、途中にもあり、家舎にもなく、途中にもない自在な在り方がいわれている。

　さらに、自性清浄心について、六祖慧能の伝衣の話にふれたい。安谷白雲がその著『禅の心髄　無門関』の中で述べていることを参考にしたい[5]。これは五祖弘忍が、法の後継者を選ぶために行った試験で、神秀の詩を修証辺のこととして退け、慧能のそれを本分上のことを示しているとして、後者を選んだという話である。キリスト信仰からは十字架を負って私に従えとの契機があり、神秀と慧能の間で二者択一はできまい。もっとも弘忍が神秀の詩を必ずしも全

面的に退けたのでもなかろうが、やはりそこには即非、不二への見性に重点のある禅の特色がよく出ていると思う。

　さて、将来北宗禅の祖となった神秀は、「身はこれ菩提樹、心は明鏡台の如し、時々に勤めて払拭せよ、塵埃を惹かしむることなかれ。」という詩を師に呈した。五祖はこれに対して、「これは立派な詩だ。この詩のとおりに心がけて修行すれば、間違いない。」という。一方、盧能（慧能のこと）は「菩提もと樹にあらず、明鏡また台にあらず、本来無一物、いずれのところにか塵埃を惹かん[6]。」という詩を示した。五祖はこの詩を見て、慧能を後継者にしたのだった。しかも慧能は弘忍のところに来て以来、数ヶ月間米ばかりついていて、坐禅などはしたことがなかった。この点も興味深い。師が米をついておれといわれたので、黙々と米をついていた。早く坐禅の仲間に入れてくれともいわずに。誠に敬服に値する。慧能がこの詩をよんだ後で、五祖から仏袈裟と応量器とを伝法の証拠物件としてさずかって、夜の間にその寺を弘忍から去るようにいわれて去った。またその後で慧明という人が後を追いかけて衣鉢を取りかえそうとしたという面白い話があるが、それは今の場合本質的なことではなく、省く。

　ところで、神秀の詩では慧能の詩に比べて、肯定形でいわれているところが多いのが目につく。修行上のことをいうのなら結構だが、本分上のこと、即ち無相なる自己を示すものとしては極めて不十分となる。肯定形でのたとえはやはりそのものへの囚われを予想させる。悟り自体を示してはいない。菩提樹にたとえようと、明鏡台にたとえようと不十分であることに変わりはない。身と菩提樹、心と明鏡台というように二を予想させる。不二ではない。一如ではない。いかなる二もない世界ではない。だから慧能の方は、菩提は樹でない、明鏡は台でないというように、二を予想させる何かが何かであることを否定する。もっともこの否定は、肯定と否定というように肯定と対立するごとき否定ではないし、またそうであってはならない。肯定と否定の対立も否定した絶対否定である。

　さて、見性した人なら、神秀のようにいって何ら差支えないのだが、五祖がこれでは不可としたのは、平素の神秀の見性の度合いを見定めてのことであろう。詩自体だけでは、よいとも悪いともいえないともいえる。慧能の詩に比して、

神秀のは人の身を菩提の樹にたとえる。つまり自分が自分の身を、そういうものとして見ており、ここにはある種の概念のごときものが介在する。能所の対立が滅却されればそういうことはもはやない。肯定的な形でたとえることはもはやない。身も菩提樹も不二であって、ここには身もなく、菩提樹ももはやない。心が明鏡台のごとしというのも同様である。心も明境台も不二である。心もなく、明鏡台もない。ごとしという限り、不二ではなく、そこに何か対立している二を予想させる。慧能は、菩提樹についても、明鏡台についても、「あらず」というごとく否定的ないい方にしている点に、「途中にあって、家舎を離れず」をさらに一歩進めていくと、「家舎を離れて、途中にあらず」というごとく、双方共に否定的ないい方になっていくのと類似の消息を見うる。本来無一物なので、塵埃を惹くも惹かぬもない。たとえ惹いてこようにも惹いてくるところとてはない。また惹くということももはやないし、塵埃などというものもない。塵埃をそういうものとして識別する主体はもはやないのに、塵埃などというものだけがあろうはずはない。差別界の種々相を識別する、しようとする眼の働きなどがあるので、塵埃などというものがまるであるかのように思われてきて、そういう妄想に囚われるという情けないことになるのである。

（2）

囚われのなさに関連して各種の禅書[7]によく引かれる善慧大士の偈の一句である「橋流れて、水流れず」という句について考えたい。橋が流れず、水が流れるのなら、当たり前のことだが、その逆をいう。言葉や概念は、人間に生来備わってはおらず後からついてきたものである。かくてそういうもの一切を脱落せしめるところに自由がある[8]。橋が流れて、水が流れずといっても、反対に水が流れて、橋が流れずといっても、所栓は同じことをいっているにすぎない。橋という固定観念もなければ、水という固定観念ももはやありはしない。そんなものはとっくにどこかへ捨ててしまった。もっともそういうところに腰をすえていてはならない。無、平等、一、ともかくそういうところに留まっていてはならない。かくて、「橋流水不流」というところを通って、改めて水流橋不流というところに帰ってくる。さらにいえばそういう双方が同時に現成し

ている。空即是色、色即是空の同時現成と同じであろう。このことは主体の方に中心をおいていえば一枚悟りの上にあぐらをかいていてはならないことにちょうど呼応する。死んだ禅であってはならない。大死一番のあと絶後に甦るのでなければならない。こういう事態をふまえて考えるとき、禅での例えば悟った後での山を見る態度と旧約での例えば「あなたの天を、あなたの指の業をわたしは仰ぎます。月も、星も、あなたが配置なさったもの。」(詩編 8,4)という自然の嘆賞とでは一脈通じるものが双方の根底に流れているように思われるのである。

　かくて次のことも考えられる。即ち、橋は橋、水は水であるというに留まらず、橋は水、水は橋でもある。橋水一如の境地では、もはや橋もなく、水もない。橋といえば、橋のみ、全てが橋である。水も橋である。水といえば、全てが水である。橋も水である。橋と水という二つの分別、区別されたものはない。橋が流れるとはどういうことか。それは即ち、水も橋も一となった橋が流れるということである。ここではまた、一切が流れているともいえよう。水不流とは、橋も水も一となってしまった水が流れずということである。ここでは、また一切が流れずともいえよう。そして橋水一如は、同時現成として、自己もまたそれと一体である。橋や水を対象として主客の関係でながめている自己はもはやありはしない。跡形もない。橋水一如、橋自己一如、水自己一如という具合に、橋、水、自己は全て一如である。もっとも一切が流れる。または一切が流れないといっても、流れることに徹している時には、流れることももはやないし、反対に流れないことに徹しているときには、流れないことももはやない。かくて、流れるということも、流れないということももはやない。流、不流という分別以前にある。流と不流とがまた一如ともいえるのである。

　さて、橋とか水とかの区別は、差別相においてものを見ているからである。禅ではそういう差別相においてものを見るのを止めることが重要である。かくて、水とか橋とかという区別は重要ではなく水が流れるといっても、橋が流れるといっても同じである。水が流れることで、全天全地が流れる。橋も流れる。ここでは流也全機現である。それを橋流れて、水流れずというのは、あえてそ

ういって、無差別智の目を開かせるためであろうか。そういう要素が全然ないとはいえまい。しかし根本は単にそうではなかろう。やはり無差別智に徹すれば、本当に橋流れて、水流れずであろう。さらに考えてみると、「橋流水不流」ということが最後の定言でもなかろう。そういうところを通って、結局、水流橋不流というところへ戻るのであろう。水流れて、橋不流において、橋流れて、水流れずということをも一如に見ているのであろう。ここで取り扱った「橋流水不流」に類似の話は禅書にはよくでている。例えば、柳が紅で、花が緑であるという話、これなども上述のことと同様の主旨であろう。

次に、同様に囚われのなさについて、大森曹玄『碧巌録』下巻の中の第53則百丈野鴨子の提唱[9]を参考にして考えたい。これは馬祖と百丈との間の問答である。この時百丈はまだ無眼子であった。馬祖と百丈とが一緒に散歩に出ていて、途中で野鴨が飛んでいくのを見て馬祖は百丈に、「あれは何だ」ときいた。「あれは鴨です」と百丈は答えた。次いで「どこへ行ったのか」と馬祖がきいた。百丈は「あっちへ飛んで行きました」と答えた。すると馬祖は百丈の鼻をひねりあげた。百丈は痛さのあまり叫び声をあげた。すると馬祖は「それ、そこにいるではないか」と大喝した。大体においてこういう話である。百丈は馬祖の弟子でその法を嗣いだのだが、今は何とも見性悟道できていないので、こういう無様なことになってしまった。禅問答では日常の事物をもって自己の仏性を意味させる。ここではこの鴨で自己本来の面目を意味させている。鴨でなくても、別の他の何でもよいのである。散歩の途中で鴨が見えたので鴨になぞらえたまでである。たまたまこの場合には鴨というだけのことである。鴨でなければならない理由は少しもない。たまたま鴨が飛んでいくのが目に入ったのでこういう問答になった。木の場合もあれば、花の場合もあろう。瓶でもよい。生物、無生物をとわない。かくて、鴨があっちへ飛んでいったと答えた百丈が鼻をひねりあげられた理由も分かる。即ち自己本来の面目である鴨が向こうへ行ったなどと答えたことになるのだから叱られて当然である。鴨をただ肉眼で見た鴨として対象化して見ている。即ち自己と鴨、自己と見る対象との分化、分別があり、この点を否定したのである。自己も鴨も分別はなく、自己鴨一如である。このことは、先に述べた橋、水、自己の一如と同じである。無相

の自己が現成すれば、全てが自己である。自己ならざるものは何一つない。何を見ても自己を見る。鴨を見ても、実はそれは自己を見ることである。自己以外のものを見ることはない。見ようにも見えない。そんなものはないのだから。

　禅は何か非常に変わったことをいっているようにも見えるが、特別変わったことを指示してはいない。無差別智と差別智という二面のうち、前者の面が強く出てくるとどうしても今まで述べたように、常識的判断とは随分異なった面が強く現れる。かくてどうしてもそういう印象になる。しかし禅には後者の面が同時にあるし、またあらねばならない。この面では前者の面と違って特異な印象はやわらぐ[10]。例えば安谷白雲『禅の心髄　無門関』第7趙州洗鉢の話[11]を参考に考えよう。これはある僧が、趙州に自分は新参者なので指導を求めたところ、趙州は彼に対して「お前はお粥を食べたか、まだか。」と問うた。僧は「お粥を食べました。」と答えた。州が「お粥を食べたら食器を洗っておけ。」といった。こういう話である。これだけのことなので考えてみれば、ごく日常的な何の変哲もない話のようでもあるが、この簡単な問答の中に禅の真理がでている。安谷によると、禅を何か特別なもののように思う人が多いが、「仏道というものは生活の事実にほかならない。」という生活に密着したものである。というよりも生活そのものである。密着とか何とかという理屈はここでは入りこむ余地がない。自分の人生はどうあるべきであろうかとか、あるいは何をしなければならないとかという判断は、全て自我からくる。自我を離れ、無我になれば自分の人生を別の自分が判断したり、裁いたりという事態は消える。ここにはただただ生活を生活することしかない。自分もなく、人生もない。生活が生活しているのみである。自分と人生という二つのものがあって、それらが出会っているのでもない。生活が生活するという場でない場において、自分や人生が発見されるとでもいう方がよいかもしれない。もとより生活が生活するという事実自体に徹している時には、自分という意識もなく対象化されている人生もない。このように考えられはするが、安谷はさらに興味深い提唱もする。即ちお粥を食べたかとは、見性したかどうかということであり、お粥を食べたという僧の答えは、見性したことを示す。そう考えると、お粥を食べたら食器を洗っておけとは、見性したら見性を捨てよ、悟ったら悟りのカスを掃除せよ

ということになるという。かくてこういわれてこの僧は、悟りが一段と深くなったのである。何か考えすぎのようにも思われなくもないが、どう考えてみても、結局は同じところへ帰着しよう。悟ったことで、悟りにこだわるとは、生活が生活するという端的な事実自体に徹しえず、悟りが悟りの邪魔をすることである。そういう意味では二重に悟らねばならない。悟ったことをもう一度悟り直して本当の悟りになる。かくて悟った時にはもはや悟りなどというものは、どこかへ消えてしまっている。悟りの痕跡を留めない。新品の悟りですぐそれと分かるのではまだ未熟なのである。円熟すれば何でもそうであるが、つや消しになるが、悟りもそうである。こういう立場は、同じく安谷白雲『禅の心髄無門関』第 19 平常是道[12]によく表現されている。これは趙州が南泉に、「如何なるかこれ道。」と問うたのに対して、南泉は「朝から晩まで毎日やっていることが全部そのまま道じゃないか。」と答えた。そこで州は「どうすればその道にかなうのか。」と問い、これに対して南泉は「汝もし道に叶おうとすると却って不自然になって道にそむいてしまう。」という。州は「道に叶うよう努力しないで、どうして道に叶うことがわかるか。」と問う。これに対して南泉は「汝が真の道に達して一点の疑いも残らなくなれば、どこに是だの非だの文句をつける余地があるか。」という。州はこれを聞いて大悟したという。南泉、趙州両者のこういう問答をきいて思うことは、州の場合、道に叶おうとする仕方で自我が働いている。自他という分別が生きていることが知られる。道に叶おうとするのだから、それ自体としては、道徳的には何ら悪くはない。しかし禅的見地からは叶おうとする限り、叶えないし、また事実叶ってもいない。叶った時には、叶おうという意識[13]は存する余地はない。叶っていないからこそ叶おうという気持が出てこざるをえない。しかし同時に叶おうとする意欲をどこまでもおし進めない限り、真に叶ったところへ抜け出ることはできないのであり、このことは注意に値する。ただ単に叶おうという気持を捨てれば、それでよいのではない。これではただ単なる世俗の生活になってしまう。それだけのことになってしまう。安谷によると「南泉が平常心是道と言えるようになる迄には、40 年の血みどろの修行をしている。又趙州が平常心是道と聞いて、大悟徹底したのは、30 何年坐禅の修行をつづけた結果である。」というが、この

点は銘記せねばならぬことである。

【注】
1 ）通例統覚は外へ注意を向け、自我—実体という考えに固着しているが、それが無意識 (Prajna)を実現するのは注意を内に向けるときである(D.Suzuki; The Zen doctrine of n.m. p.144 以下)。"注意を内に向ける"というが、ローマ7章のような場合も内に向いている。だがいかなる意味においてにしろ無意識的ではありえていない。仏教で無意識的であるという場合、ある特定の意味での無意識ではないかと思う。先の聖句の内容と無意識とは矛盾しよう。統覚する心が自己という存在が無心によって裏打ちされているという事実を忘れると個人的エゴイズムが主張される(ibid,p.143 以下)。自己という存在が無心とされるが、確かに人格に無関係のこと、例えば立つ、座る、山を見るなどのことではそういえよう。だがローマ7章のような内容についての統覚が生じた場合無心ではありえないからこそ、そういう統覚が生じたのである。無心そのものとはいえず、そういうことは不可能であろう。無意識は神々やデーモンたちの集積地である(ibid,p.144)。二元的世界もまたそこに基礎を持っていよう。人格的存在である限り無意識の方へはいかないであろう。
2 ）仏教語大辞典　中村元編　上巻　1975　p.132 以下　応無所住而生其心
3 ）禅学大辞典　駒澤大学内禅学大辞典編纂所編　上巻　昭53　p.125
　　応無所住而生其心
4 ）久松真一『経録抄』臨済録抄綱　昭48　p.394-403
5 ）安谷白雲『禅の心髄　無門関』1976　p.170-174
6 ）古田紹欽『正法眼蔵の研究』古鏡の巻　昭47　p.221　慧能のこの詩について、「道元が何処にか塵埃を惹かんのいずれのところを盡十方界にまで拡大して解しようとしていることは興味深い。」という。元々は心を鏡にたとえているのであろうが、道元はそれを拡大解釈しているという。この点は自然との和という特色を示しており、日本の禅の一特色が出ている。もっとも盡十方界にも心にも区別などはないのであり、物心一如ということを考えれば、こういうことは禅での発想には当然あることといえよう。
7 ）例えば柴山全慶『無門関講話』昭53　p.175
　　　鈴木大拙『金剛経の禅　禅への道』1977　p.21
8 ）名に固着して対象的世界に関し多種の思考をなすとそれらは悪い意図に通じていくので、我々の教義は非—意識に基づく(D.Suzuki; Karuna p.25)。悪い意図へ通じるとどうして決められるのか。人格的存在が前提となっていないからであろう。非—意識的であるとは何処にも留まらないことであり、そこで自由について語る(ibid,p.24 以下)。どこにも留まらないのがよいのである。また生き物の根源的性質であるともいう。神と対話

する存在としての人格的存在とはそうではない。その鼻から命の息を吹き入れられて初めて生きたものとなったのである。禅でいうのは、この命の吹き入れ以前の自然物としての人についてであろう。そのこと以後人は初めて人となり、神のところに止めつけられている。かくて禅でいう段階での人は厳密な意味ではまだ人ではない。そういう前段階までのところだけで見れば、キリスト信仰と事情は同じであろう。

9) 大森曹玄『碧巌録』下巻 昭52 p.27-29
10) 知性は二元論的なのでそこからその判断を下す関係点としての無知、単純に対して高い価値が認められる(D.Suzuki; Shunyata p.53)。無への方向で見るとこのとおりであろう。同じ個所のこういう考えの少し後で、「意識の鏡が全ての知的大混乱から浄化される時に、それはキリスト者がいうであろうように神の栄光と愛とを反映しうる」と述べる。つまりキリスト信仰について知的浄化と信仰の成就とが一たることを示す。この点は大いに賛同できる。キリスト信仰では無への方向と無からの方向(人格的内容)とがいわば逆説的に統一されている。また無たること、無意識的であることとは意識の中にある客観的諸条件から離れていることである (D.Suzuki; The Zen doctrine of n.m. p.58)。そうであれば人として生きているといえるのかと思う。もっとも、真の本性は客観的世界の中の全ての形を区別しつつ内的には動かされることなくという(ibid, p.59)。だが区別するだけで内的には動かされないのなら、やはり先の離れているのと同じであろう。人格的でありえているのかと思う。

11) 安谷白雲 同上書 p.70-73
12) 同上書 p.144-148
13) 非一意識とは全てをあるがままに見、何にも固執しないで、全ての場所に存在し、どの場所にも固着しないことである(D.Suzuki; Karuna p.27)。人格的意味で実存的在り方になっている場合はこういう在り方にはなれまい。種々の考えが無意識と結合していれば、それらはわたしの意識から脱落していく(D.Suzuki; The Zen doctrine of n.m. p.71)。結合していない限り、そこには執着があるということであろう。これでは自由にはなれない。解放はない。脱落するとそれらは自己のものではなくなり、そこに自由が生まれる。だがそうであれば、人格というものは成立しないであろう。種々の思いはどこまでも自己—よいにしろ、悪いにしろ—に属すとせねばならない。ローマ7章でもそうである。あのような告白が自己とでなく、無意識と結びついていたのでは少なくとも神を信じようとする人格は成立しない。相互性の原理は絶対的現実性としての個別性の否定を意味する(D.Suzuki; Essays in Z.B. p.92)。こういうことでは人格は成立しない。人格的な神が存して初めて人格である人間も存しうることがよく分かる。菩提達磨が中国の僧に語ったEntrance by Conductの内容としての四項目のうちの三項目にいかなるものをも求めないということが挙げられている(ibid, p.181以下)。こういう教えはキリスト信仰の

それとは大きく異なる。人格的な神を信じることがあるから。キリスト信仰では神、キリストを求めることがここでいう"如何なるものをも求めない"ことと一なのである。

（Ⅱ）禅の提唱

　（Ⅰ）では、キリスト教的には信じる主体の側を考えてきたが、ここでは信じられる対象(fides quae creditur)の側から主として見ていきたい。その前にまず禅でいう説似一物即不中について考える。禅学大辞典によると次のようである。即ち「言語で説明しようとしても真意を述べることができない。本分のことについては説明したとたんに的はずれだ[1]」。何ごとであれものごとを言葉や概念で説明しようとしても、それは所詮無理なのである。そうすることは、そのものを対象化していることであり、したがってここには主客の分化、分離が不可欠である。つまりここでは主体が対象と一になっていない、なりえていないという事態が存する。体験的に一になっていない。一になるという体験が欠ける。月を見ても、花を見てもそのものになりきって見ることがない。もっともここではもはや見るということはないともいえるが、こういう体験は、一般的に何かを体験するという場合の体験とは異質といえよう。体験をこえた体験である。このような体験が欠ける限り、対象自体を真に分かることは不可能である。こういう考え方は、主体の側での自我の否定を説くのと軌を一にした考え方である。

　こういう一般的考え方をまず解した上で、次にキリスト信仰でのイエス・キリストの受肉・十字架・復活の意味に対応するとも考えられる祖師西来意について考えたい。久松真一『経録抄』の中の祖師西来意についての提唱[2]を参考にしたい。祖師西来意とは、達摩が昔インドから中国へ渡来したことの意味はどこにあるのかということである。この問は勿論仏法とは何かというのと同じである。だから達摩が中国へ来たことの偶然的な原因や要素についての質問では毛頭ない。自己本来の面目、仏性とは何かというのと同じである。こういう問に対して、臨済は「若し意あらば自救不了」という。この言葉の意味は、もし達摩が中国へやって来たことに特別の意などがあれば、人は救われないとい

うことである。仏法、仏性、自己本来の面目とかは、ここにある、あそこにあるという具合に探し歩くべきものではなく、各自に備わっており、問題はそれに目覚めるか否かである。目覚めなければ救われないことは勿論である。自己の外に何か西来意というものがあると思って探していては西来意は到底分からない。だから久松が、「二祖慧可が大師から、達摩から法を得たというとその法を得たそういう法というものがあるだろう。その法というものがつまり意ということになるだろう。こういうことでどこまでもこれは法というものを対象的に見、また意というものを対象的に見る。」というごとくである。法、仏法を対象的に見てはならない。法は無形のものである。だからこういうものだ、ああいうものだとして捕らえられない。また形がないのでいかなる有形のものとも一になり、有を有らしめるものであろう。仏法のごとく無形のものは何かとして得たり捕らえたりはできない。何かとして得たと思ったら、その瞬間にとっくへ去ってしまっている。だからこれは何かとして仏法を見ようとする主体の側での問題でもある。こういう主体がなくなれば仏法を何かとして見ようとすることもなくなる。どこかに向かって何か西来意のようなものをあるものとしてそこへ向かって求めていく心自体がなくならなければならない。どこを探してみてもそんなものはありはしない。至るところにあるので気づかない。有り余ってあふれている。燈台下暗しである。何ごとにつけそうであるが、余りにも有りすぎると人はそれに気づかないように習性づけられている。毎日空気を吸って生きているが、それに気づいて意識的にしているのではないのと同様である。客観的にあるから何かをあると思うのならよいが、そういう何かがありもしないのにあると思っていたらどうであろうか。いわば人間の妄想が人にそう思わせているのであろう。かくて馳求心が止んだ時、西来意が分かることになる。自己の外に向かって求めることが滅しなければならない。西来意とは自己本来の面目以外に何もないことである。もっとも外に向かって求めるのを止めるとはいえ、久松もいうごとく「内というものに向かって求めるということであれば、それはやっぱり外である。」ことになる。自己の内面に向かって、何か内的なる、有形なるものへと向かって求めていくのなら、それも外である。だから外に向かって求めるのを止めるべきだとはいえ、逆に内に

向かって求めるべきではない。それは誤解のもとである。やはりここでも肯定形でなく、否定形でいう方が少くともより真理に近い。内に向かっても外に向かっても求めず、また求めずということも求めずである。ここに初めていわば真の内、無形の内ともいうべきものが開示される。これは自己の外に対しての、あるいはもっと広く外一般に対しての、何らかの外なるものに対しての内ではない。外に対する内ではない。内外という区別がもはやない、そういう分別をこえた内である。内でない内である。だからこの内は内といえば内である。外といえば外である。内とも外ともいえる。内でもなく、外でもないともいえる。どういう風にでもいえるし、どういう風にもいえないものである。久松によると「インドに演若達多という人があって、これが非常に眉目秀麗な人であって、常に鏡を見て悦に入っていた。ところがある時ふとしたことに、自分の顔が鏡に映らなかった。それで驚いて俺の顔はどこへ行ったのか、どこへ逃げたのかということで、それで自分の頭を探しまわったとこういう話がある。それが頭を将って頭を覓めるということで求める方に求められるものはある。」のである。自分の許にあるにもかかわらず、外に向かって求めても見つかるはずはない。当然である。しかるに見性していないとこうなってしまう。個別的な何かであれば、外に向かって対象的に求められよう。しかし本来の自己、無なる自己、仏性、仏性のごときものは求めえない。こういうものは対象にはならない。対象にしようとする自己こそ問題である。どこまでも退行してしまう。発想の転換が必要である。

　禅ではこのように対象的に何かを信じることは一切否定する。さもないと自己が絶対主体、絶対無的主体ではなくなるから。こうして初めて随所作主となる。これはこの世に対して死んでいれば、自由自在に状況を無碍自由な立場、即ち無立場から利用しうることである。だから祖に会っては祖を殺し、仏に会っては仏を殺しということになる。神に会っては神を殺し、キリストに会ってはキリストを殺しということにもなろう。天にある神やキリストを認めるわけにはいかないであろう。キリスト信仰はこういうことにはつきぬものがあろう。人格的内容が入ってくるのだから。

(2)

次に、信じる対象にいくらか関連するが、人間誰しも不幸を願う者はなく、幸を願ってやまないものである。この幸、不幸、あるいは得失について考えたい。ここでは安谷白雲『禅の心髄　無門関』第26 二僧巻簾の提唱[3]を参考にして考えたい。この話は次のようである。即ち昼食前に二人の僧が、法眼禅師の室へ来た。するとその時ちょうど簾がたれていたので、師が黙って指さした。二人の僧は、これは簾をあげよということだと思い簾をあげた。それに対して師は一人は上手だが、一人は下手だといわれた。このような話である。師はここで一人は上手、一人は下手といっただけで、どちらが上手、どちらが下手とはいっていない。ここに特長があるといわれる。聞いた二人の僧にしてみると、どっちが上手でどっちが下手なのかさっぱり分からない。だから師が二人の僧をゆさぶってみて、相手の見性の程度をためしているようである。ここでの根本問題は、得失是非というようなことが一般的にいってあるのかということである。もし見性していないとありもしない是非のために二人の僧はああだろうか、こうだろうか、自分が悪かったのか、もう一人の方だったのかという疑念が心の中に次々と湧いてくる。安谷のいうごとく「得だの失だのというものがどこにあるかい。誰がどこからそんなつまらないものを拾ってきたのか。」というのが真意であろう。よいとか悪いとかという分別くさいことは捨てねばならぬという。だから得失是非によって一喜一憂するのはどう考えてみても、仏法を知らないことからきている。是非得失をこえて、「是非得失を自由に使っていくように」しなければならない。十二時に使われるのではなく、十二時を使うのでなくてはならない。またこの得失について安谷は次のような故事を引く。即ちある人の馬が逃げたので懇意の人が気の毒に思って見舞ったら、この人は何が幸やら不幸やらといって平気でいた。そのうち逃げた馬が駿馬を一頭連れて帰ってきた。人がおめでたいことだといったら、彼は何が幸やら不幸やらといった。彼の息子がその駿馬に乗り、落ちて足を挫いてびっこになった。人がお気の毒だといったら何が幸やら不幸やらといった。そのうち戦争が始まって近所の若者は皆兵隊にとられたが、彼の息子はびっこだったので徴兵を免れた。そこで人が喜びをいうと、相変わらず何が幸やら不幸やらといったと

いう話である。こういう話を聞いていると本当に何が幸で、何が不幸か考えさせられてしまう。しかしこの故事では、馬が逃げる——駿馬を連れて帰って来る、足を挫く——徴兵を免れるという具合に不幸——幸、不幸——幸という組合せで考えられている。不幸で始まって、それが幸に転じている。ここにはやはり人の幸への願望が隠れている。こういう話の奥にさえ幸への願望がにじみでている。もっともこの場合当の本人にとっては、幸とか不幸とかということはもはや存していない、そういう分別による特別なるものは何もないのであり、その幸、不幸という内容はないに等しいであろう。否、むしろまさにないのである。かくて何が幸やら不幸やらといっても、その代りに何が木やら草やらといっても同じことである。木もなければ草もないのだから。そこで何が幸やら不幸やらとは、当人の境地を表わす表現としては決して適切ではなかろう。もっとも聞く人にはその方がむしろ分かり易いであろう。当人の境地を表わすにはむしろ何が木やら草やらといった方がよいでもあろう。だから何が幸やら不幸やらというのは、いわゆる第二義に落とした表現であろう。師が提唱にあたり意味を分かり易くするためにこういう故事を引いているのであろう。幸、不幸への囚われのなさを表わすには、先の話とは逆に幸で始まって不幸に終っている話を引いてはどうであろうか。もっともここでの幸は、必らずしも世俗的な幸という点からと解釈せねばならぬことはない。なぜなら幸も不幸もそういう次元を超越した観点からいわれていると考えられもするから。しかしここでの幸という言葉自体は世俗的内容の意味がそのまま使われている。以上のように考えてみると、「人」としては何が幸やら不幸やらとはいえても、何が義やら不義やらとはいえないし、またいってはならないのである[4]。キリスト信仰では幸、不幸ということよりも、義、不義ということがより根源的な事柄である。なぜなら前者はただ人間に属す事柄であり、後者は神に直結している事柄であるから。パウロでは益という言葉の内容自体が世俗的なこととは違ってきている。何が幸やら不幸やらということは、全てが転じて益となった後ではいえるが、三度自己の身のとげを除くように祈っている最中（第二コリント 12,7 以下）にはいえないであろう。それが神の御心であると気づいた時、初めて全て益となるともいえるし、何が幸やら不幸やらともいえよう。パウロ

のいう益とは、世俗的益との意ではなく、神への信仰の増進において益ということである。

さて、安谷白雲は先の提唱の中で得失について、それがある一つの角度から見た相対的価値判断としている[5]。確かに事実であろう。一般的に承認しうる。しかし同時にこの世にはこの世の法則のあることも認めざるをえない。人間界も自然界も統一した世界で一般的に妥当するとして先のことを承認した後で、人間界特有の法則のあることも思わざるをえない。自然物と人間という人格的存在とを同列には扱えない要因があろう。この世の法則と天国の法則とは同じではない。猿の世界には猿の法則があろう。南氷洋のペンギンの世界には、ペンギンの法則があろう。それに合うようにすれば栄えることは疑いのない事実である。人間界には人間界特有の法則があろう。これに合わせて生きれば栄える。かくて、先の話にでている幸、不幸とは、それの受け取り方自体が自然主義的に規定されていることが分かる。決して人格主義的に規定されてはいない。自然主義的にと同時に、人格主義的に規定されねばならない。さもないと人間は自然物になろう。被造物の頂点からすべりおちてしまう。十字架を負って私に従えというごとき場合、禅でのように成るにまかせて何が幸やら不幸やらというのとは異なる。あえて何かするという要因が入ってくる。成るにまかせていては世の光にはならない。もっとも闇を減らすことはあるかもしれないが。そこで大森曹玄『碧巌録』上巻でいう「世間には神さまが私を見殺しにしたとか、社会の機構が悪いからオレが貧乏するのだと自分以外のどこかに主人公がいてそうするかのように考えている人もいるようですが、それは他にあらず実に我れに在るのです[6]。」という言葉についても、禅の見性以前のことだとすればよく理解されるが、それが全面的真実かというとそうともいえまい。禅は一体この人間社会をどう見ているのか。ある一定の色のついたものとは見ていないのであろう。自ら然らしめられている世界の一部として見ることはそれでよいが、それで全てであるのか。キリスト信仰の立場からはそれにはつきぬものがあろう。自然と一体として見るだけでは十分ではない。

また安谷白雲『禅の心髄　従容録』には巣父と許由との話がでている[7]。これは前者が帝位をゆずろうといわれて川で耳を洗っていたら、後者が来てお前

さんが人格者面するからそんなことをいわれるのだといって、自分の牛をもっと上流の方へ引いていったという話である。つまり人格者面している人間が耳を洗っているそばの方の川で自分の牛に水を飲ませたり、洗ったりしては自分の方が汚されてしまうという理由で、そういう人間を避けてもっと上流へ行ったのである。これは落薄三昧を謳っているものである。キリスト信仰では、この世界は神によって造られており、ただ落薄三昧ではすまない。自分としてはそれでよくても、この世界が神の被造物である以上、そういう境地に留まらせてはもらえまい。この世へ引き出される。また人格主義的内容が入ってきて、そういう事柄が全ての事態の背後に考えられ、この落薄の原因は自分の罪であろうか、社会的要因によるのであろうかと問うことになる。そうして自己の信仰を高めていく。こういう点にもヨブの苦悩などは関連するのである。

　（３）
　さらに、禅とキリスト信仰の関係を少し考えたい。大森曹玄『碧巌録』上巻第40則南泉一株花の提唱にも引かれている[8]パウロの「もはや我生くるにあらず、キリスト我がうちに在りて生く。」という聖句が師によると禅の大死一番、大活現成と同じことと解されている。果してそうであるかが問題である。仏教の立場をキリスト信仰の中へ類比的に移すとそうなろうか。かくて禅の立場からのキリスト信仰解釈としては理解できよう。しかしそれが即事的か否かとなると問題があろう。彼の自分自身の十字架を負った現実の姿がパウロの言葉の背景にある。ところが非人格的要因を根本とする禅にはこういう要因は欠けており、内容が異なりはしないのか。どこかで交わりつつも、どこかで離れていくのではなかろうか[9]。
　また鈴木大拙は「東洋人に対しては、自分の宝蔵に自覚せよ、西洋人に対しては二分性だけでは人生を尽くすわけにはゆかぬ、転一歩の飛躍が望ましい[10]。」という。これに対して我々としては、東洋人には人格的二分性を自覚せよ、西洋人には二分性を超えよといいたい気持を抑えがたい。東洋的なるものは神によって光あれとも何ともまだいわれていない父母未生以前のところに、西洋の世界は神が光あれといった後の世界に最大の関心をもつ[11]。しかし我々として

は、東洋人に対して神が光あれと言った以後の人格的創造を考えるべきだといわざるをえない。八角の磨盤、空裏に走るという禅匠の言葉などは、禅が単に静寂不動でないことを示すのは事実だが、それは必らずしも人格的な無からの創造を意味しないであろう。実際、キリスト教的心理とも名づくべき状態が、禅的心理の外に成立する[12]。二つをはっきり分けている。しかし後者を前者に包括するという理解も可能であろう。川が川であることは、川が川でないところを通って初めていえよう。即非である。しかしその川が神の被造物であることになって、初めて川は川としての重みをもつ。禅の世界は、重みのない世界である。一切の重みが欠ける。それもそのはずである。わざわざそのようにしたのだから、重みなどあろうはずはない。神ではなくいわば無によって創造されているのでは、こういう重みをもつことが欠けよう。こういう問題点は、人間の自由についての説明に関連して松とか竹とかの自然物が出されることにも現れる[13]。また木石が我を立てることをしないで、向こうから来る客観的、環境的条件に相応して動くように、我々は木石の受動性に注意すべきだともいう[14]。本来無一物を木石にたとえるのは、こういう意味である。またこういう自由について、キリスト教の「アダムに死んでキリストに生きる」という言葉に関連して、まずアダムに死ぬことが先であらねばならぬとし、また真宗の妙好人の言葉「自分の煩悩を皆とって下さるな、これがないとあなたのありがたさが判りませぬ。」を挙げる[15]。こういう点では、人間の自由が単に木石の受動性のみではなく人格的内容をも含むとも思われる。だが仏教では全般に生老病死のゆえに無常というごとく人間の生が自然主義的に解されることが根本にあるのに対して、旧約では罪から死がきたというごとく最初から死のごとき無常が人格主義的に解されている。かくて、鈴木大拙の「西洋人は人間を自然性化する。東洋人は自然を人間性化する[16]。」という言葉は、むしろ逆であろう。たとえ物心一如ということで、東洋人が自然を人間性化するにしても、同時にこのことは、人間を自然性化することであらざるをえまい。こういう東洋人に対して、人格主義的信仰に立つ西洋人は一切を人格主義的観点から考えるので、自然をも人間性化するともいえよう。こういうことにも関連するが、禅では横超ということが重んじられる。「竪超でなくて、横超である。これが非連続の

連続である[17]。」という。横という。一即多、矛盾の自己同一というごとき考え方は確かに横に超えることであろう。自他の区別も不二で消えることもそういうことであろう。禅の世界では、竪という契機はなくはないのか。こういう世界でこそ、木を見ても、石を見ても、何を見ても、自分をそこに見ており、自分以外のものは何も見ないのであろう。こういう契機は、パウロの信仰、全てのものをいったん捨てたのちキリストによって全てのものをもっているという信仰の根底にも存するであろう。これだけなら、パウロの場合にも横超であるかもしれない。しかし彼ではここからさらに神の子の形へと変えられていくという契機がある。このことは、決して横ではない。竪の超越というほかない。天国に召されるその日まで、日々好日ではなく、日々祈りである。

【注】

1） 禅学大辞典　下巻　昭53　p.663　説似一物即不中
さらに、正法眼蔵用語辞典　中村宗一　昭57　p.237によれば、「真理はいかに説いても説きつくしえない。あらゆるものごとについていかに巧妙に、複雑に分析してその実体を百万遍、何千年かかって説いたとしてもその真実体を把えることは不可能である。いかに努力して説明しても、説明は説明にすぎぬ。いかにその実体を説いても、その実体には当たらない。真理は説明では把えることはできぬとの意。あらゆるものごと（諸法）の実相（真理）はただ、その体験することによってのみ把え得るのである。仏道の悟りはこの真理の体験にある。」

2） 久松真一『経録抄』臨済録抄綱　昭48　p.314-321

3） 安谷白雲『禅の心髄　無門関』1976　p.188-192

4） 禅から生きることは自己自身において完全であることを意味しており、それ自身であることを求めたり、それ自身以外の何かを求めたりはしない（D.Suzuki; Leben aus Zen p.14）。自己自身であろうとすることは本来の自己であろうとすることを意味する。かくてこういう努力をしないのなら、道徳的にも種々問題があろう。自己をそのままにしておきうる結果になるように、裁く自己が消えているをも意味する。ここのところこそが問題であろう。こういう契機が欠如していてはもはやそこに人格が存しているとはいえない。人間身体を持って世に生きている以上、種々問題を抱えて生きているのだから。
悟りへの過程についてだが、水晶の宮殿にいるような大義の状態、こういう意識の鏡が破壊されねばならない（鈴木大拙『禅問答と悟り』p.104）。禅の場合は禅寺での修行を見ても分かるように、人為的な仕方で悟りへの到達を達成しようとする。これに対して

キリスト信仰では信仰への到達は現実の生活の中で達成されていくのが基本であろう。そういう生活の中でこそ人間社会の中での種々の問題も生じ、それに応じて反省や罪の意識も生じるから。ここに神への信仰の可能性もまた生まれる。人里離れた場所での修行では人間社会の中での問題が脱落しないまでも、ストレートには出てこないので、そういう方向へと繋がっていきにくいであろう。

5) 安谷白雲　同上書　p.191
6) 大森曹玄『碧巌録』上巻　昭52　p.169
7) 安谷白雲『禅の心髄　従容録』1976　p.320
8) 大森曹玄　同上書 p.304 以下
9) 禅の立場は堕罪前の人については妥当しよう。歩きたいときに歩き、座りたいときに座り、行為と欲求との間にはいかなるモラル、知的媒介、心も干渉していなかった (D.Suzuki; The Zen doctrine of n.m. p.136)。歩くとかのようなそれ自体モラルとは無関係な行為についてはこれでよいとしよう。それに対して例えば布施をする、親切するなどの道徳的行為の場合には、欲求と行為との間には"心"が入ってこざるをえない。欲求は完全に実現できるのか。ローマ7章でのような場合が生じはしないのか。
10) 鈴木大拙『東洋的な見方』1977　p.13
11) 同上書　p.71
12) 鈴木大拙『禅の見方　禅の修業』1977　p.63 以下
13) 鈴木大拙『東洋的な見方』p.76
14) 鈴木大拙『金剛経の禅　禅への道』1977　p.40
15) 鈴木大拙『東洋的な見方』p.77
16) 同上書　p.107
17) 同上書　p.93

（Ⅲ）禅と先尼外道

西谷によれば「絶対一は絶対無に転じて初めて『人』の現成を可能ならしめる[1]」。果たしてそうか。確かに人という存在の半分を現成させはする。しかし残りの半分を現成させはしない。つまり自然的存在としての人間（自然的理性をも含めて）を現成させはするが、特に人格的存在としての人間の現成をかえって不可能にする。一者の内への自己消失は観念論的な考えられた自己滅尽である[2]。しかしこのことは西洋の哲学と一体のキリスト教での「神」と東洋

での例えば先尼外道[3]のような場合であろう。パウロのダマスコ途上でのキリスト顕現（使徒言行録9,3以下）のような場合、つまり真の意味での啓示では「考えられた」のではない。実存の場の開けと一にキリストは受容される。「考えられた」という点にいわば余裕がうかがわれる。実存の中にキリストの霊が入りくるキリスト信仰からは、余裕などの要素を否定したと思われる禅についても同様である。そういう面を残しているのも、否定したとされるのもキリスト顕現からは同次元に属す。

禅では自己の考えは堅持して外道の考えは捨てる。一方、キリスト教では自己の考えと合わない考えも最終的な神の審判を受容して、暫定的に受け入れる。禅では神のごとき存在は欠けており、外道は外へ捨てられ包摂はされない。キリスト教では神が人の自己を包摂するが、禅ではそういう他者は存在せず、自己と異質なものに対しては自己が捨てられていない。ここには自己矛盾がありはしないのか。先尼外道も仏性、即ち自己の現成したものであるはずなのに退けるのだから。いわば自己で自己を退けている。こういう自己矛盾はどこからくるのか。それはやはりそう考えることが当人にとって安心立命であるからであろう。

人間界には禅の立場からは肯定されるべき面と否定されるべき面とが併存するのではあるまいか。外道的考えをする人は後者であろう。自己が真に無であれば外道も自然同様に自己であると感じざるをえまい。にもかかわらず非難するのはなぜか。自己が無ではないからではないのか。キリスト信仰のように霊の入来と同時に無も現成する場合は、霊と矛盾するものを退けるのは当然であろう。禅ではそういう内容は入ってこない。だから先尼外道を退ける根拠はないのではないか。かくて退けるという事実から逆に考えると、無がある特定の内容と一の無であることが分かる。そこで退けるときは無にあるのではなく、その内容の場に立って退けるのであろう。かくて無にあったり、内容にあったりであろう。つまりその無もある内容の闖入（ちんにゅう）と同時生起した事態たることが分かる。そのように無と特定内容とが同時生起的という点ではキリスト信仰と同じである。その内容に合った人間性を持つ人間には救いになるのである。逆にそうして救われた場合、当人はそういう内容に合った人間性、人格になってい

く。かくて無という特別なものがあるのではないが、一切の内容を撥無したような無が現成しているのでもない。そういう点ではキリスト信仰と同じである。こういう点から見ると、どちらの内容においてより多くの有限なものの否定があるかでどちらがより多く有限なものから自由であるかが分かる。そうなるとキリスト信仰の方がより多く有限なものが否定されている。なぜなら超自然的なものを受け入れる点で人の自然的知性の自律性も捨てられているから。こういう点からも、禅もキリスト信仰もということはありえない。もしあれば当人は多重人格者となろう。しかし無同士を比較すると各人にとっては同価値的なことが実現されているといえよう[4]。

　結局、自己の人格と異質なものは否定するのであろう。超自然的なもの、超越的他者を考えることなど。反対に自己の人格と同一的なものは残すのであろう。そういうものは自己が安心立命するに当たり障害にはならぬから。自己と同一的なものは対象としては見えないので何ら問題にはならない。こういう点からは、キリスト教で対象的に神を信じることはキリスト者には自己同一的なことなので、決して禅から見てそうであるように自己が無になるのにとって障害にはならない。キリスト信仰の中に入らず外から見るのでそれが障害のように見えるのである。そこで自己と同一的なものを残しても自己が無になるのを妨げはしない。自己と同一的かの判断の基準である自己が本来の自己であろう。かくて無の現成と本来の自己の現成とは一如である。

　仮に禅に内容があるとしても、キリスト信仰でのキリスト復活のような積極的内容があるのではない。自己とは異なるものの否定の内に消極的―禅にとっては積極的―内容として残っているほどのものである。たとえそうでもそれが内容たることは変わらない。先尼外道を自己ではないと批判しながら自己を無の現成と考えうるのは、その無において本来の自己が実現しているからである。そこで自己と異質な外道が自己の外に存していようがいまいが、そういうことを問題にする必要はない。それはちょうどキリスト者がキリストを信じていわば無になっているので、禅のような信じ方があろうがあるまいが問題外にしておきうるのと同様である。

　先尼外道の背後にある無（そういうものがあると仮定して）と禅の立場の背後

にある無とは異質と考える方が少なくとも同じと考えるより合理的であろう。相対立するほどの有を各々成立させているのだから。もっとも通例の仏教の立場からは異なったものを成立させていても、否そうであればこそ各々の背後にある無は一であるかもしれない。しかしそれは特別の根拠があってのことではない。かくて異なると決めることを何ら排除はしないであろう。両立しよう。先尼外道という批判は無が全ての場合に決して共通ではないことを示す。もし共通ならそういう無を通して全ての有に自由に入っていきうる。つまり一切のものに対して批判的である必要はなく、またそういう現象はおきもしないであろう。しかるに批判的とは道元には道元の人格という有と一体の無が現成していることを示す。つまり無は各々の場合で異なるのである。有無をあえて区分して考えれば、そういう批判をするときは有に立って批判する。その時には有無一体ではなく有に立っている。有無一体となっていない。あえていえば有と無とは分離している。あるいは少なくとも無よりも有の方に重点がかかっている。有無の間を自由に出入りと考えられもするが、それは自己にとって好都合にそうしていることでしかない。そうでないのなら、外道批判時のように自己が有に成りきり無たることを止めている時にこそ、有でなくて無となり先尼外道批判を止めてはどうか。有無間の出入り自由が禅の特徴ではあろう。しかし自然物の背後にある無と先尼外道批判の背後にある無とは異なる。というより先尼外道の背後にある無の中へは入りえない。つまりある種の無には入りうるが、別の種の無には入りえない。先尼外道の背後の無へは入れないのでそれを自己とは考ええず批判するのであろう。

　全てのものは無、仏性の現成したものとしても、その全てに対して無我である人の自己は等距離でありうるのか。もしそうでなければ何らかの有としての無我たる自己である。しかるに先尼外道と批判するものがある以上、全てのことに対して等距離だとはいえない。かくて何らかの有と一の無として人は無我であるほかない。等距離という点だが、禅は全般的に聖書の中の自然についての言説には共感的だが、キリストの十字架というようなことには批判的である。この点を見ただけでも全てに対して等距離とは考えられない。無の場所という言葉もあるが、先尼外道と批判したり、キリストの復活を否定したりする。自

己が無なら、なぜそういうものを否定するのか。疑問に思う。やはり無という有なのであろう[5]。禅では自我が消えて、その結果全てのものがいわば自己になる。しかしキリスト信仰のようなものは自己にはならずいわば先尼外道の一種になるのはなぜか。そういう外道も仏性、つまり自己の現成したものではないのか。なのになぜ退けるのか。禅にはキリスト信仰でキリストを信じるようには人格的内容がないと思っていたが、先の点を考えるとやはり人格的、内容的なものがあろう。実体的に考えたり、対象的に考えたりするのを退けることが内容である。そういう何らかの内容があるので、「私には煩悩はありません」（久松）という発言も出てくるのであろう。ある一定の内容と一体としてしか無は実現されてはいない。無自体が単体として実現されてはいない。無といえば無だが、有の次元では何らかの内容があり無ではないのである。

　かくて先の告白（久松）は煩悩非難という契機が背景にあってであり、そのことは逆に煩悩も仏性からであることを顕わにする。このことは悉有が仏性だということとも合致する。ところで先尼外道も仏性である。にもかかわらずそれを批判するのはそうしているときは有の立場にあるからである。

　つまり人それぞれ、宗教それぞれが一つの有たることを意味する。禅もそういう数多くの有の中の一つの有である。キリスト信仰の無と禅での無とが異なるのはちょうど先尼外道の無と禅の無とが同じでないのと同様である。先尼外道も無の現成に変わりはない。しかし禅は批判する。その背後の無が異なるからであろう。有無間は出入り自由というが、現実には自由ではない。なぜなら先尼外道と批判することはそれへは出入りしないことを示す。ある特定の有へは入らないのである。つまり自己がある特定の有であり、そこへいつもいわば固定されていることを示す。人格的存在としてはどこまでも特定の有のままである。無であるのは自然的存在としての人間についてであって、人格的存在としての人間についてではない。禅の立場では月のような自然物については月が自己だといえる。しかし一方、先尼外道が自己だとはいえない。つまり物については全て自己といえるが、人格的世界については全てが自己とはいえない。かくて人と物との区別は明白であろう。このことは無を無依底としてではなく、質料底として見る見方とも一脈連なっている。

現実には現象している有しかなく、有即無なので有が異なれば当然無も異なるほかない。さもないと有即無ではなくなる。そこでの無は抽象的な無になろう。つまり禅のいうこと自体に矛盾しよう。こういうことはキリスト教と禅との間でいえるだけでなく、キリスト教の中での諸立場同士、禅の中での諸立場同士でもいえよう。真に有無一体の有としての禅なら自己と異なる宗教に対して批判するのは理解しかねる。かえって自己がある一定の有たることを露呈しはしないのか。真に有無一体の有ならほかの立場に対しては完全無視という態度以外とりえなくはないのか。一言半句述べも取り上げもしないであろう。有無一体の有ではなく、キリストの霊の入ってきた新しい有という立場の場合には異なる立場を批判しても、元来無ではなく何の不思議もなかろう。

　迷信的信じ方に陥るのは人の存在全体が危機に瀕するほどの状況にないからである。そういう状況では人は自己の側でのリアリティに期待しておらず、迷信に陥ることも生じない。迷信的なものは人に真のリアリティを与えず、信じる対象にはなりえない。自己の側にリアリティが残っているとそれに基づいて迷信が発生する。反対に自己の側にリアリティがなければ、迷信がそこから生じる基盤が消えている。かくて迷信は他から与えられるものということが表面的にはいえようが、その内実は人自身が自己のリアリティに呼応して作り出したものである。もしリアリティが残っていると、その残っているリアリティをさらに安固たらしめようという意図が働く。ここに迷信闖入(ちんにゅう)の要因が生じる。人自身の側に残っているリアリティがいわば対象化され偶像にされている。それほどまでに人は自己の側に存するリアリティを大切にする。それも当然であろう。それこそがいわば人の人自身たるゆえんのところであるから。リアリティがなくなるか、残ったリアリティをより安固にする可能性がなくなると、そういう心は働かない。人自身の側でのリアリティのないことがある程度以上分かると、その後はそういうリアリティをあえて排除しようとする心が働く。なぜならそういう要素が残っていると、かえって真のリアリティである神、他者からのリアリティを受け入れえないから。人自身の側でのリアリティと神からのリアリティとは二律背反である。かくてただ他者から贈られるリアリティを期待するだけである。そういう心しか働かない。ここに神への信仰が生まれ

る。だからこそ神はエジプトで奴隷の状態にあったイスラエルの民をあえて自己の意志を伝える民として選ばれた。パウロのいう「弱いときにこそ強い」(第二コリント 12,10)ということもこれと同じである。人自身の側でのリアリティが少ないほど、神の側からのリアリティが輝き出る。つまり無からの創造の状況に置かれていることになる。人の側での無に対応しうるものは存在をほかのものに与える神以外にない。こういう事情が無に直面している人間が迷信に陥らない理由である。ただ人が無になってしまっているとはいわないのが正しい。無とはまさに人が存在しなくなること以外に考えられないから。存在している以上、どこまでも無ではないから。生きている限り人は無ではない。だが人は自己の無を先取りできる。例えば人は自己の死を自覚しているからこそ一般の動物とは異なった生き方をする。もっとも無の自覚といっても、葦の海とエジプト軍との挟み撃ちという外的要因によってそういう状況に陥っている場合とそういう要因はなくただ個人の心の内で死を感じている場合とでは自ずから相違が生じよう。外的要因も加わっている場合の方がより深い自覚に至る。なぜならそういうことを感じることを回避しえないから。外的要因なしだと避けようとすれば、不可能ではないから。かくてここにはまだ余裕という要素が介在する可能性がある。この"余裕"こそ真の神を受け入れるに当たってまさに障害になる当のものである。

【注】

1) 久松真一　西谷啓治編『禅の本質と人間の真理』昭44
　　　　　　西谷啓治「禅における『法』と『人』」p.889
　さらに、第一節キリスト教と仏教（Ⅰ）の注5) の中で「不合理が自然になる」ことに関して示した非佛、非魔や殺仏殺祖などという考え方も参考になろう。

2) 同上書　同上論文　p.890

3) 神我という固定不変の霊知を信じ、心常相滅という常見を奉ずる外道（田上太秀　石井修道　編著『禅の思想辞典』2008「先尼外道」）。こういう主義主張が先尼外道として批判されるのならキリスト教もその一種とならないのか。

4)「『内なる人』としては神の律法を喜んでいます」（ローマ 7,22）に関連して、次のことが参考になる。即ち第一節キリスト教と仏教（Ⅰ）の注5) の中の「自己以外を権威としない」に関しても示した、よい考えをもつことと考えなしということとの対比（鈴木大

拙『禅による生活』p.104、D.Suzuki; Leben aus Zen p.127 など)において見られる「事」とはローマ 7,7 以下でのような心を乱す矛盾のことである。パウロでは無目的ということはありえない。「神を愛する者たち、つまり、御計画に従って召された者たち」(ローマ 8,28)のうちに先の「考えのない人」が入れられ、また考えなしとは"肉的ではなく、霊的な気持ちを持っていること"である(D.Suzuki; Leben aus Zen p.127 以下)。だが考えなしということと神を愛することとは異なる。また考えのないことは父の意志を受けることによる無垢、無我ということとも異なる。人格的内容の有無が無視されている。これは元来禅が人格的内容を持っていないからであろう。

5) こういう点については、第一節キリスト教と仏教（Ⅰ）の注5）の中の「二元論破棄」に関して示した、禅では現実遊離を嫌って個を抽象的として無視するが、キリスト信仰では人が神と人々との間にある存在になるので、そういうものとして個はどこまでも新たなる存在であることも参考になろう。

第3節　人格と宗教

（Ⅰ）宗教における人格の意義

以上の二節での思索を本節において「人格」という観点に立って再度反省しておこう。

（1）

まず罪という観点から。久松は理性、反理性の絶対二律背反を透脱するという[1]。問題は透脱した事態が自覚として現れた後、理性、反理性の二律背反はどうなるのかである。ローマ7章では回心後に二律背反は生じているのだが。久松のいう透脱では固有な自己という存在はなくなり、そこにかえって積極性が生じるのであろう。しかしこれは同時に理性、反理性の二律背反の場を離れることにもなる。完全を追求しなくなって、かえってできる範囲では実行しうるのである。だが完全を追求してこそ人格といえはすまいか。たとえ結果的に

そこまでいけずとも、こだわりが必要であろう。実行できた範囲について考えた場合、神のような人格者が背後にあるのでもなく、心に書かれた"律法"の実行というものではない。むしろ透脱以前での方が心の法則は力を持っているであろう。だからこそ当人は二律背反に陥ったのである。心の法則が"律法"になるには神の存在が不可欠である。さもないと心に書かれた理法（理性の法則）で終わってしまう。人に対して人を超えた力を持たなくなろう。こういう重みのなくなったことが大活現成とも内的に連なっていよう。"遊戯"とはこのことを示す。これは人間存在自体が無自性であり、したがって心の理性の法則もそうであることと呼応する。無自性から何かをしようというパトスが生まれるのか。確かに自己が到達した境界に他の人々も至るよう助けることは生じよう。しかしそれ以上、以外のことは生まれない。たとえ生まれても個人的ばらつきがあろう。このことは有が無によってではなく、逆に無が有によっていわば支えられていることを示す。つまり無が真の無というより例えば理性への信頼という一種の我執を残していることと呼応する。また父母未生以前といっても、人はこの肉の身体において生きていることに変わりはない。人はそこから生まれてきた元の所へ帰れはしない。たとえ空へ至っても、それは今ここに生きる人間として体験しうる範囲でのことにしか過ぎない。それを直ちに人がそこより生まれてきたところと決めてよいものか。これは人が絶対などといったり、考えたりする資格なきことと一のことである。キリスト信仰では「むしろ、律法を確立するのです。」（ローマ 3,31）という。この表白は内に宿ったキリストの霊の働きによる。このように新たに入ってきた霊が人がそこから生まれてきたところである。

　自己の存在が根本的に問題になる時、縁起即空という方向へいくと自己の固有な人格的存在が消える。生死という契機だけならそれでよいかもしれないが、加えて罪という契機が現れる時、「どこにいるのか。」（創世記 3,9）という神の呼び声を聞く方向へいかざるをえない。この時点でも縁起即空の方向へいくと基本的にいって人格的存在ではなくなる。ここに分岐点がある。生死が特に問題か、罪が特に問題かという人の意識の問題である。しかし生死の問題にしても、死が解消しない限り本当には解決しない。まさに「最後の敵として、

死が滅ぼされます」(第一コリント15,26)。そういう意味では空の立場への転換ではまだ本当の解決にはならない。つまり生死、罪のどちらも真には人自身の力では解決しえない。禅から見れば、キリスト教は罪のゆえに人間を死すべきものと捕らえている[2]。そのとおりである。ただし生死ではなく罪がキリスト教では中心ではなかろうか。罪から死がきたのだから。罪は死の原因である。生死重視ではキリスト教の本質は抜ける。ところで「罪悪は自己の内部において何らか対象的に自覚されており、そこには真の意味の罪悪の自覚もなければ、真の意味の自己の自覚もない[3]」。これは直接には真宗についてだが、仏教を前提とするのでこういえる。一方、キリストの霊は新しい自己である。そこからは古い自己は対象として見られるほかない。そうでない限りキリストの霊たる新しい自己が存してはいない。ここで真の意味では罪悪、自己の自覚はないとされているが、キリスト信仰的にはむしろ逆である。新しい自己は不可欠である。かくて古い自己を対象とすることは必然的に生じる。そうあって初めて自己や罪悪の自覚も生じる。回心後に初めて罪の意識が芽生える。「自己の内部において」というが、仏教なのでそうなのであろう。キリストの霊が入ると、自己ではない自己が自己を見、反省するのである。

　原罪とはどこまでも人が神に背く点にある。あくまでも人格的である。一方、根本無明とはいわば我性のことであり原罪の結果であろう。人格的性格は特にはない。キリストの啓示はこれとは逆の道をたどる。キリスト自身「わたしは道であり」(ヨハネ14,6)というように、無明の世界にキリストが来る。その結果そういう世界が突破される。無明と共にそれと一の無の世界も突破される。そういうキリストを信じる人もキリストと共に無明の世界、無の世界を突破する。そしてキリストと共に神の許に帰りその名を記される。だがたとえキリストを信じても、人は人の根源にまで帰りえない。自己がキリストになったのではなく、信じているのだから。被造的存在がそうあるままで創造者の場には立ちえないから。今は部分的に知りうるに過ぎない。終末では「顔と顔とを合わせて見ることになる。」(第一コリント13,12)のである。根源に帰るとは究極のものを知ることを意味するから。神を知ることを抜きにしては成立しえないから。根本無明にしろ、原罪にしろ人はその全体を知りうるのかという問題が生

じる。確かにパウロも回心後に罪の意識を持っている。しかしこれとても完全なものとはいい難くはないのか。神を完全に知って罪の意識も全きものになるから。しかるに人は終末以外に神を完全には知りえないから。

　自己の根源、縁起の理法、そういうものと一の無我、そういう事態がキリストの到来で突破される。そこに、キリストの霊が入りキリスト信仰が成立する。またキリストの体というものも成立する。縁起の理法とはいわば現実の成立構造をいうに過ぎない。ここからの無我という心身脱落の境界がさらに破れて新しい心身を着る（キリストを着る）という事態が成立する。禅では「自己の罪悪が対象的に見られているということ自体が、何にもまして最大の罪悪である[4]」。対象的見方の否定は新しい自己（霊の自己）という要因がないからであろう。かくて対象化されうる主体たる自己をあたかも罪悪の外にあるかのように考えうる。キリスト信仰的には逆で、新しい自己に応じて新しい対象化が生じるし、また生じねばならない。さらに「自己の中に罪悪を見いだすのではなく、罪悪の中に自己を見出す[5]」。ローマ7章の告白では肢体に別の法則がある。自己の中に罪悪を見ている。同時に別の"法則"とは自己を超えたより普遍的な悪の力としての自覚であることをも示す。かくてこの引用文中の二つの事態はキリスト信仰では二者択一ではない。

　凡夫とは縁起即空の理を知らない者というが、それを知ることが果たして救いになるのか。自己の現実的在り方は少しも変わらなくはないのか。ローマ7章のような表白をせざるをえない。自己の現実的在り方は続いたままである。そういう在り方が縁起や業によるといわれても何ら助けにはならない。ここではそういう現実を変えよう、変えてほしいという心が強いか弱いかが重要である。強いと仏教は救いにならず、仏教的には凡夫のままとなろう。ローマ7章の告白さえもそうなろう。逆に弱いと、仏教が救いになるのか。否、なくすことで救いを達成しているといえはしないか。生死、煩悩のような迷いの世界が転換されて初めて涅槃といわれる。確かに生死はそうして転換できようが、煩悩、罪悪深重という事態は人が世に生きる限り転換できない。またすべきでもない。そこでローマ7章のような告白が生じる。また生じざるをえない。終末論的に解決するしかない。無明とは人に限ったことではない。生物は全て我性

を持ち、さらに広くは存在するものは全てそうであろう。そこでその無明を悟る、あるいはそれと一になってそれから出ることなしにそれから自由になるのである。一方、原罪はあくまで神と人との間のことであり人格的事象である。原罪の場合今すぐそこから出られるのではないが、出られるという希望のもとで人は自由である。「主の霊のおられるところに自由があります。」（第二コリント 3,17）とはその意であろう。無明を悟っても人の現実的在り方は少しも変化はしない。無明を無明と知ることで自由を得るのだから、無明を変えて自由を得ようとは最初から考えてはいない。自己の力で不可能なら、神の力で変えられるとの希望において"変える"という可能性を見ることが救いであるという要素はない。変える、変えられるという事態は視野に入っていない。無明を無明として知ることで救いを得るのなら、知るまではともかく知った後は現実の世界は特別な意味もなくなる。知る前は人を苦しめる世界としていわば負の意味の世界だが、知った後はそういう苦の世界が意味のあるはずもなく負の意味さえなくなる。反対に積極的な正の意味はもともとない。一方、キリスト信仰では変わるという希望あってこそそこに自由がある。現実が変わることへの希望が自由の根拠になっている。変わることの欠けた世界にキリストが到来して変える、変えられるという心が人の心の内に霊として宿る。無明の世界の中へキリストが到来する。そのことが無明の世界がアダムの原罪によって結果したことを明らかにする。「わたしはあるという者だ」（出エジプト 3,14）という神は現実を変え給う。有らせるとは現実を変化させることでもある。変化させる力がないのなら神は全く無力、無能となる。

　　（2）
　次に、生死という観点から。仏教的立場からは、老・病・死は悟りの境地においても否定解消はされないが、そういう生理現象は人を拘束しない[6]。これに対してキリスト信仰は創造者なる神の力でのそういう生理現象の解決を希望し信じている。人の判断を差し挟まずに神の約束を信じるのである。現実的に何の解決もなく、その希望もないのに心理状態を変えて解決するという道は最初から選択肢に入っていない。かくて仏教的には選択肢に入っていないことが

キリスト教では唯一の救いの道であるし、反対にキリスト教では選択肢に入っていないことが仏教的には唯一の救いの道である。これほどまでに異なる。

　生・老・病・死の四苦を死で代表させるとして、人は死を現実には避けえないが、仏性に目覚めれば死が苦悩であることを止める。現実が変わる希望が少しもないのに、本当にそうなのか。死の必然を知ることは直接的には不自由を知ることである。しかしそういう不自由を何とか変えようと考える自己もなくなるほど不自由の必然性を知って不自由が自由へと変換されるのであろう。ところで不自由が必然的と知ることはこの不自由が変えられるとか変えようという期待を断念することである。そういう断念がなぜ自由なのか。断念とは変えようとする自己を捨てることである。これは自己全体を捨てることである。自己を捨てた結果そこに自由があるのであろう。もとより同じ次元で不自由が自由に変わるのではない。不自由と感じるのは自己が実体として存しているからである。そこで実体はないと感じれば不自由も共になくなる。しかしこういう仕方での不自由の消去は必然からの解脱だが、自由ではなかろう。そういう自由は自己を捨てる自由である。捨てて得られる自由である。だが解脱と自由とは異なる。自由はやはりその不自由が現実に消えなくてはならない。キリスト信仰は自己が不自由という認識では仏教と同じである。しかし固有な実体がないとは考えない。神の力による実体に伴う不自由の消去を希望する。真の自己を得る、与えられる自由である。具体的内容のある新しい自己、人格的存在を与えられる自由である。仏教ではこういう積極的な面は特にはない。かくて生・老・病・死の苦をたとえ心理的に解決して、そこから自由たりえても、そこからどのように生きるかという積極面の原理は与えられはしない。否定面についてはよいが、積極面は欠けてはいないのか。

　ところで、生死が一つに出会う場は生の内にも死の内にもありえない[7]。キリスト信仰では禅での絶対無に代って人の罪が生と死との出会う場である。アダムの罪で生が死となり、反対にキリストによる罪の贖いの死によって死から生へ人は移りうる。キリストの死は罪を消した。そこで罪という場で生と死は出会う。生死は現実的次元で扱われる。一方、「不生不滅」という場で出会う場合、不生不滅とは現実的次元のことではない。こういう場は一種の知的次元

の場である。こういう知的理解は仏教的実存と切り離しえない。前者なしには後者は成り立たないから。だから現実より一歩退いている。「意志の断滅せる処にまで退歩する[8]。」というが、この退歩は現実的世界からの退歩でもある。固有な意志があってこそ生きているといえるが、それが断滅したところとは現実的世界ではありえない。またそもそも生死が出会うという場合、その実出会いを避けてはいないのか。現実的な生と死が出会っているといえるのか。「絶対の超越[9]」で出会うというが、そこではすでに現実的な生も死も消えており出会うという事態は生じない。この点は次のような生死の見解にも出ている。「生は生自身をも脱落した不生の生であり、また死は死自身が滅するということのない不滅の滅[10]。」という。こういう生死については、生がくれば生に仕えというが、実は生がきたとはいえない。生とは死と対比してこその生である。死と異なればこそ生である。そうでないのなら生という言葉は不要である。かくて生がきたという必要もなく適切でもない。生でもなく死でもないものがきている。というより何もきてはいないのである。

　不生の生も不滅の滅も結局同じことで無生死の意であろう。しかし人は根本では生への意志を持っており生の場合と死の場合とで異なっている。例えば使命を全うしつつ死ぬ場合、そこには死はないといえる。生も死も全てが生である。不生の生、不滅の滅とはこうとしか考えられない。「生きるにも死ぬにも、わたしの身によってキリストが公然とあがめられるように」（フィリピ 1,20）という場合がこれに当たる。死がすでに生へ転換しており生死の区別なしである。禅の場合はそうではなかろう。人格的内容が抜けているから。それと対応して、死がすでに無生死という生へと転換しており、生の場合と死の場合とで同様に考えうるのかもしれない。しかしその場合、不生の生とは具体的にはどういう意味なのか。

　禅の立場からは、生死の関係は生が死に移行するのではない。そういう観点から見るとき、例えば西洋的な考え方は「生死するということをどこか『自己』の外に見るというところを残している[11]」。確かにこういう心境の時もあろう。これを「生死的な生そのものへの執着」とする。仏教が前提なのでそうなのであろう。キリスト教が前提ならそこには少しも執着があるとは思われな

い。「見るというところを残している」という。仏教は主知主義的なので見る、見ないが重要だが、キリスト教ではそういう契機は重要ではない。したがって見るという契機があっても、それで直ちに執着ありとは考えない。キリストを信じた場合、ここでいう二であるという面は確かにあろう。しかしキリストを信じる場自体は「主体の根底に自覚された主体そのものの無[12]」というところであろう。キリストを信じてそういう場が開かれている。先の「生死を自己の外に見る」立場はまた「実存を遊離した立場[13]」とされる。これは仏教的実存を前提とするのでいえることであろう。キリスト教的実存を前提とすればむしろ逆のことがいえよう。人格的な罪を中心に据えると、人の実存の中自体で分裂が生じて、聖なる神が出現することこそ実存的なのである。出現しないことは十分実存的ではないことを意味する。

禅によるキリスト教への理解には、キリスト教をギリシャ思想と一体化したものと受け取っている面が見られる。例えば「有限的人間が虚無を意志することを自己否定し、有そのものとしての神に近づく[14]。」という考えである。ギリシャ思想と一体化した形而上学的世界では神は有の原理と受け取られている。しかし聖書では神は有の原理たると同時に無の原理でもある。身も魂もゲエナにて滅ぼしうる存在である。神が存してこそ罪から死がきたと理解でき、罪のからむ死ではより虚無は深く把握される。かくて神を有の原理の方へばかり考えては一面的である。罪のからむ死のためにも神の存在は不可欠である。西洋的考えでは「死の本質をなす瞬間性や虚無性を究尽しえない[15]。」という。人格的な罪が入った虚無性では、「律法が『むさぼるな』と言わなかったら、わたしはむさぼりを知らなかったでしょう。」（ローマ 7.7）というとおりである。神が到来してこそ虚無性の認識に至りうる。また瞬間性という点だが、ダマスコ途上でのキリスト顕現はまさしく宗教的意味での瞬間性の成就を意味する。

こういう禅の立場について、「かかる無生死なる場を、死の方向の徹底ということからみれば絶対的死であり、生の方向の徹底ということからみれば絶対的生[16]」という。ところで無生死とは現実的性格のものではない。一方、死の方向、生の方向というときの生死は現実的性格のものである。生死についてのこういう性格の転換こそ問題である。転換されると知的世界なので生死がない

のは当然である。現実的世界の生死は何ら解決してはいない。「死の方向の徹底」というが、「徹底」した結果、知的次元という別次元へ出てしまって果たしてそれが徹底といえるのか。また「絶対的死」というが、対立のないことが絶対的なのか。先入観がありはしないのか。相対的なものに対して対立さえできないものが絶対的といえようか。そうしようと思えばできるがあえてしないのではなくて、できないのだから。

　生死の前後際断でよいのか。現実の世界を見れば生の死への移行は明らかである。それを切り離すのは不自然な見方になる。現実から退く。そういうものの考え方をするのは当人の目と心が現実へ向いていないからである。というより向いてはいても見ていないのであろう。見ていないとは見る必要がないからである。つまり当人が見る対象である世界を必要としていないのである。このことはさらに当人が世界に生きていることを考えると、当人が自己自身を必要としていないことを意味しよう。あえて生きようともしていない。そういうことが可能なのは現実には生きられているからである。つまり生きることは可能となっているからである。生きること自体が危機に瀕した場合はそういう最初の前提が崩れており、全てが崩壊しはしないか。つまり現実から退きえなくなりはしないか。生が危機に陥った状況では人は生きようとする。神への信仰はここのところに関わる。古代イスラエル民族が出エジプトにおいてエジプト軍と葦の海との間で立ち往生した時のように。

　こういう立場は「不生不死の自覚において絶対に生死そのものに立ち帰る[17]。」ともいう。「生死そのものに立ち帰る」ことになっているのか。空と一の生死が生死そのものといえるのか。禅の立場を前提とするのでそれが生死そのものといえるのであろう。キリスト信仰を前提とするとそうはなるまい。生と死に対して同比重的ということはありえない。そうであってこそ生は生、死は死である。さらに「脱生脱死の自覚において、却って生は絶対の生として、死は絶対の死として[18]。」という。「却って」ということの前後の事柄の関係が問題となる。キリスト信仰的には霊が入ってこない限り脱生脱死の自覚がそのまま絶対の生にはならない。そこがキリスト信仰と禅との相違である。逆にいうと、絶対の生（霊と共に到来する）が欠けている限り、脱生脱死ということにもなら

ない。かくてここでいわれていることはあくまで禅の立場でのことである。同じ言葉でも宗教が異なるとその内容が異なることは当然のことでもある。

こういう立場は「単なる生死的の死ではなく、生死的であることが死である、というところまでその意味は深められねばならない[19]。」とも別言される。単なる生死と深い意味での生死とは共に尊重されなくてはならない。後者を特に重視すると内面重視に傾こう。死が生死的という形で問題になっても、個人の自然的な死と考えれば、そこには歴史的性格は入っていない。イスラエルの歴史でいえば葦の海とエジプト軍とに挟まれて危機に陥っているようには。つまりそこでの死は何ら特別のことではない。生物一般と同じであるに過ぎない。この特別ということと神の救いの啓示とが結合する。特別のことであれば突如として存亡の危機に追い込まれることが生起するから。もし自然的な死が出発点であればそこにはまた余裕という契機もありうるであろう。

【注】
1) 久松真一　西谷啓治編『禅の本質と人間の真理』昭和44　久松真一「絶対危機と復活」p.37
2) 同上書　阿部正雄「不生と往生」p.644 以下
3) 同上書　阿部正雄　同上論文　p.659
4) 同上書　阿部正雄　同上論文　p.659
5) 同上書　阿部正雄　同上論文　p.659
6) 講座　仏教思想　第5巻 1982 第一部　第2章　縁起思想　武内義範　p.120
7) 久松　西谷　同上書　川崎幸夫「不滅と不生」p.372
8) 同上書　川崎幸夫　同上論文　p.372
9) 同上書　川崎幸夫　同上論文　p.372
10) 同上書　川崎幸夫　同上論文　p.405
11) 同上書　阿部正雄　同上論文　p.648 以下
12) 同上書　阿部正雄　同上論文　p.649
13) 同上書　阿部正雄　同上論文　p.647
14) 同上書　川崎幸夫　同上論文　p.371
15) 同上書　川崎幸夫　同上論文　p.373
16) 同上書　川崎幸夫　同上論文　p.372

さらに、エックハルトに関してだが、不生不滅底の場という深さにおいて究明したと

いう（久松 西谷 同上書 川崎幸夫「不滅と不生」p.373）。「深さ」というが、そういう判断はある一つの価値判断に基づいている。現実的現象の世界から認識ないし知の世界に退くことが「深い」といえるのか。浅くなっているといえよう。
17) 同上書　阿部正雄　同上論文　p.651
18) 同上書　阿部正雄　同上論文　p.651
19) 同上書　久松真一　同上論文　p.16 以下

（Ⅱ）人格と無我

（1）

　人格とは神と自己との二当事者間での関係がいわば全てであり、他の存在者は原則として無関係である。「どこにいるのか。」（創世記 3,9）という神の呼びかけにどう答えるかが問題であるから。人格とはそのように神の内に根を持っていなければならない。もし縁起によって全てが生起するのなら、人格的なものも非人格的なものへ「とかされてゆく」（西谷）、逆にまた非人格的なものが人格的なものへ結実していくと考えられよう。しかしそれで真に人格が存在するといえるのか。仏教の内でも例えば真宗では我性は法の力によって転ぜられるほかなかった[1]。ここでは人格と他なる存在との関わりを見うる。ところで葦の海とエジプト軍との挟み撃ちに遭っては自己の存在自体が危機にある。そこで自己の中からはもう何も生まれる可能性はない。他者なる神から存在を与えられるしかない。一方、無が直ちに有であるとは無はいわば心の中で感じられるだけである。現実的には自己の存在は現に存しているのだから。イスラエルの民のような危機の中にはない。そのような在り方を絶対無といえるのか。存在者として現に存しているので、無が即有たりえているのである。有が有として存することは悟りの前後で何の変わりもない。心の在り方が変わっただけである。無は心の在り方であり、有は存在として存するのだから、"即"とはいえ双方は区別しうるし、別のものである。真に一であれば存在としても文字どおり無でなくてはなるまい。もっともこのように考えると、そこでは無が有無対立の無であるとされよう。しかし真に無というのならそういう意味でも無でなくてはなるまい。有無対立の無であると共にいわゆる絶対無であることが

必要であろう。

　三諦円融では現実の世界に重みは欠けたままである。仮、空、中のうち、仮という点だが、確かにキリスト信仰でも今のこの世界はアダムの堕罪以来最初の世界ではないので仮といえる。終末では転換されるのだから。たとえそうでもこの世界は神による創造の世界でありそれなりの重みを持つ。そういうことは三諦円融では欠けたままである。このことに対応して、縁起と人格とは両立しないのではあるまいか。縁起と空とは表裏一体であろうが。たとえ縁起によって宿命論的に決められないにしろ、当人の決断で神、啓示を信じるのとは矛盾しよう。なぜならこの場合当人に全面的な自由と責任とがなければならないから。いかなるものによっても何らかの方向へ制約されてはならないから。

　キリスト信仰へと赴かない人は主客対立の世界から虚無に立つ主体を経て有無一体という禅の立場へ至る。だがそこに留まっては、いわば途中で止まってしまい元の所へ戻っていないことになる。戻るには有無一体の無が破れなくてはならない。有無一体の無は本当に無なのか。神のような超人間的人格者への信仰と矛盾していて無といえるのか。もっとも覚という場でなら神が出てきてもよく（久松）一概に神と無とが矛盾するともいえない。しかしそういう考えでの神は聖書での啓示の神であろうか。かくて、無とは真に無とはいえず、ある意味で非人格的性格を持つのではないか。真の無は自己の内で生きるキリストと一としてのみ存しうる。有無一体の無から内に生きるキリストへ赴かないことと無が超自然的なことに閉鎖的であることとが呼応する。

　具体的、現実的世界が重んじられていないことは三界唯心に見られる。全ての法は実在ではない。創造者は欠けており世界に重みはなく、そう考えられる。創造者である神を信じる心とは心、無心、自性清浄心などのうちどれに当たるのか。全てを合わせたものに当たるであろう。かくて仏教からは妄心であるのかもしれない。それほどまでに考えは異なる。したがってキリスト信仰の心は無心ではない心となる。

　ところで、見るものも見られるものも共に識であり[2]、同時に成立[3]とされる。これは心の在り方一般をいうのだから、何を信じるかとは全く別次元のこととのもいえる。こういう心の在り方とキリスト信仰の関係はどうなのか。こういう

心、識をキリストの霊に当てて考えてみよう。霊が霊自身を見ているのである。また心の内に宿る霊が境である対象的な神、キリストを見ていることも生じる。このような点では仏基両教は同様の側面を有する。

　心、六識と相、六塵とは一方があれば他方もあるという関係である[4]。こういう考え方は現実界を神による創造の世界と見る考え方とは全く異質である。さらに、「すべての実体が消滅した無実体的実体[5]」という感覚は聖書の考え方とは異なる。ここではそれが被造物である限り、具体的、現実的とは実体を抜いては考えられない。両者は一であるほかない。それ自体たとえ具体的、現実的でなくても、それが実体的なものを生み出すので具体的、現実的というのならそれなりに理解はできるが。こういう事態に関連して、仏教では対象的見方は克服されているが、キリスト教では残っている[6]。仏教から見るので残っているという見方になろう。人格的罪を中心に見ていくと、残っているのではなく不可避的にそうであるほかない。そういう契機がないことこそ不十分なのである。かくて仏教からはいわば邪魔なものこそキリスト教からは不可欠となる。超越的な神を信じるか否かと関連したことである。

　こういう点は宗教的探求で何が最重要関心事かに関連する。初期仏教では存在者よりの解脱の要求が最深の動機である[7]。これはキリスト信仰とはいわば正反対である。ここでは存在者に意義を与えようとする。生老病死の苦があり、そこから解脱しようとすれば縁起即空との考えは極めて合目的的である。だが人がそういう状況の中でも人格的存在として積極的に生きようとするとき何らの指針をも示しえない。つまり積極的に生きようというより苦からの解脱という消極的な面に重点がある考え方といえる。人格として固有な実体はなく、そういう仮のものが人格的に決断するという発想など生まれるはずはない。これは人間を自然という方向から見ようとすること[8]と対応する。このようにいわば下から人を見るだけでは「律法が『むさぼるな』と言わなかったら、わたしはむさぼりを知らなかったでしょう。」（ローマ7,7）という告白は生じまい。「先験的可能性の場[9]」かもしれないが、それ以上に進むことはできまい。その可能性が現実性になるにはいわば上からの声が必要であろう。神が欠けると、この現実界が重みを持ちえないのと同様、心に書かれた律法もその重みを持ち

えない。つまりここでは厳密な意味での人格は欠けざるをえない。また"心に書かれた"とか"律法"とかの表現もできない。パウロはユダヤ人以外の者には心に書かれた律法があるというが、これはしかし彼の回心後の告白である。神への信仰と無関係のことではあるまい。彼自身にも心に書かれた律法はあったであろう。だがそれは彼に対して「むさぼるな」と命ずるだけの力、現実性を持ちえなかった。彼自身の告白のとおりである。つまり心に書かれた律法単独では、神を背景にもつ律法と比較して人の心に他者として迫るものが欠ける。迫るものがあってこそ神と対話する人格が生まれる。無我とかあるがままでは現実社会の中に生きる人間には不十分であろう。積極的原理は何もないから。何かの人格的原理が入ってくると、それと自己の存在との間の乖離という事態が生じざるをえない。自己の内での分裂が生まれる。こういう状況でもなおかつ無我の方向へいくことはそういう状況を積極的に取り上げないこととなる。ここにキリスト信仰の方へいくか無我の方へいわば戻るか、人格主義的方向か非人格主義的方向か、神、キリストを信じる方向か無の立場かの分岐点がある。こういう点からは、真宗の場合も他者なる神を信じるのではなく禅と同様であろう。「法の方からいえば正対応的展開も逆対応的展開も、共に法の自己展開に外ならない[10]。」と禅と真宗に関していわれるとおりであろう。

(2)

　西洋的、哲学的世界観はいわば理性と一になった神話であるといわれる。確かに欧化されたキリスト教が背景にありそうもいえよう。だが聖書本来の神への信仰は異なる。聖書の中には哲学はない。形而上学もない。かくて聖書自体でのキリスト信仰と欧化されたキリスト教とを分けて考える必要がある。

　禅の立場からは、パウロにおける宗教的今について「その必然性自体がまだ神の恣意という偶然性に支えられている[11]」。神と恣意、偶然を結合しているが、そういう理解でよいのか。少なくとも聖書ではそうではない。神においては恣意、偶然などはない。かくて先の批判は神を人と同レベルで見ていることが前提にある。神と人とは罪によって隔絶しており、最初からこの点が忘れられている。神が日本人一般の神観念と同じものになっている。同様の事態は「瞬間

第1章　仏基関係における同異の考察　*103*

は時から永遠への漸悟的移行の内において語られる[12]。」とも別言される。禅の考え方が反映している。無への方向においてものを見ている。キリスト信仰の特徴は禅と比べ無からの方向においてという点にある。このことは時から永遠への漸悟的移行ではなく、反対に永遠から時へのその都度の垂直的突入を意味する。かくて永遠から時へという面もあってよい。両面が一体である。信仰について一方の面を当てはめる点は問題である。こういう両方向は禅での有無の両世界の出入り自由と対応する。

　こういう観点から「虚無性の契機が現れるためには神の完全な無化が必要[13]」という。この場合罪の重大さが欠けはすまいか。神が欠けると虚無も共になくなりはしないのか。ところで神の存否にかかわらず人は現実に人として存在する。かくて虚無が現れるにはというとき、それは認識上の、形而上学的世界のことである。神は存在しない方が存在としての人間は安泰ともいえる。たとえ堕罪しても裁かれもせず存在がより長く持続するから。神が存する場合、神に背くと滅びを招くから。かくて存在という次元で考えるか、認識という次元で考えるかで異なる。神の無化については「神と我性とがともに溺れ沈んでしまう深淵[14]」ともいう。我性が溺れ沈むのはよい。ヨブでも最後はそうであったから。こういう考えでは結局神も人間と同じ程度のものとしてしか受け取られていない。永遠の、超越的な神が溺れ沈んでしまうとはまことに不可解である。聖なる存在が溺れることはなく、溺れるのはいつも罪ある人の方である。もっともヨブも禍が襲ってきた最初の頃は神に対して不平をぶちまける。だがこれはどこまでも神を創造者なる神として畏敬していればこそである。したがってこのことはエックハルトにおいて人が神に対して怒るのとは根本的に異なる。神観が基本的に異なる。人が神に対してどういう態度をとろうとも神は無視しうる。だからこそ人にとって救いの根拠になりうる。神が人の罪に向かって怒るのが聖書の世界である。人が神に向かって怒るなど思いつきさえすまい。人が神に向かって怒るとは人が主であることを意味する。そこにはもはや神は厳密な意味では存してはいない。

　無我説といえども経験我は認めるが純粋我は認めない[15]、また取が有の根拠である[16]。仏教の立場はこう考えるが、少なくともキリスト教的観点からはど

んなものにしろそのものが現実に存在することがより基本的であろう。かくて取は有という認識の根拠とはいえようが、決して有の根拠ではない。仏教ではキリスト教的意味で現実を神の被造物として重んじることはない。そこでキリスト教の立場からは現実から一歩退いているという印象を受ける。ただ仏教自身において見れば有無一体であって有と別に無があるのではない。しかしそういう仏教の立場をキリスト教から見ると、キリスト教的意味での現実重視と仏教的有無一体ということとの二つが有と無ということになる。そこで仏教の立場は現実の有から一歩退いていると見える。もっともこの場合の有は仏教での有ではなくキリスト教的意味での有であるが。そこでこういう状況は仏教からは無と別に有があるように見え、仏教を誤解する可能性があると見えてしまう。先述したように仏教内にはキリスト教的意味での現実重視の有という契機は欠けているから。キリスト者はキリスト教の立場で考え、仏教者は仏教の立場で考えるので、こういうことになる。無という点では仏基は基本的には異なるが共通的な面もなくはない。だが有という点では仏基が共通的であることは難しい。

　キリスト信仰の方から禅的世界との関係を考えれば、縁起即空の世界に生きる人間に対して神の啓示は示される。その場合、人がそういう禅的理をわきまえて自由な心であるか否かは啓示する神の立場からは何ら有意差のあることではない。アダム以来の堕罪した客観的状況にある人への啓示だから。空の理に至った心にあろうとなかろうと、神は啓示の方へ人を呼ぶ。空の理を心得て悟りに留まればかえって神の啓示を避けることにさえなろう。そういう点では悟りに至っていない人の方が啓示には近い。縁起即空の世界に人が生きていても「どこにいるのか。」(創世記3,9)という主なる神の呼びかけで人格は誕生する。このことは空の世界がキリストによって突破されることである。即ち「私には煩悩はありません。」(久松)という世界の中に実存の居場所が造られることでもある。積極的に生きるには自己を人格的に固有な存在として自覚することは不可欠であるから。こういう事態と無我、無自性、固有の実体なしということとは両立しない。人はどっちつかずに考えることはできない。したがって仏教の空の立場にあればそれを積極的原理として信じ考えるしかない。結果、神の

ような超越的存在を信じる人格的要因を半端に入れて考えることはできない。結局そういう要因を排除するしかない。

　（３）
　キリスト教的意味では現実遊離的という点をもう少し考えてみよう。例えば真宗でははからいを捨てるというが本当にできるのか。俗世に生きる限りはからわざるをえない。はからいなしでは生きえないので「南無阿弥陀仏」ではないのか。禅寺にこもればあるいははからいを捨てうるかもしれない。どんな具体的行いがはからいでない行いに当たるのか。南無阿弥陀仏という称名自体は娑婆の世界の中での具体的行いではない。こういう点にも仏教での内面重視という傾向が見られよう。もっともイエスも「みだらな思いで他人の妻を見る者はだれでも、既に心の中でその女を犯したのである。」（マタイ5,28）という。これはしかし律法主義的立場の否定としてである。全般的には「冷たい水一杯でも飲ませてくれる人は、必ずその報いを受ける。」（マタイ10,42）と現実的に考えている。キリスト信仰は、信仰告白後は現実的に考えており、たとえ一歩後退二歩前進という一面があってもよかろう。仏教のように唯心論的に内面重視だと、地獄がふさわしいと反省するか、寺にこもり本来の面目の現前となるかであろう。どちらも現実的なことではない。「本来の自己に覚めた自己は、自己として、覚めていない自己の中へ逆流的にいっぱいに満ちていく[17]。」と考えられても、こういう事態は何ら具体的、人格的内容を含みはしない。人が人格的存在であることを示す心に書かれた律法も縁起によっており、人は本来無自性、空であるとすると、これこそ現実遊離的とならないのか。無生物も生物も人間のような人格的存在も全て一律に縁起的存在と考えることが現実遊離の原因であろう。仏教の考えは最初からそういう性格を持っていよう。覚めた自己の逆流が一定の人格的内容を含んでいないこともそういう性格を顕わにする。「尽十方世界是れ自己の光明[18]」という。観念論的、二元論的要因を消す方向へ徹底した結果であろう。しかしそういう二元性の消去が同時に新しい二元性を生むのでない限り人は単に自然的存在に留まったままである。よきにつけ悪しきにつけ人格的存在を自然的存在へ返しただけである。自己と世界との

二即一とは特別な人格的内容を意味しはしない。「自己があくまで自覚的であって世界から超脱する[19]。」とはいえ人格的内容を示してはいない。

　有無間の出入り自由という言葉があるが、有の中に常に真の主体として入っているのがキリストの霊であろう。ローマ7章でのような告白をせざるをえない状況にある有が無にあれば、無のままではありえなくなろう。それはキリストの霊へ結晶していく。いかざるをえない。随処作主とはいうが、その場合無が主となっており有無一の全体が主ではなかろう。自己自身の有に対して無は主となりえているのか。主となることを止めてはいないのか。それもそのはずである。なぜならそれは無でありそれ自体無自性なので単独では主になりえず、客にもならないから。有たる自己に対して主であろうともせず、その必要も感じないであろう。対自的存在ではないから。ローマ7章でのような告白が生まれると有無一ではありえなくなり、また無は無であれなくなる。ところで「仏魔にとらわれず仏魔を使得しうる自己でなければならぬ[20]。」という。こういう自己とはまさに内に住む自己としての主キリストであるほかあるまい。仏魔のうち、特に魔を使得しうるには自己自身が無ではなく新たなる有であることが必要であろう。ところでキリストの十字架はどう考えればよいのか。魔を使得したと考えるべきではない。人としては魔に負けている。今の世はいわばサタンの支配下にある。しかし神は人となったキリストを甦らせ勝利せしめた。サタンの支配に屈して血を流さねば贖いは成就しない。仮に火も自ずから涼しという仕方で十字架を乗りきったとして、果たしてそれで魔を使得したといえるのか。現実的感覚があるか否かである。火によって存在を失ったとして、そのように感じるか否かがキリスト信仰へいくか禅へいくかの分かれ道である。仏教はキリスト教からは現実的感覚が希薄で一歩現実から退いているごとく感じられる。火自涼という言葉もこの点を表す。無なる自己は形のない自己なので何処へでも入りうるというが、現実の世界の中でそういうことが可能か。水はどの波にもなりうるという水と波のたとえと同じ非人格的内容ではないのか。現実界はいわばサタンの支配下にある。そういう世界で生きるにはキリストの霊が不可欠ではないのか。

　禅では神のような超越的存在者の欠如に応じて、個々の有に応じた個々の無

が存するのではない。キリスト信仰においてこそ、無数の有に応じて無数の無がある、あるいは一の無が無数の働きをしているといえる。ただキリスト信仰に対応した無は信仰によってしか存しえず、禅での無とは異質であろう。それ自体として自性をもって存在してはいない場合、あるものの無と他のものの無との同異を論じるのは適切とはいえない。しかしあえていえば先のようになろう。盗みが目的で殺人を犯した人間と困窮した人を助けた人間とを考えたとき、各々の有と一体の無は各々異なると考える方が事柄全体を理解しやすい。いついかなる場合も各々の事象で有無一体の事態に変わりはないのだが。神とサタンとの間にはいかなる共通性もなく、またあってはならない。

　以上の点を人の自由という観点から考えてみよう。西谷によれば、本来人の立場は人間としての存在に解放する場であり、自由の場である[21]。しかしこういう場はいわば自然的人間についてであり、特に人格的存在についてではない。人格的には各人によってばらつきもあろう。人格としての統一的原理は欠ける。「律法が『むさぼるな』と言わなかったら、わたしはむさぼりを知らなかったでしょう。」(ローマ 7,7)という要因はない。また西洋の自由観念と仏教的な自由と自然との一という考えのうち、両者は二律背反として後者に回帰すべきと説く[22]。しかし本当に二律背反か。また西洋的な自由の追求が旧約にある、自然を管理するものとしての人間を非ないし超自然化させる結果になったとしよう。たとえそうとしても、それの修正が直ちに仏教的な自然即自由へいくのは一つの考えであり、唯一の道でもなかろう。そういう問題は仏教的考えへ移ってではなく、そこ自体において解決すべきであろう。たとえ移っても、人には自然とは異質な自由という側面があり、それだけでは解決にはなるまい。仏教的には因果の法に随順して一であればそこに自由があろう。実存的には空であろう。確かにこれも自由という意味を持とう。だが自己自身の中には必ずしもキリスト教的でなくてよいが、人格的な特定の原理は何もない。そういう次元で自由、不自由を問題にすること自体が不可解である。そういうことは問題外ではないのか。人格的存在にして初めて自由、不自由が問いとなるから。問題外たることが自由の意でもあろう。自由、不自由という問題は存在しないであろう。しかし因果の法と一になりきることが人にとって可能か。罪という

問題が生じて不可能たることが分かる。少なくともその時には人は自由という心境にはありえまい。もとよりここより阿弥陀仏に帰依して自由を感得する道もあろう。キリスト信仰では「主の霊のおられるところに自由があります。」(第二コリント 3,17) というとき、自己がすでに天におられるキリストの許にあるという点に自由の根拠がある。かくてたとえ自己の内に罪が見いだされても自由が見失われることはない。そもそも因果の理が必然たるを悟ってそこに自由があるのか。例えばある人がキリスト教の門をたたくとして当人にとってはそれは必然的であろう。だからといって罪にしろ、死の苦しみにしろ解決せねば自由はないであろう。そういう問題が必然と悟る点に自由があるといえるのか。必然的との判断において問題にしないのであろう。キリスト教は異なる。罪も死も人の罪からであり必然ではない。終末では解決される。被造的世界の中に"必然"は存しない。因果の外に出ている。因果とはあくまで被造的世界でのことである。そういう世界を超えて天におられるキリストの許にすでにあることによりそうなっている。神は創造者として被造界を超え因果の法を超えている。そういう神を信じるキリスト者も今すでに因果の法の上、外で生きている。ここでこそ自由ということがいえる。

【注】

1) 久松真一　西谷啓治編『禅の本質と人間の真理』昭和 44　阿部正雄「不生と往生」p.672　さらに、同上書　辻村公一「有の問と絶対無」p.76 以下　辻村によればハイデッガーに関連してだが、良心を持とうと意志することが可能性となる。そうすることは禅とは異なるのではないか。禅では人の有が無自性であるように良心も無自性であるほかなかろう。西洋的思想では人格的内容がどこまでも入っている。良心という契機が入ってくると人はいわゆる絶対無になれないし、また有無一体の有ともなれまい。ハイデッガーが禅の境地まで届いていないと見るか、届いた後のことと見るかが問題であろう。

2) 同上書　川崎幸夫「不滅と不生」p.544

3) 同上書　同上論文　p.548 以下

4) 同上書　同上論文　p.539

5) 同上書　同上論文　p.412

6) 同上書　阿部正雄「不生と往生」p.648

7) 和辻哲郎『仏教倫理思想史』1985　p.71

8）久松　西谷　同上書　西谷啓治　「禅における『法』と『人』」p.921
9）同上書　西谷啓治　同上論文　p.921
10）同上書　阿部正雄　同上論文　p.683
11）同上書　川崎幸夫　同上論文　p.367
12）同上書　川崎幸夫　同上論文　p.369 以下
13）同上書　川崎幸夫　同上論文　p.371
14）同上書　川崎幸夫　同上論文　p.372
15）和辻哲郎　同上書　p.56
16）同上書　p.95
17）久松　西谷　同上書　久松真一　「絶対危機と復活」p.40 以下
18）同上書　西谷啓治　同上論文　p.894
19）同上書　西谷啓治　同上論文　p.894 以下
20）同上書　阿部正雄　同上論文　p.690
21）同上書　西谷啓治　同上論文　p.906 以下
22）同上書　西谷啓治　同上論文　p.909 以下

第2章

キリスト教内における同異の考察
—ヨブ記論考—

第1節 「成人した世界」とヨブ

(1)

　ボンヘッファーをヨブと対比して考察するといっても、その背景となる時代も民族も大きく異なる。またイエス・キリストの啓示の前後という相違もある。かくて単純な比較はできない。しかし神への信仰という点では時空を超えた普遍的要素が存する。したがって神への信仰という根源へ立ち返って問えば比較もまた可能であろう。そのように立ち返れば時空的に制約された要因は脱落するから。もっともボンヘッファーのいう成人した世界の中で思索した彼とヨブとの比較は必ずしもふさわしくないとも考えられる。ヨブは個人的苦悩を突き詰めており社会的要因はほとんど見られないから。一方、ボンヘッファーでは社会的意味で倫理的傾向が強く、ヨブでのような個人的苦悩の面は逆にほとんど見られないから。前者では彼個人のではなく社会的次元での義の実現という点で神の義が問題となる。それに対して後者では彼個人の義が問いとなる。にもかかわらずあえて比較するのは、それによって西洋的キリスト教とイスラエル的、聖書的なものの考え方、感じ方との相違を少しでも明らかにしたいと思うからである。ボンヘッファーではヨブに比し人の構成による神学が捨てられているのかという疑問が生じる。ヨブではそういうものは最後には脱落してい

る。この点は前者において特別に個人の義が問題となっているわけではないことと無関係ではなかろう。

　さて、連合軍によってドイツが解放される直前にナチスによって処刑されたボンヘッファーはその反ナチス闘争と平行して神学的にはいわゆる聖書的概念の非宗教的解釈という立場へ到達した。こういう解釈の生まれる背景にはいくつかの要因が挙げられる。まず彼は伝統的な従来のキリス教教育の中で育ち、そういう信仰を保持していたという事実がある。例えば神による世界摂理、復活、キリスト再臨などへの信仰が挙げられよう。他方当時における、あるいは広くは近世以降における精神史的背景があったであろう。つまり人間理性の自律によって神信仰が次第に押しのけられ、それに伴って宗教は人間生活全般の中でのごく周辺的な一領域になったという状況である。こういう状況から成人した世界という考え方も生じたのであろう。
彼の批判する宗教は第三項で詳しく述べるが、次のごとき特徴をもつ。
　①形而上学的傾向。
　②個人主義的傾向。
　③宗教は究極的諸問題の返答者でしかない。
　④宗教活動がある特定階層の奢侈となっている。

　こういう状況の中で彼は非宗教的解釈を主張する。これは彼のキリスト論と結合しており、ルターのいわゆる十字架の神学とも関連した性格を持つ。

　後でも論じるが、ボンヘッファーでは神は常に信仰と倫理の根拠であった。こういう事実と次のような評とは対応する。似たものは似たものによってのみ認識されるのだから、聖書の解釈は、わたしがすでに知っている永遠の真理への聖書の結びつきを意味する[1]。こういう点を見ていると、神への信頼とすでに知っている永遠の真理への信頼とが一体である。似たもの同士とはいえ、人とキリスト、神、聖書、啓示との間には同時に異質という似るとは反対の要因もある。こういう点がボンヘッファーではどうなっているのか大いに問題になろう。このことはおそらく彼自身がルターほどの個人的体験を経ていないこと、最初から社会的倫理的側面が強いことと関連していよう。信仰は生の全体を含む行為でイエスは人を新しい宗教へではなく生へ呼ぶと考える点で、ある意味

で彼には宗教を否定し信仰を主張する点でバルトと似ているところがある。宗教が真実の生へ呼ぶというが、これは当然であろう。ルターもそうである。罪と死という個人的苦悩があって信仰は始まるのだから。だが以上の考えではキリストを真に自己の世界に取り入れたこと、否、自己がキリストの世界に取り入れられたことにはなっていない。いわば外に留まったままである。自己が自我的に構成した世界の中に取り入れられた啓示はもはや啓示ではない。その限り何をも取り入れてはいない。取り入れることによってまさに取り入れないことになるのである。

　こういう点から見ても彼の考えは基本的には救済史的なのであろう[2]。赦しとか罪過の告白では対話を超えたような事態は生じまい。例えばヨブは最後のところでは嵐の中で神の言葉を聞いた。ただ聞いている。自分からは何もしていない。こういう相違は大きい意味を持つのではないか。

　このように救済史的であると共に、次に社会的、倫理的である。彼は神学を社会的、倫理的関係の中に位置づけ、後期カント派や実存主義の個人主義は神の真の知識の可能性を排除したと考える[3]。彼の元来の出発点が基本的には例えばルターのような個人としての罪や死の苦悩ではないことが分かる。社会的観点から信仰に入ることとキリストでの贖いから入ることとは結果的には二者択一的に関係するであろう。キリストへ至る前段階としての個人としての罪や死との争いという状況が欠けよう。アダムという人類、人間性については心理学的、歴史的には解釈せず、わたし自身がアダムであり同時にわたしである[4]。社会的に考えるのなら歴史的にも考えるであろうとの予想と裏腹に歴史的に考えてはいない。何か矛盾してはいないのか。もし歴史的に受け取らないのなら、人類の始祖アダムをどう解釈するのかという疑問が生じる。さらに、罪は個人的行為としてと同様に超個人的行為として表象される必要があり、ここに罪における共同性という認識が生成される[5]。この点はそのとおりである。ただこの問題はアダムが堕罪し、全ての人もまた罪を犯した（ローマ 5,12）というところへくるほかあるまい。「同様に」という点だが、まずは個人の行為ではないのか。少なくともそういう形で自覚されるほかなかろう。彼もいうように創造も終末も遠い。ただ主によって近い。しかしそのことが現実になっているので

はない。近いということは残念ながら現実ではないのである。その場合ルターのような個人的体験があれば異なる考えに至ったであろう。しかるに先のような考え方では個人という契機は最初から欠けている。またキリストによって神が近いといっても、ルターでのような深い個人的体験なしではそれ自体が一つの理念の域を出ないであろう。結局、彼は倫理主義的になっているのであろう。

　次に、ヨブ記における問題点に触れよう。

　「ヨブが、利益もないのに神を敬うでしょうか。」(1,9)とサタンは問う。神はヨブを信頼してサタンと賭けをする。ヨブは何の利益もないのに神を畏れるであろうかが一貫した問題である。彼の心は動揺する。神の約束とは相反するものやことが彼を襲うから。にもかかわらず彼は神に固執する。そこで彼は内的に分裂状態に陥る。また38,4；16；31、40,9などでは主として自然の被造物についての神の力を引き合いに出して神の主権を述べるが、こういう点はヨブが人の分をわきまえる方へ向かわせられることを示す。ここに至るにあたり、まずはサタンは人間的論理ゆえに、ヨブの神への畏れには測りがたい神自身のほかに理由がないという事実を、認めたがらない。1,9はこういう事態を示唆する。これはヨブ記全体の底流をなす問題である。信仰が試みられても、ヨブがいかなる報酬も求めずに、神は神であるというただそれだけの理由で神を畏れることが顕わになる。彼はどこまでも神を信じたい。にもかかわらず彼を取り巻く状況がそれを許さない。伝統的信仰からは虚無を克服するのは神だが、彼ではそうはならない。そういう神が新しい虚無の根源と考えられている[6]。神との争いという敵対的な側面と神への希望という神への愛という側面、神への畏れと神を見たいという嘆願、こういう二面性がある。この二面性は最後に彼が嵐の中で神の声を聞いて解決する。苦難が大きくなるほどその苦難を通して彼を自己へ引きつけるので神は近づいてくる。

　最後のところへ至る途中の過程を見よう。まず神を論じる際、人の神に至る道は閉ざされている。ギリシャ的なものの考え方とは異質である。人には人と神とを隔てる本質の深淵に架橋はできないことは9,25〜35も示す[7]。ここで問題なのは道徳的意味での良心ではなく、神との関係全般が誠実、真正なことだが、彼の友人エリファは彼にこれが欠けるという[8]。この問題の追究の中から

神の腕の中へ飛び込む信仰を逆説的に敢行することになる。この点は19,25～27が示す。逃げ道をことごとくふさぐ神の手による垣根の中という惨めな低さの中から信仰が沸きあがり高みを大胆に飛翔する[9]。苦難こそ信仰の泉たることが知られる。

　もともと信仰ある者はどんな苦難に会っても信仰を捨てはしない。逆にますます信仰はその輝きを増す。反対に信仰のない者は苦難の到来で信仰を失う。かくて苦難は各々の人の本性を顕わにする働きをする。予定説が出てくるゆえんもこういう点にあろう。

　次に、9,32以下も示すように、神と人とが裁きの相手として同一平面に立つことはなく、友人達の仮定のごとく両者が同じくその前に屈服せねばならぬ普遍的法は存しない[10]。

　ヨブ記の著者は正しい応報という伝統的教義と神についての伝統的教義との双方に挑戦し、その終わりに唯一の解決は神の測りがたさの受容であるとする[11]。そのとおりであろう。神学的頂点は38～42章であり、ここには神のなさることを全て了承する神への絶対的帰依ともいうべき契機が見られる。さらにいえば神との一である。神の意志は自己の意志である。神の願いは自己の願いである。人の側でのあらゆる事柄を脱落させた結果である。

　ボンヘッファー、ヨブ両者における神への信仰の徹底という観点からの問題の所在は以上のようである。

（2）

　ボンヘッファーが神による世界摂理をどこまでも信じていたにしろ、ナチス支配の時代であり、彼のそういう信仰が単純素朴な神摂理の信仰でなかったのは当然である。彼がついには処刑されたことを考えればなおのことである。例えば「この聖書の個所はしばらくの間神の暴力的な手の下への盲目的な信頼の内において屈服することを要求する[12]。」、「ここでは人はいかなる希望もいかなる将来もないかのごとくに生きねばならない[13]」。ナチス圧政下にあって一見、神が不在であるかのような状況に置かれつつ、なお摂理の信仰を維持しようとする心情が現れている。ただ盲目的信頼という表現にはいささか疑念を

覚える。なぜなら信仰ある者を神は恵むというきわめて自然な、反面人間的、人間主義的考え方がその根底にあればこそ、当時の状況があまりにも過酷なためその反動として、こういう状況は不可解だが盲目的に神に信頼するほかないという考え方になると思うから。ところで、信仰者を神が恵むという考えさえ人間主義的であろう。信仰とは人間主義的な一切を排除するから。かくて当時の状況下での神信仰をあえて盲目的と形容する必要はなくはないのか。彼では誘惑が教訓的、ないし教育的見地から受け取られている[14]ことを考え合わすと、人にとって不可解なこと、絶望的なことを信仰の上に立ってとはいえなおかつ合理的に処理しようとする考えの現れであろう。終末において「顔と顔とを合わせて」見て全てが明らかになるという信仰において、現実のそれらの事柄全てが超越されるのでなければならない。合理的に受け取ろうとすることは完全に払拭されねばならない。この点、彼の場合不十分であろう。そういう点は次の言葉にも感じられる。「神は汝としてだけではなく、それ(Es)における変装においても出会われる。信仰において我々がこのEs(運命)において汝を見いだす、換言すれば運命から現実にいかにして導きが成立するかが問題である。抵抗と屈服との間の境界は原理的には規定しえない[15]」。ここで汝とそれ、導きと運命というように二つに分けて後者からいかにして前者が成立するかと考える。二つに分けること自体問題であろう。神の与えないものを静かな心で放棄しようという考え[16]と自家撞着する印象すら受ける。「御計画に従って召された者たちには、万事が益となるように共に働くということを、わたしたちは知っています。」(ローマ 8,28)というごとく運命自体が全体として導き自体になっているのでなければならない。このことの背景には運命の性格を問うこと自体が中止されているという事実がある。終末において全ては顕わになる。このことがキリスト信仰における運命愛には不可欠のモチーフであろう。

さて、個人には社会的に一体的な面と、反対に独立の面とがある。これは当然であろう。後半の面についてだが、各人は孤独において永遠の選びの確かさを戦いとり、自己の内にあって聖霊とキリストとを所有する[17]。「所有する」とはガラテヤ 2,20での「キリストがわたしの内に生きておられるのです。」とは異なりはしないのか。自己とキリストとはどこまでも二元的だから。ガラテ

ヤ書では一元的であろう。しかも聖霊とキリストというように二重のいい方をする。丸ごとキリストが入ってきているのとは異なる。先のようなキリストとの関わりでは、神の前での人の同一性は確認されたり、証明されたりするものではなく、神がいつも同一者であることに基づく[18]。例えば現実にはユダヤ人はどこまでもユダヤ人、ギリシャ人はどこまでもギリシャ人であるが、こういう社会的区別が神の前ではそれ自体に根拠をもつものではなくなるのである。彼は全体主義を嫌い、神の前での信仰と行為の自由、確かさが結果より緊急であり、行為の霊的根拠は行動における大衆的活動より決定的とされる[19]。このように個人の信仰的決断の重視という解釈の仕方もあろう。もしそう考えるのなら、キリスト信仰の根源に立ち返って考えることも可能であったであろう。そういう意味では残念である。個人を重視しきるところまでは、例えばルターのような個人的体験がないと、至りえないのであろう。これに応じて、個人よりも例えば民族全体が優先される[20]。救済史的に考えるとそのようになろう。旧約の歴史を見ていると、そう考えることもよく理解されはするが。

　その場合、人格は自らを与える行為の内にのみ存在するが、しかも自己を与えるものから自由である[21]。ここに彼の信仰観の特徴がよく現れる。「行為の内にのみ」と「のみ」といってよいのか。たとえ自己を与えるとはいえ行為なのだから。律法主義的になりはしないのか。罪、死などの個人的苦しみを経ての信仰ならこのようには考えまい。そういう戦いの過程で自然的および人間的世界での事柄から心が離れることがキリストへの信仰と一体であるから。彼では行為重視なのでこの点がはっきりしない。世界の中での事柄に心のつながりがあるままでもそういう信仰は可能であろう。キリストが行ったのと同種のことを我々が行うことの内にのみ信仰を認めるのなら、キリストによる贖いも和解も不要となろう。行為的なことは何一つできなくてもよくはないのか。例の徴税人の話（ルカ 18,9 以下）を見ているとそう思われる。また自身の代わりに他人を愛するのが神の命令である。こういう面について、「キリストの愛の力、そこでは各人は他の人に対して一人のキリストになることが許されるし、またそうなるべきである（第一コリント 12,12、ローマ 12,4 以下）。」という[22]。これはガラテヤ 2,20 に大変近づいている。こういう考えに応じて、反ナチス闘争

第2章　キリスト教内における同異の考察 — ヨブ記論考 —

において罪を犯すことも生じるが、キリストの命に従っての行為であるという良心の判断が罪の意識から人を解放する。隣人愛ゆえにあえて罪を犯さざるをえない場合も生じる。こういう点を見ると、ボンヘッファーもヨブの最後の"嵐の中に神の声を聞いた"という事態を経ているとも思われる。ただ命に従うという点に、それ自体はきわめて立派なことだが、人の側での前提が全て外されているのかとの疑問は残る。もっとも後で取り扱うが、自己判断での善を捨てるという考えが見られ、それによるとそういう疑問は杞憂であろうが。これに対して、律法は人の罪過から交わりではなく反対に孤独を作り出す[23]。確かにそういう一面はあろう。

　ところで、パウロを見ると、最初から集会があったのではない。後でできている。反対に預言者時代のイスラエルでも民族としての集会はあった。かくて集会外では神の言葉を聞く事態は一切生じないのではない。ただ彼も神が具体的教団の媒介なしでも人をその支配下におきうる可能性は認める[24]。預言者のような場合であろう。また教団は自己目的、現在のキリスト自身であり、キリストの内にあることと教団の内にあることとは同じである[25]。ここまで目に見える教団を重視してよいのかと思う。不可視的次元で考える必要があろう。さらに「互いに重荷を担いなさい。」（ガラテヤ6,2）での"互いに"は人間的に意欲されたものではなく、聖徒の教団の中でのみ与えられる[26]。教団内では霊が働くので、そういうことが可能であろう。霊を外すと不可能である。彼の発言では結局教団にしてもそうだが霊が働くことが最重要の事柄である。そうあってこそ、教団内でヨハネ20,23でのように人は他の人の罪を赦しうる[27]。この聖句はイエスの弟子についての言葉である。それを一般化してよいのか。他の著書でもこういう点は見られる。キリストの教団の内にすでにあってこそキリストへ向けられていることが可能で、ここに超越論的、存在論的両発端は再び会する[28]。救済史的考えであろう。行為—存在の総合としての人格は常に個人的人格と同時に人類であり、普遍的霊性でも実存性でも人は社会性の中にあり、個人という概念は抽象である[29]。人の社会性の主張はそれとして理解できよう。しかしキリストを信じる時には社会性から引き離される一面も生じはしないか。さらに、集会の中では自己とは別の人が神の恵みを宣教するので、そのこ

とが聞く人にとって確かさとなる[30]。信仰とは孤独であり、例えばルターでのような個人的体験を介するであろう。多くの信者にとり集会がその確かさの根拠となる点は理解できる。しかしそれで本当に確かなのかである。不十分としか思えない。確かさへの単なる通過点でしかなかろう。またキリストは各個人の内に全くあるが全くないという形で全ての人によって所有されるという考えに理解を示した[31]後で、キリストにあっては全ての人は一でいかなる区別もなく、多様性はないとする[32]。言葉の意味にもよるが、いかなる区別もないといえるのか。最後の審判があり各人が裁きを受ける点から見ても、各々の区別はあろう。さらにキリストの体の中で目になる人もいれば手になる人もいるのだから、その点からも区別はあろう。たとえ霊的な意味では区別なしとしても。この統一は信じられねばならず、常に見ることはできないままであろう[33]。むしろ人は自己の信仰によって主体性を確立し目になる人は手になる人を羨ましく思うことなく、反対に手の人は目の人をそう思うことなきよう戒められている。さらに神の呼びかけは個人にではなく集合的人格に妥当し、民族は神の民として悔い改めを行ない、慰められねばならない（イザヤ40,1）[34]。特に旧約の場合確かに個人ではなく、民族が預言者を通してだが神の啓示の対象である。ただたとえそうでも現実には民族の中の個々人に対して呼びかけがなされるのはまた真実であろう。神の言葉に従う決断をするのは個人をおいてほかにはないから。こういう教団、集会を重視する考えはそれなりの解釈を生むのである[35]。

さらに、教会の言葉を聞くのは教会自身であり、啓示の連続性と外来性の超―主観的な保証として共同体がある[36]。ここで分かることは個人の信仰、判断を超えた共同体たる教会の重要性である。こういう考えでは個人の主体的決断の意味が軽く見られる結果になろう。二千年近い教会の歴史を考えると理解できはするが、やはり決断するのは各個人である。こういう共同体重視の考えは共に感じ、共に意志し、共に答責的であることは最も内的な結合の力であり、これが社会学的な教会概念にとって重要であるという考え[37]と呼応する。だが政治や経済的次元のことと違い宗教である以上、個人的体験があって初めてこういう事態も実現する。教会は神の言葉を状況についての知識から最も具体的仕方で今ここにおいての命令として語らねばならない[38]。教会は状況について

の正しい判断をして神の言葉を語るべきであろうが、キリストの体たる教会は世から分けられており、そういう存在が「ねばならない」(must)であろうか。ナチス支配下の状況では理解できなくはない。だが今の可視的世界はいわば暫定的であり、世から分けられた教会の立場からは正反対の意見があっても不思議ではなかろう。先の考えもキリストの啓示への個人的体験の不十分さと内的に関係していよう。

　さらに続いてボンヘッファーの教会観を見よう。罪過によって成立した我―汝関係の止揚は教会概念によって初めて廃止される[39]。教会重視、救済史的なのであろう。教会は互いへの働きと同様儀式において社会的公共団体として目に見えるが、終末論的次元の存在、キリストの体としては見えない[40]。そのとおりである。キリストにおいて完成された教会では個々人の自己化において時の中にあって神の意志がいつも新たに実現されねばならない[41]。彼自身も自己化の必要性を認める。これには例えばルターでのような個人的体験が不可欠ではないのか。それなしにいかにして自己化が可能か。彼のいう"命令に従う"では自己化にはならない。自己化とは脱自的にそうでなくてはならないが、そうなのかと懸念される。

　聖霊は聖徒の教団たる教会においてのみ働き、各人を捕らえるので、神との交わりは教会の中にのみあるが、これはあらゆる個人主義的教会概念をつまずかせる[42]。教団、教会優先の考えであろう。だがそうでもないともいえる。例えばパウロでもダマスコ途上でキリストに出会う前にファリサイ人であったことは教団の中にいたともいえるから。もっとも聖霊に従っていたとはとてもいえないが。かくて霊に捕らえられる人はすでに教団の中に立っていなくてはならないとはいえない。ヨーロッパのように教会が二千年近く歴史の中に鎮座しているとこういう考えが生じることは理解できはするが、信仰の誕生という原初に立ち返るとそうはいえなくはないか。関わりの中にあるとはいえても教団の中にすでにとはいえまい。さらにキリスト教の教会たる教団は説教とサクラメントを通して、各メンバーが他の人に対して一人のキリストに成ることが許されるし、そうあるべきである[43]。教団と個人との二即一の信仰なれば当然であろう。ただ教会を通してというように教会が優先する点はどうかと思う。もっ

ともこれでよいのかとも思う。たとえ教会外にあっても広い意味で教団内にいるとはいえるから。人は信仰の内でのみ啓示の存在を、またキリスト教会の内での自己自身の存在を信仰から独立なものとして知っており、行為としての信仰の連続性は信仰の内にあるが、それは現実には教会の内での存在として守られている[44]。「信仰の内でのみ」というときの信仰とはいわば救済史的な信仰であって十分主体的ではなく、人が教会の内にあるというほどの意味であろう。もし主体的であれば啓示や自己自身の存在が信仰から独立とはいえまい。その上、信仰が行為として語られている点も問題であろう。また「教会の内で」というが、直弟子たちがイエスの死に際し散ってしまった後、再び集められたという事実、またパウロがダマスコ途上でキリストに出会ったという事実などを考えると、教会自体も信仰と同時に生まれていると考えるほかない。教会優先とはいかない。このように信仰の連続性を教会の内に根拠づける。このことは聖餐の儀式を行って信仰の秘儀を保持してキリスト教的実態を維持すること[45]と対応する。非宗教的解釈と素朴で自然な敬虔とが関係していれば、キリスト教的な実態が失われるので、こういうことを考えるのであろう。だが先の考えではそれら二つのことが必然的には結合しなくはないのか。必然的結合のためには個人として罪、死に苦悩してキリストの許に至るという個人的体験が不可欠であろう。

次に、パウロの教会観について。教会を全体的人格という観点から見ると、キリストのみが個々人の前に個々人を超えて存し、我々はキリストによって統治されている[46]。教会ではなくキリストのみが優先する。同じ個所でここより有機体概念の教会への適用は避けるべきだという。パウロについてこう理解するのなら、彼の教会重視の見解との相違にも気づきはしないのか。だが自己の心の中のキリストは兄弟の言葉の中でのキリストより弱く不確かであり、かくて信仰の連続性は人の内においてではなく教会によって超個人的に保証されている[47]。結局教会優先となる。「人の内において」と「教会によって」とを二者択一に考えてはなるまい。人を、個人であると共に総体でもあると考えることと矛盾しよう。個々のキリスト者のみではなく、ドイツの罪過、教会の罪過があり、ドイツや教会が悔い改めを行い、義認されねばならないとい

う考え[48]とも矛盾すると思う。例えばルターの場合修道院へ入る動機という出発点も示すように、神との個人的関わりに最大の関心があった。神への恐れの前でおののく状況ではキリスト以前のところに置かれている。一方、ボンヘッファーはルターのようにキリストのいない場にいったん置かれた後でキリストの許にではなく、最初からそこにある。こういう相違があろう。結局、彼にとっては世界の現実と神の現実とはキリストの現実化において唯一の領域として結合されるが、これは新約にとっては疎遠である[49]。唯一の「領域」とはいえまい。ヨハネの黙示録を見てもサタンの支配する今現在の現実という感覚は否定しがたい。現在の世界自体は永遠の終末の世界に直結はしない。そこでパウロもいうように、奴隷の身分の者に「そのことを気にしてはいけません。」(第一コリント 7,21)というが、それ以上にはいわない。つまりここには現実から自由なところがある。ボンヘッファーではそういう自由が欠けているのではないか。このことは彼において例えばルターほどの個人的体験は欠けることと無関係ではあるまい。神の現実と今の世界の現実とは直接的には結びつきえない。逆説的にしか結びつきえない。この点を見落としているとしか思われない。終末がすでにたとえ一部にしろ現実に来たかのように考えてよいのか。

さて、総体の尊重、世俗界と宗教界との一体的把握などの事実は代理という事柄とも関わる。「その十人のためにわたしは滅ぼさない。」(創世記 18,32)を引いて、神が一者において全人類を見て和解したように少数の内に全民族を見うる、ここに代理の問題が起きる[50]。確かにそうであろう。こういう面については次の批評も生じる。キリストにおいてのみ人間に対する責任が満たされたのなら、全ての生が代理へと規定される必要はなかろう[51]。以前述べたがボンヘッファーは信者は他の信者に対して一人のキリストになるという。このように一般信者について代理的働きを強調すると、キリストのみではなく、キリストとその信者とが代理という名を担っている印象になる。そういう面への疑義を生む。これも結局は個人的体験の欠如からであろう。そういう体験があれば一般信者について代理的な働きを取り上げるのは困難であろう。もしそう考えると歴史の中での我々の苦しみはキリストに代わる苦しみとなる。キリストが二千年前に我々に代わって十字架にかかり受苦したのに対し、今度は今我々が

キリストに代わって受苦するという考えになろう。しかしキリストは人にして神なればこそ代理しえた。我々には罪があるゆえに代理する権能はない。この点が尊重されていない。元を質せばこれも彼の個人的体験の欠如からの結果であろう。代理という考えはパウロのそれと類似とも思うが、これは直ちにキリストが人の罪を負ったことと同じ意味での代理を意味してはいない。最初キリスト信者を迫害したパウロが簡単に自分がキリストと同じ意味での代理をしていると考えるとは思われない。ローマ7章での告白を見てもそうであろう。イエスも生前に「キリストの弟子だという理由で、あなたがたに一杯の水を飲ませてくれる者は、必ずその報いを受ける。」(マルコ 9,41)というが、こういう行為に代理的意味があるとはどこにも書かれてはいない。また負い目ではパウロが「互いに愛し合うことのほかは、だれに対しても借りがあってはなりません。」(ローマ 13,8)というが、こういう場合も代理ということを考えてはなるまい[52]。

以上でボンヘッファーの苦しむ要因を見てきたが、社会的側面が強い。ヨブでは個人的側面が強い。かくて前者では倫理的行為、教会論、代理論などがそれへの対応として重要な要因として立ち現れてくる。

(3)

社会的苦境へのボンヘッファーの具体的対応の全般的背景となるいわゆる非宗教的解釈について。これは成人となった世界において遂行されるべきものである。こういう世界では人の宗教性を前提としたキリスト教を宣教できない以上、そこでのキリスト教は一般的に宗教とは一線を画したものでなくてはならない。「宗教は肉から来る。信仰は霊から来る。ボンヘッファーは感覚性と確証への人間の最も深い望みを宗教と呼びえた。宗教と宗教的ということとは彼にとって1927年以来純粋に否定的、批判的用語となった。彼は従来の形而上学的な衣を着た聖書の信仰を宗教的と呼ぶ。形而上学はここでは彼にとって聖書的信仰のギリシャ哲学との結婚から生まれたドグマ化された概念性とキリスト教の19世紀の観念論的哲学という道具をもっての弁護とを意味する[53]」。このような宗教と信仰との区別の第一のメルクマールとして形而上学的宗教を挙

げる。即ちキリスト教がこの世界からの救いの宗教として二つの区別された世界を強調して、宗教が生活全体における部分的領域となった[54]。つまりプラトニズム的な二世界的考え方と一体のキリスト教のためにこういう結果になった。第二のメルクマールとして個人主義的傾向が挙げられる。救済論における主とわたしという形での敬虔はそれ自体悪くはないが、信仰の私的性格を強め聖書での信仰の重要な要素を除く結果になった。この点から、彼はブルトマンの実存論的解釈にもこの私的性格が入っており、そういう解釈は不十分であると判断する[55]。第三のメルクマールとしてはDeus ex machinaという考えを退ける。なぜならこの概念の下ではキリスト教は究極的諸問題の解決者、解答者となってしまうから[56]。第四のメルクマールとして、この宗教に属する人々に第三者に対する、即ち異教徒、不信者、無神論者に対する優先権を持たせる結果になったことや宗教的活動が特定の階級やグループの贅沢となっていることを批判する[57]。

　こういう宗教と信仰との区別に非宗教的解釈は基づくが、その際注目すべきはこれはキリスト論と深く結びついている点である。非宗教的解釈という特定の様式は彼の人生の終わりの方で現れたにしても両者の結合は以前より見られる[58]。

　この場合のキリスト論の四つの特徴は次のようである[59]。一にキリストの本性の思弁的記述から離れており、二に伝統的キリスト論的様式を関係的に解釈し、三に現実性がキリストにおいて普遍的であることを要求し、四にキリスト論を決して終わっていない、常に開かれた、キリストと世界との要求に対する新しい答えにおいてのみ生き生きとしている課題として考察した。以上である。なおこのキリスト論的解釈に関係して新約は普遍的真理の神話論的表現法ではなく、この神話論が内実自体であり、かくて神話に関係する概念は信仰の条件としての宗教を前提とせずに解釈されるべきだと主張される。ただその場合「復活の希望が述べられる点に決定的なことがあると人々はいう。重点は今や死の限界の彼方にある。私はこの考えに抗議する。復活の希望はそれが人を地上での彼の生活へと差し向けるという点で神話論的なものと区別される[60]。」と解されるが、重点が死の彼方にある点が正しく理解されれば、地上での生活

へ人を差し向けることにもなる。かくてこれら二つの事柄を一体的に受け取るべきである。往相と還相とは一体であり、一方のない他方はいずれも不完全である。先の解釈は彼のキリスト論の第二の特徴、社会的要素の重視という観点からは理解されうる[61]。ただこういう重視と神話論での世界からの解放の要求とを二者択一的に考えてはならない。

　次に、非宗教的解釈を細かく考察しよう。まず和解、贖い、更生、聖霊、敵への愛、十字架と復活、キリスト教的鍛錬などの伝統的な言葉や行為が力を持たず、今日ではキリスト者であることは祈りと正しい行いへと制限されるであろう[62]。伝統的考えが無力になっているというがそれでよいのか。これもやはり個人的体験の不十分さという事態と無関係ではあるまい。たとえナチスの時代でも修道院で黙々と俗世間と離れた生を生きた人々もいたのではないか。また聖霊が無力となってはどうしようもない。さらに「世の事にかかわっている人は、かかわりのない人のようにすべきです。この世の有様は過ぎ去るからです。」（第一コリント 7,31）とある。こういう観点から見るとき、「正しい行い」がどういうことかを具体的、一義的には決めえないと思う。宗教とは少なくともヨーロッパにおいては現実へ関与する力を失ったキリスト教のいわば頽落態であり、非宗教的解釈とは彼にとって神が現実的な生において出会われねばならないことである。このことに関連して、彼は無意識的キリスト教を素朴で自然な敬虔に関連させ、非宗教的な、善良な人々への関心と非宗教的解釈との連続性を見いだす[63]。これではしかし倫理的なことへいわば逆戻りしないのか。もっとも、思い切った決断で個人の根底にある主観性を超えたキリストの現存が現れるが、そういう意味でキリスト教の使信は彼によれば非道徳的、非宗教的である[64]。かくて非道徳的、非宗教的とは個人的でもある普遍妥当な規律に照らして人々を判断はしないことでもある。それはそれでよい。主観性を超えたものが現れもしよう。ただ罪の赦しを中心に信仰を考えると主観性を超ええなくはないのか。確かにパウロもローマ 7 章で個人的罪を語る。だがこれは自我崩壊した後でのことである。しかし罪の赦し中心ではそういう自我崩壊には至らないのではないか。無という場へは至りえないから。かくて「キリストの現存」といっても真にそういえるのかと思う。罪の赦し中心では常にそ

のことが人の意識の底にあるから。そのことが障害になってキリストはガラテヤ2,20でのように人の存在の中に入りえなくはないのか。

　かくて、回心後のローマ7章でのパウロの場合とルターの場合とでは罪の意識でもその内容が異なりはしないのか。これはキリスト「秘」[65]とユニオ・ミュスティカとの違いでもある。ルターではいくら赦しを信じていても逆転が生じるが、パウロはそういうことはどこにも書いていない。ローマ7章でもそうだが救いを確信しておりルター的逆転の意識は見られない。ただ倫理的な奉仕という点では踏み込んでいる。人は死へ向けて自由な時にのみ自然と歴史に対して自由であり、自己の生の他者への帰属が受容されるとき、自己主張への権利は正当で死へ向けての自由への権利は犠牲への自由へと変わる[66]。世への否定が犠牲への自由になる。世からの自由が世への自由になっている。ただ自己の生の他者への帰属という点だが、ガラテヤ2,20などでは、自己の生はまずはキリストに属す。というより自己の生がキリストのそれと別ではない。たとえキリストを信じてのことであれ、自己の生が他者に属すとの理解は疑問を感じる。この点は信仰を罪の赦し中心に受け取るか否かという問題とも関連する。属す属さないの問題ではない。そういう考えが生じるのは二元・相俟つ（あいま）という関係が基本であるからであろう。二即一という事態は存しない。こういう面は、彼が自己方向づけのカテゴリーを集合体対主体への眼差しで一貫して考えている[67]点にもうかがえる。この点は神と人とが二元・相俟つ関係であることと必然的に関係する。だが別の問題も生じる。つまりパウロは「生きるにも死ぬにも、わたしの身によってキリストが公然とあがめられるようにと切に願い、希望しています。」（フィリピ1,20）という。これは神への愛と人への愛とは同じとはいえ、いつもこれら二者が合致するとは限らないからであろう。他者へ属すという考えだと、他者は罪から自由な存在ではなく、そういう存在の罪的在り方へと一体的な方向へと引きずられる一面が出てこよう。たとえこういう問題があるにしろ、彼は歴史への責任の具体的、世俗的行為の様式において宗教的、道徳的再建を見ている[68]。歴史への責任などとパウロはいっているか。この世界は過ぎ行く世界なのでキリスト者が特に歴史に対して責任ありとは思われない。人は二人の主人に兼ね仕ええない。神か世界かである。世の光であれ

とはいうが、世への責任とはいわない。こういう点で二者択一的であることは個人的体験が重い意味を持つことと呼応する。もっとも主の名による助けは、人が神の無力を神の自由の条件として理解する場合にのみ生じる[69)]ことは人が無に至っている場合を予想させる。世ではキリストが無力だったことをキリスト者が学ぶことを指す。主の死、復活が人にとって慰めであるには人は主と同じ状況にあることが必要である。即ち世では無力なのである。

彼は信仰の前提としてのシュライエルマッヘルなどによる人における宗教的アプリオリを拒んだ[70)]。彼の非宗教的解釈にはそれはむしろ障害であったからであろう。「13世紀に始まった人間自律という方向での運動は我々の時代である完成へ到達した。学問的領域でと同様に一般的、人間的領域でも神はますます生から遠く押しのけられ地盤を失っている[71)]」。「我々はもはやいかなるものも崇拝しない。その点で我々は実際ニヒリストである[72)]」。こういう言表にはニーチェでのいわゆる背後の世界の崩壊と類似のモティーフがあろう。ただ彼が伝統的キリスト教の中に生きていた人だけに、伝統的なものの否定の上での信仰問題の浮上とはなってはいないとの印象も避けがたい。つまり伝統的キリスト教への批判をどれだけ媒介しているかという点からは、時間的にはニーチェより後だが、即事的にはニーチェ以前との疑念も生じる。仏革命がもたらし、その危機を現代人が体験している新しい統一は西洋の無信仰だが、これは神実在の理論的否定ではなくそれ自体神への敵対からの宗教である[73)]。神と人への敵対的な無であり、存続するものの脱落としてあらゆる反神的な力の最高の展開であり、神としての無である[74)]。何が残るかとの問いに対しては唯一の答えがあり、それは無の前での不安である[75)]。こういう無の理解は彼固有ではなく、西洋の精神史の行きついたニーチェによる哲学、宗教、倫理の批判やハイデッガーによる実存分析に見られる共通な要因であろう。

しかし人には罪、死などの弱さがありそういう点から使信を受け取るほかあるまい。さもないと人間的強さが無の媒介なしにそのままキリストへの従順、奉仕へ持ち込まれはしないのか。ただ弱さという契機を東洋の無まで徹底、深めないで、隙間を埋めるような存在として神を受け取ってはならない。彼が批判するのはニーチェ同様に弱さの認識の不徹底なキリスト教理解であろう。人

の心配、憧れと関わる形而上学的超越概念としての神を死の限界の此岸での贖いへの信仰でもって食い止めるべきだと解される[76]。だがそういう信仰とは何か。正しい、つまり聖書で啓示されたものなのか。彼は背後世界的であるな、強くあれと解される[77]。背後の世界を信じるような人間であるなとの意であろうが、キリストを信じるとはそういう一面を含むのではないか。信仰の不可視な側面を直ちに背後的世界と受け取ること自体問題であろう。これはひとえに彼でのルター的個人的体験の欠如より由来する。ただ神の前に一人で立つことと交わりの内にあることとは一であると解釈される[78]。確かにそうであろう。だが交わりの内にあるとは多様でありうる。キェルケゴールのような在り方も交わりの内にあると考えなくてはなるまい。民衆から疎外されたイスラエルの預言者もそうであろう。さらにはイエス自身が疎外されたのであった。そのことがとりもなおさず交わりの内にあることだった。かくて交わりの内にあることは時所位により多様である。決して一義的には決められない。この点注意が必要である。彼自身もそういうキェルケゴール的立場に理解を示すとされる[79]。個人に対してきわめて強い信仰を求めている。人には各々のタラントンがありはしないのか。良心の弱い兄弟をつまずかせてはならないという（第一コリント 8,7 以下）。そこで一人でいることのできぬ弱い者に交わりを避けよとはパウロはいうまい。愛を説くことと矛盾しよう。ところで「背後的世界」的であるなとは反対のこととして世界の中では弱くなれ、そして神を主たらしめよと考える[80]。彼岸的な誤った慰めで強くなることに反対なのであろう。そこから弱くなれとなるのであろう。つまり強くなれとはそういうものを支えにするなとの意である。それではキリスト信仰でなくなりはしないのか。パウロも「弱いときにこそ強い」（第二コリント 12,10）という。ところで、ローマ帝国時代に多くの信者が殉教したが、世の光であれとは彼のようにナチスに対して反対運動をすることをいうのか。確かにパウロは弱くなれとはいわない。背後的であるな、強くあれとは人間的な強さを意味しよう。そのことは裏返せばそういう仕方で強くなることの反対、即ち弱くなることへ通じ、ここから神を主たらしめて強くなることが生じる。かくてここでは人間の強さと神を主たらしめることとは一の事柄となろう。しかし人間の側でのイニシアティブが感じら

れる。また人間的弱さが信仰によって強さへ逆転するという逆説は存してはいない。

哲学の限界はそれが奪おうとした領域がすでにキリストによって占領されているという認識によって認められている[81]。神学的思考もまた生けるキリストの人格を包みえない[82]。体系的思考はキリストに限らず生ける存在を把握しえないのは当然であろう。概念の中への取り込みに反対なのであろう。「知的な業による義[83]」に反対である。そのことが行為重視の考え[84]に繋がるのであろう。思考による義を退けても行為による義の危険が生じよう。もっとも行為重視とはいえ、人がある原理に基づいてではなく、そこにはただ命令と従順のみがある[85]。もしそうなら行為による義には陥るまい。作業仮説としての神の捨てられた状況で心配な人々へは知的正直を犠牲にしても神のために不可欠な場を留保する[86]。不可視的領域へ厳しいばかりなのはやはり根本的には個人的体験の欠如が原因であろう。自律的な論理的辻褄合わせは捨てねばならないが、それは逆に現世的なものへの深入りであってはならない。十分に知ることは終末までは人には与えられない。それ以前の段階で知的完全を追求するのはかえって知的完全の犠牲と共に信仰の犠牲を意味しよう。神が作った隙間を人間の言葉で満たしてはならない[87]。正しい解釈であろう。隙間という考えは事実自体の中に神がいると考えるからであろう。そうではなく神の見守る下で人はその自由意志によって神の意志に合うことも合わぬこともすると考えれば、隙間という発想は生じまい。

ボンヘッファーは実存的問いを福音の弁護のために利用するのを神を deus ex machina として機能させるとして拒否した。しかし罪、死という契機も人の弱さだが、これを徹底させないとキリストとの出会いに至りえない。弱さからは作業仮説としての神という考えに至るという発想自体が問題であろう。それが唯一の到達地ではない。ヨブのようなところまで徹底すると、そこから作業仮説ではない生ける神、キリストへ至りうる。作業仮説的神は人によって構想された神であり真に生ける神ではない。そういう神はヨブでは捨てられている。三人の友人による神はあるいはそういう神であろう。さらに、回心はキリスト教による自我的問いの上に立つ宗教的解釈からの転向と現世的、非宗教的

解釈とである[88]。つまり弱さによるキリスト信仰は来世に希望を置いたりするので、こういう判断になるのであろう。現世的とはキリストに従うことなので世の苦しみに連帯的となろう。作業仮説的神では、例えば十字架のこと、即ち一つには神の苦しみを世界の中で真剣に受け取る回心、二つには十字架の言葉が我々の望みを満たすべきだという要求にとっての愚かさである（第一コリント1,18）こと、三つには赦しを通して生への新しい権利を受け取り、それを与えることにおいて働かすことなどは忘れられる[89]。だがパウロは先の個所でギリシャ的な知恵との対比でいう。ボンヘッファーでは作業仮説的神は人の望みを失望させる神を打ち殺し、神を十字架へとせき立てる[90]。ヨブの友人などはこういう考え方に属すであろう。こういう考え方はパウロの場合と同じことをいっているのか。十字架の言は我々人間の要求との関係でいわれているのではない。神自身の判断によることである。人の望みとは無関係である。神自身からのことなので、人の知恵には愚かに見える。人の望みとの関係で十字架の言を考えるのは人間中心的に考えることを意味する。

　いかにして神の意志と人間の自由とが一致するかに関して事実自体の中に神がいると考える[91]。彼が極めて現実的に思索していることが分かる。こういう考えはしかし特別のものでもない。一般的にいえるであろう。ただ旧約では、神の意志と人の行いとは一致しないのがむしろ一般的ではないか。ハーモニーの世界ではない。ハーモニーに考えることはヘブル的というよりギリシャ的に考えていることを示す。もっとも必ずしも内容が一致するのではないから、そうではないのかもしれない。しかしたとえ神の管轄下で全てのことが生じても、事実自体の中に神がいるとまで神の意志をいわば受肉化して考えてよいものか。汎神論的になりはしないのか。神は全能によってではなく弱さと苦しみとによって助けるという点がキリスト教と他宗教との決定的相違であり、世俗的解釈にとっての出発点である[92]。確かにそうもいえよう。しかしあまりにも理路整然すぎではないのか。全能と弱さ、苦しみとは二者択一でよいのか。復活は全能たることを示す。弱さの裏には全能がある。全能即弱さ、弱さ即全能。二即一の弱さ、全能によって助けるのではないのか。全能は人の目には隠されている。今の我々には知らされていない。終末で知らされる。かくて弱さば

かりへの注意は当人の目が可視的世界に留めつけられていることを示す。これこそ問題であろう。

　こういう事態と一のこととして彼のいう成人することがある。我々を助け出す神に幻影的に依存するという頼りなしに、偉大な人の力を我々が責任を持って使用することを意味する[93]。要は自力なのか。神を信じることが幻影的依存とはいい過ぎではないのか。不可視の力を信じることは信仰には不可欠であろう。彼では結局信仰は問題外になってはいないのか。カントとは別の意味で理性の限界内での宗教となってはいないのか。彼はナチス支配下でもあり世界を神なきものと見て、成人した世界を考える。一方でキリスト教の伝統下に生きており神への信仰を捨てえない。そういうジレンマの中にある。かくてどちらかを捨てればジレンマは解消する。だがそれはできない。成人した世界の中で生きることを神自身が求めている。いわば逆説的状況にある。キリストの十字架は確かに世界の世俗性、反神性を示す。しかしたとえそうでも世界が神の創造による以上、神の隠れてしまった世界と見てよいものか。彼はこういう方向へ行き過ぎであろう。神を信じる以上、たとえ何があろうと神を信じることは外せない。彼のように考えると、かえって人間の形而上学となりはすまいか。たとえどんな状況になっても現実の世界がなおかつ神の摂理下にあるという信仰は外せない。ヨブはそうであったであろう。だから苦しんだ。ボンヘッファーのように考えると苦しまなくてすむであろう。これでは神と共に苦しんだこととはなるまい。基本的にいって苦しみは排除されている。ヨブとの比較でいえば、彼では見捨てる神が助ける神であるにしろ、あるいは反対に後者が前者であるにしろ、イエス・キリストという仲保者の介在があるので神を見失ってはいないという事態が根本的には存する。神を見失っていない以上、ヨブのように人の側での全てを捨てるところへは至りえない。ヨブは神を見失っている。見えなくなっている。そこで人の側での全てのものを脱落させて神を信じるしかない。この点がボンヘッファーとは異なる。神を見失うことは自己をも見失うことである。そこで自己の側の全てを放擲してただただ神を信じるところへ至る。かくて人の側での全てを脱落させた形での信仰に至るにはキリストの存しない、見えていないところからキリストへ至るという経過をたど

ることが不可欠であろう。パウロの場合キリストのいないところからキリストへと至る。

　次に、良心という問題について。彼によると、良心、悔いという観点から自己統一を図ろうとすることが自己にとって異質なことだと思わせることが神と対決している人間の努めである。たとえ内容的には自己統一とは反対ではあっても、自己で自己を処置しようとすること自体に変わりはない。しかしヨブの場合にはこういう契機すらも絶え果てている。ヨブやパウロの場合のようないわば自己—異化(Selbst-Verfremdung)という事態は自分が正しいとしていたことが奪い取られることにおいてしか生じえない。ボンヘッファーでは、山上の垂訓に従うことで彼らの場合ほどの異化は生じなくはないのか。良心は罪人の内での神の声ではなく、この声への防御である[94]。同じ個所でアダムが堕罪後に自己を神の前で隠すことを良心と呼ぶ。彼は良心の宗教としてのルターの宗教に反対である。このことは個人としてのルター的な体験の不十分さと関係する。パウロは霊と良心とが神の義を証しする(ローマ 2,15、8,16)という。少なくともここでは良心はボンヘッファーでのように神の声への防御ではない。そして良心の限界について、良心は人を絶望の中へ追いやりえても、それは自己自身への最後の取っ掛かりなので良心において自己の死を望みえない[95]。確かにそうであろう。これもまたルターのような個人的体験の欠如と関係していよう。同様に罪の何たるかの認識はキリストでの神の言の媒介によってのみ存し、この認識は矛盾する良心を無視する[96]。だがいかに「神の言の媒介によってのみ」とはいえ、人の側に何らかの取っ掛かりが必要であろう。それが良心である場合もあろう。神は人それぞれに応じて人を導くから。良心を単に人の側での働きと見るのでそうなるのであろう。誘惑においてキリスト自身が人の良心を殺し、再び信仰を与えない場合には人はキリストを失う危険の中にある[97]。彼によれば良心は人に属すので、人を結果的に信仰から引き離す働きをする。ルターでも良心による反省によってキリストから離され地獄に落ちることが生じる。このように同じ契機はありつつも、そこから道が分かれるのであろう。ルターは合一神秘主義へ。ボンヘッファーはキリストに従う行いへ。個人的体験の有無、あるいはその性格によって分かれる。

もっとも自己自身の悔い、信仰ではなく主キリスト自身を見よというルターの警告を取り上げ、キリストを見いだすため自己反省する限りそこにはキリストは存せず、現実の誘惑において良心はキリストが人を殺す場所たる限りで神の声である[98]。ここでは良心の限界と良心が神の声が聞かれる契機となる場合とに触れている。主に至るための自己反省はなお自己中心的なのであろう。ルター自身は個人的体験を経てそういう境地へ至る。ただ合一神秘主義との関係はどうなるのか。これはすでに自己反省を脱して主のみを見ていることと一の事実なのか。しかし罪と義との交換という事態ではとてもそうだとは思われない。ボンヘッファー自身はルターでのような個人的体験なしにルターのいう主キリスト自身を見るという境地へ至ろうとするのか。それではしかし救済史的になって主と自己とは分離したままであろう。ところで信仰によってキリストの将来が勝ち得た人間は日毎キリストの死を死なねばならず、死が彼を攻撃すればするほど過去の力は人間をますます強く攻める[99]。ボンヘッファーの置かれた状況を考えるとまずは社会的なことを指すのであろう。だが個人的な面は全く度外視とも考えにくい。ローマ7章でのような事態も少なくとも無意識のうちに合わせ考えられているであろう。私的と集合的ということとを一とする考えからもそうであろう。かくて彼にルター的、個人的体験はないともいいきれまい。先の引用での事情はルターではほぼそのとおりであろう。しかしパウロではどうか。死が彼を攻撃するほどというがローマ7章は攻撃される様子を表してはいない。自我崩壊しており、攻撃される拠点はすでに失われている。ルターやボンヘッファーでは自我の確立が信仰と一なので、そうではない。イスラエルにとって出エジプトの体験が救いの原点であったように、個人にとってもそういう意味合いを持つ原体験が必要であろう。たとえその後にその体験から心が離れてもいつもそこへ帰って自己の救いを確かめうる体験となろう。イスラエル民族はたとえ何があろうとも、出エジプトの出来事がありいつもそこへ帰りうる。それとちょうど同様に個人にも特殊なキリスト体験ともいうべき出来事が不可欠だと思う。かくてこそ当人の人生で何が起っても、その体験へ帰り行きうる。その場所において自己の信仰を確かめうるのである。

ともかくヨーロッパの精神史的背景があって彼のいう成人した世界が考えら

れている。ところで成人となる(muendig werden)という語の使用は彼のカント理解に由来し、未成人(Unmuendigkeit)とは他人の導きなしには自己の悟性を役立てえない無能力のことである[100]。かくて成人たることの特徴は彼にとって答責性(Verantwortlichkeit)である。自己自身の口でもって、後見人なしに、人生の自律的な種々の地平が立てる問いに対して答えるという成人のもつ不可逆な義務と能力のことである[101]。近世以降の理性の自律によって人間はこのように成人したが、こういう特徴を有する人間世界でキリスト教はどういう形で存しうるのか。「我々が成人となることは我々を神の前での我々の状況のより誠実な認識へと導く。我々と共にいる神は我々を見捨てる神である。神の前に、神と共に我々は神なしに生きねばならない。キリストはその全能のゆえにではなく、彼の弱さ、彼の苦しみのゆえに助けることはマタイ 8,17 で明らかである[102]。」と考えるが、ここには重要な問題が潜む。即ち成人となるとは人の自律からの帰結である。ところでイエスが弱さゆえに我々を助けるとはいえ、当時現代におけるごとき成人となるという契機が存してはいない。かくて彼は成人となるという契機からの問題を短絡的に解決しすぎてはいないのかという疑問を禁じえない。終末論的思想を背景としている状況での弱さと現代でのようにそういう思想自体が力を失っている—このことも成人となることの内に含まれる—状況での弱さとでは自ずから異質であろう。もっとも彼自身は伝統的信仰の中に生き、終末すら信じており、イエスの時代と現代との相違をそれ本来の重さにおいて尊重していたであろう。ここにはいわゆる非神話化の問題をも考え合わせつつ解決せねばならない困難な問題が伏在している。いずれにしろ近世以降の理性の自律という契機を彼なりに成人になることとして捕らえつつも、結局彼自身はルター以来の伝統的信仰、神学の中に留まりつつ考えているため、そういう問題を真に解決できていないという印象を受ける。イエスの直弟子と現代の我々との間におけるイエスへの関係の相違に関していえば、結論的には当時の人も我々もイエスをその言葉と命令において信じている点では同じである[103]。こういう点にも先に述べた問題点が出てきている。さらに十字架の神学と成人した世界とを強く結合して、我々と共にある神は我々を見捨てる神であるが、神の前に神と共に我々は神なしに生きている[104]。こう

いう言表を聞くと、神は信仰ある者を慈しむ、あるいは義より愛の大いなる神という理解がいわば裏返しにされた、一種の反動であるかのような印象すら受ける。かくて根源的には信仰ある者を神は慈しむという人間主義的色彩を払拭、脱却していないのではないか。脱自的納得ともいうべき契機の欠如から、こういう逆説的言表がなされているのではないか。

　もっとも、彼は神学的に辻褄合わせをする考えを支持してはいない。創造する神の後ろへ遡りうるような問い、創造のなぜ、神の世界計画などへの問いは存しない[105]。神の天地創造以前を問うことは神を信じないこととなるから。そのとおりであろう。しかしこういう考えはルター的考えからも出てこよう。栄光の神学の否定である。またもし神がその本質に関する教義の中へ自己を結びつけるなら、神はこの教義の中に存在し、理解され、人間的体系の中へ秩序づけられる[106]。神学的に体系的になることは真の信仰とは異なる。そういう点では聖書的な本来の信仰に近づく。さらに、超越論的思考は対象化、有限化、教義化を避けるには神が存在するとはいえず、真理は超越に関わる現象（活動）自体の内にのみある[107]。確かにこういうことはいえよう。ただこういう考えが聖書に合致するか否かは別問題である。例えば「わたしはある。わたしはあるという者だ」（出エジプト 3,14）という考えと合致するのか。ここでは人格的な神として"あるという者"とはっきり神自身が語る。現象（活動）事態の内にのみというのも結局一種の哲学であろう。かくて彼の考えでは人が宗教哲学的に考えた世界の中へ取り込まれた限りでの神となろう。しかしそういうものは神ではなくはないのか。西洋的世界が聖書的思考との比でいえば人間中心的な一元的世界であることが顕わになる。ただ抽象的神概念と擬人的表現とを比較すれば、後者において人が神を考ええないという事実が表現されている[108]。これは聖書の考えに合致する。神の世界と人の世界との断絶が前提で初めて生じる考えであろう。出エジプトでの神の固有名詞もそうであろう。啓示によって神は存在する。にもかかわらず現象（活動）の内にのみとはいかがなものか。神の非対象性から神を認識する自我、即ち信仰の非対象性が結果する[109]。神は確かに非対象的でも信仰での対象はキリストなので十分対象的である。聖書の中でも信仰を論じる場合、それは対象となる。否、それのみが対象となるといっても

過言ではない。もっとも観念論的な自我は自己を究極的に存在するものと自称し、自己を自己の創造者としうるという考えに関連するが、わたしはあるという者だとは存在論的には神概念にとってのみ意味がある[110]。ここでは存在論的には、神概念としてはあるという者を彼は認める。かくて神は存在するものと信じているのであろう。すると超越論的に考えられた神概念とは異なろう。この点はどうなのか。超越論的と存在論的とに分けて考えること自体が無理であろう。それ自体が人の理性による構成であろう。啓示を信じる立場からは、そういうことに意義を感じる─感じればこそそうするのであろう─こと自体に問題があろう。分けて考える境地を通り過ぎていわば素朴に信じるところまで論理整合的（哲学的）に考えようとする意識を脱落させない限りキリスト信仰にはならないであろう。

　以上において、ボンヘッファー、ヨブ両者の解する世界について前者での神なき世界、成人した世界に対する非宗教的解釈、隙間を埋めるものとしての神理解への批判、個人的体験重視の否定、さらに良心の理解の仕方などを、後者での神なき世界においての自己の側での全面的放棄という立場との対比において取り扱った。

　　　（4）
　ボンヘッファーで見られる、安価な恵みへの批判としての高価な恵み、神の啓示による神の命令への服従という人の側での知恵の創造などをヨブでの自己の義を捨てて神を信じるという最後の態度と対比しつつ考察する。
　まず、人がもはや自己を見ず外から来た救いを見ることは信仰の贈物である[111]。どのようにしてそうなりうるかが問題である。この点にも関係すると思うが、自己自身の生の力への肯定が神自身の贈与への答えとして解釈、表象されるが、そういう贈与では人の限界が現存在の中心を通っている[112]。人の側での生の力が神の側からの事柄と一体的に解される。人と神とのいわば二即一的事態をいう。ただ解釈する(interpretieren)、表象される(vorgestellt werden)というごとく人の側での能動的作用が間に入る。これに対してパウロでの「キリストがわたしの内に生きておられるのです。」(ガラテヤ2,20)ではそ

ういう作用は間に入っていない。ここに真の二即一が存する。ボンヘッファーでの事態はこれに比すれば二即一ではない。二元・相俟つという方が適切であろう。さらに「答えとして」という点も問題である。答えるという人の側での働きであるから、ガラテヤ2,20では答えるという働きをする主体はもはやありはしない。また贈物(Geschenk)となると、それを受け取る主体たる人の存在が不可欠となろう。かくてやはり二元・相俟つこととなろう。さらに贈物という以上、贈り主の存在が考えられ、これも二元・相俟つ事態を示す。信仰に基づく行いについて、たとえナチスの非人道的政策への反対運動との性格があるにしろ、自己放棄、自殺的行為という評価を受けたり、自ら信仰の奇跡と表明する[113]のはどうか。ガラテヤ2,20のようなところへ至りえているのかと感じさせる。もしキリストが内に生きていれば、もはや奇跡ではない。ヨブのような個人的体験が欠けているからではないか。人が置かれた状況を信仰が可能であるような状況にするのはイエスの召しのみである[114]。確かにそうであろう。だが召しが召しになりうるには例えば伝統なりの背景が必要であろう。かくて厳密には"のみ"とはいえない。「個人的体験を経て」か「伝統」かのどちらかが必要であろう。だがイエスの召しに従うことが分かるにはキリストと自己とがどこかで触れ合わなくては無理である。さもないと頭上を通り過ぎてしまうから。彼では初めから社会的、倫理的傾向が強く、個人としての体験が不十分であると思う。彼は牧師ではあるし、レビ(マルコ2,14)のところに自己を位置づけたであろう。無前提で従った。とはいえヨーロッパのキリスト教の長い伝統が背景にあろう。ただ彼にとってイエスその人が重大とはいいきれなくはないのか。伝統の中でのイエスであろう。つまり伝統優先になりはしないのか。そうならぬためには個人としての苦悩を経てイエス・キリストの許に至る過程が不可欠であろう。パウロ、アウグスティヌス、ルターなど皆そうである。こういう点で見る限り、彼も救済史的に考える結果になっていよう。個人的体験が前面に出てこない限りそうであるほかなかろう。宗教改革とは原初である聖書自体へ立ち返ることだが、それには個人的体験が不可欠であろう。

　人はキリストの内にあるので、自分の罪も死も見ず、自己自身の信仰をも見ず、ただキリストを自己の主として見る[115]。たとえ基本はそうでも、ローマ

7章では、自己をも見ていることは明らかである。ここでもキリストの内にあるとはいうが、わたしの内にキリストがとはいわない。悪い意味ではないが、自我という点が障害になっている。神の言が人のところに来る、それ以前ではなくそれ以後でもない、荒野での天のマナは蓄えられない[116]。また同じところで神の言葉はただ信仰の行いの内にのみあるという。抽象的な理論の中にはない。そういう点では正しい。ただ十分な個人的体験を経ていない場合、行いの重視は律法的になっていく危険があろう。やはりわたしの内にあるキリストからの行為でなくてはならない。もっとも個人的体験が背景にあると思わせられる発言もある。例えば悔いも自己自身への最後の取っ掛かりではなく、赦しへの信仰の内での悔いであり、日毎の悔い改めの意味でキリストにあっての自己発見である[117]。しかしこれはヨブでのように自己の全面的否定へ通じるものではなかろう。この点は次のサクラメントについての発言にもでている。触覚の感覚的感情の構造が個人に対して精神的、身体人格的に向けられた賜物と課題を確かめる[118]。確かにこういう面はあろう。だが不十分である。霊は不可視的次元のことである。それを可視的次元のもので補足するのは基本的に不可能である。啓示が宗教的体験と解され対象性へ高められると、神は体験の人間的体系へ秩序づけられ、実存は出会われないままである[119]。啓示とは即ちイエス・キリストである。かくて対象的であることは明らかである。この人を見よなのだから。体験として対象的であることと人間的体系の中へ神が秩序づけられることとの一対一での結合が正しくない。ガラテヤ2,20でのような発言は体験に基づく。しかし体系的ではない。神は啓示において人が自己自身を理解する行いの内にのみあり、人の意識の神表象は神自身ではない[120]。確かにそうである。意識の中に神は存しない。キリストの出来事の内に存する。だが啓示、行い、意識などを各々分けて考えるのは正しいのか。その中で自己理解の行いのみを重視するが、たとえそれが聖霊によるにしろ人の活動である。そこで啓示自体の中に神はいるとした方がより適切ではなかろうか。この場合の啓示とは受ける側の人をも含むが。こういう考えは霊と体と心とを分けて考えないことと呼応する。

　もっとも、人は信仰において自分が死へと与えられているのを見、自己の内

でキリストが死と格闘するのを見る[121]。ここではキリストが内でと解されている。信仰の一般的在り方として正鵠を射ている。問題はキリストが全存在として彼にとって代わっているのかである。この点は、自我は神の力に自由に身を任せその自由を神に引き渡すという評価[122]のうちにも現れる。神は自己自身のためではなく人間のために自由であろうとし、我々も神のために自由である[123]。神は人のために自由というが、第一には神自身において自由である。人のことはその次のことである。先の考えだと人間中心的になりはしないか。救済史的考えは結局そうなろう。ただ神はその都度主体であり、神による実存論的な信仰の行いによってのみ、その反省においてではなく、神は存する[124]。だがここでも行いが強調される。啓示、意識、行いは一体的であろう。「御自分が正しい方であることを明らかにし」(ローマ3,26)とあり、人のために自由とはいえなくはないのか。いわばルター的信仰義認論がこういう点に現れているのか。一方でボンヘッファー自身はルターのように個人的に苦悩して後キリスト信仰へではない。ここには何か矛盾が感じられる。神との関係での自由であるから、自由は自分のためではなく他の人々のためであろう。自由は人間の質、対象的なるものでなく、一つの関連であり、人は他者との関連においてのみ自由である[125]。確かに他者があって初めて自由を考えうる。しかしこれは自我前提ではないのか。我と汝、あるいは我とそれという具合に。自我崩壊での自由とは他との関連においてではなくそれ自体としてのものであろう。二十四時を使得するとか随所作主ということでもあるのだから。それに対しここでは二元・相俟つことが前提であろう。

　そこで逆に考えると、たとえヨブの最後のような状況にあっても、罪の意識を第一に取り上げれば人である限りそこから自由ではありえず、どこまでも罪意識に悩む状況が続く。嵐の中に神の声を聞くのはただ罪の赦しを聞くのではなく、神と人との間の赦す者と赦される者という対立の関係をも断ち切ったところでの聞くという事態であろう。浅い、深いという点からはどちらが深いとはいえない。ただいえることは、いつまでも対立者の構図であっては聖書的ではないことである。そういう在り方を超えた一面が存している。

　次に、よきサマリヤ人の例を見ても愛はそれ自体が目的である。にもかかわ

らず彼には人による愛の実行を神がその意志の手段として利用すると考える一面が見られる。しかし愛の実行では人はその罪性を行動に移してはおらず、当人は手段へとおとしめられる必要はない。こういう神観はやはり聖書とは異なっており、人の理念的構成によろう。人の自律性という要因へ属す事柄であろう。キリストが全体的人間にとって限界であり、理性は従順の内にのみ受け取られうる[126]。同じ個所で神は対象にならぬが、キリストが理性にとり限界だとされる。ということは啓示を信じており、この点で見る限り正しいキリスト信仰である。同じ個所でカントの考えでは結局理性自身が自己の限界を設定しているとされる。しかし先のような愛の理解を採用した場合、キリストが限界といってもそこでのキリストは真の啓示としてのキリストか否か疑問が生じよう。この点は"わたしはあるという者だ"(出エジプト 3,14)としての神の理解が元々あいまいであることと関連する。そういう神が明確にあって初めて啓示のキリストもありうるから。この点が明確でないところでのキリストは結局理性の中へ取り入れられたキリストとなろう。理性に対しての独立性を持ちえない。

　我々はキリストの形、受肉し十字架にかけられ、復活した主の形に同化されねばならない[127]。パウロは「ねばならない」といっているか。ガラテヤ 2,20 ではある意味で完了している。そこでそういうことはいわない。完了とは完全無欠に出来上がっているとの意味ではなく、自我崩壊で今後形づくられていく体制が出来上がっているとの意である。そういう意味で完了である。かくて完了の未完了である。ボンヘッファーではこれに対して未完了の未完了となりはしないのか。このことは以下で述べる例えばルターでのような内(教会)の外から内の内への移行の欠如と呼応する。だがイエスに人の自己形成のイニシアティブがある。これは自我崩壊した後の信仰の在り方を示す。時代への適合とキリストへの服従との一致ということは時代的状況を考えると分からなくはない。また聖書での現実的な考え方からしてもそうである。だが同時に世のものは全て過ぎ行くという感覚も強い。こういう二面性がある。直接に結びつく面と相反した面と。個人的体験が不十分だと前者の面が強く意識されよう。カントでのように。ボンヘッファーにもそういう傾向がありはしないのか。しかし

たとえナチスに従うことは神に背くと考え、命を捨てるのも覚悟で抵抗運動をしても、そうすることはその当人の正しいとの判断でもあろう。そういう意味ではヨブやパウロのように自分が正しいとする判断さえも奪い取られているという事態は欠ける。この点はしかしキリスト以前とキリスト以後という救済史的な置かれている状況の客観的相違からの結果とも考えられよう。だがたとえ救済史的な世界の中にあっても罪、死を経ての個人的体験があれば、そういういわば一種の枠はそれによって突破されよう。そこでパウロのように信仰の外から内へ入ったのと同じ事態となろう。かくて個人的体験の有無が一番の要点となる。罪、死に苦しむことは神を信じない、自分のそれまでの間違った生き方を認める結果になる。このことは信仰の外から内へ入ることである。これに対して個人的体験が欠けると、当人は端(はな)から内にいると思っている。ここでは一定時期までの自己が間違っていたという認識はない。ボンヘッファーの場合もそうであろう。アウグスティヌスやルターではそういう認識があろう。今現在罪、死に苦しむ場合を考えると、当人が宗教的世界にあれば、時と場合によってはパウロのように殺人を犯す事態を招きさえしたであろう。そういう意味ではパウロの場合は極端な場合といえよう。内（教会に所属）にあっても個人的体験欠如なら外にいるのと同じである。内の外である。内の外から内の内へ移るのも外の外から内（の内）へ移るのも基本的には同じであろう。罪、死の苦しみの欠けた内の外とは個人的体験がない場合いつまでも内の外のままである。ただ内の外から内の（内）へ移る場合も、アウグスティヌスやルターのように回心前は自我が崩れる方向へいっている場合とパウロのように自我が主張されている場合とがありえよう。

　ボンヘッファーは自分から世俗を良心的理由（反ナチス闘争）から断念するが、これは自己の心の内面からの結果としての行為である。これに対してヨブは律法に従えば神の祝福を得ると信じている。ところが反対の結果になる。そこで良心自体が窮地に追いやられる。一方、前者はおそらく自分から断念したのだから、断念についても納得がいっているであろう。ヨブはそうではない。こういう点からは、前者ではたとえ種々のこの世のものを断念しても、心の統一が奪われるという契機は欠ける。ヨブにはこれがある。これこそが唯一最大

の問題である。かくてヨブにあるこういう問題はボンヘッファーでは欠ける。このことはヨブでは神自体がいわばヨブの敵となるという要因があることに呼応する。前者ではナチスは反神的性格の存在であろうが、神自身までが彼の敵になる事態には至らない。このことはもとよりイエス・キリストの存在によるのだが、それだけキリストによって人は救われている。キリストの存在によって神が敵になることはなくなった。逆に安価な恵みという事態が生じた。彼の場合には当人のいうように高価な恵みという考えになる。これはヨブのように神との格闘を経て後到達した境地である。しかし最初からキリストを見て知っているのと反対にそういう存在なしに神と対決するのとでは大いに様相が異なる。仲保者なしだと本当に人の側での全てが捨てられるところまで達しない限り神には至りえまい。一方、仲保者があれば、最初からそれが視界に入っており先の場合と逆に人間的次元のものが残ったままの可能性がある。ボンヘッファーの場合にも、良心的次元の事柄がルター的意味では尊重されない点を見るとそういう要因がありはしないかと思う。そういう点からは、彼といえども彼自身が批判する安価な恵みという要因から全く自由とはいいきれなくはないのか。キリストに服従することに関しての人の自主性を残しているところが見受けられよう。これはよい意味での"自我"ではないかと思う。

　従う過程で高価であるのではなく、キリストの許へ達するまでに多くを払っており高価なのである。畑に隠された宝(マタイ 13,44)のたとえもそういう事態を示す。このことは罪、死との争いでの個人としての苦悩が不可欠たることと呼応する。かくて高価と安価とを対決させるまでもなく、キリストの許に至るには高価以外の道はないのである。そこで安価と恵みとを結びつけること自体正しくはない。形容矛盾である。

　さて、いわばシステム化された恩寵たる安価な恵みに対して、彼の提示する高価な恵みは大切である。まず前者を批判。「安っぽい恩寵は教義、原理、システムとしての恩寵を意味する。この教義を持つ教会で世界はその罪の安っぽい覆いを見いだす。安っぽい恩寵は生ける神の言の否定であり、神の言が人になることの否定である[128]」。従来の機械的恩寵論を批判してペテロの例を挙げ服従がイエスを主とすること、つまりどれだけ服従するかでどれだけイエスを

主と信じているかが決まると考えている[129]。しかし服従を強調すると、禁欲的に服従したり、さらにそうしてかえって傲慢の罪に陥りはしないかとの疑問が生じる。ところで「恩寵が高価なのはそれが業を免除されているからではなく、服従への呼びかけを無限に先鋭化したからである[130]」。ルターによる高価な恵みからその弟子たちによる安っぽい服従なしの恩寵が生じた[131]。ルターにとって恩寵の認識は彼の生での罪との徹底した断絶であり、決して罪の義認ではない。恩寵の認識はルターにとりその都度決して人間的なものではなく、神による結果であった[132]。しかし彼のように服従を強調すると、完全な服従は不可能である人間にとり義認は一体どうなるのかという素朴な疑問も生じる。服従優先だとどこまでいっても義認はなく、常に新たに服従しつつ、罪との戦いの中で悪戦苦闘するという弁証法的な側面ばかり強調する結果にならないのか。人は外面的に何かを捨てても内面的にそのものから真に自由とはいえない。そのものを捨てる代わりに、別のものに価値を置く結果になる場合もあろう。キリストに従うことの価値、意味が真に分かって従う点に、人間の全的否定を媒介した信仰がある。もっともこの場合、分かるといってもそれは信仰を自分の方に引き入れて、あるいは引きおろして従来の古き自己に分かりやすくして分かることであってはならず、従来の自己を脱いで——脱ぐことの具体的契機が何であるかは自ずから別問題である——脱自的に信じる仕方で分かるのでなければならない。これに関連して「目標は服従であり、この場合における道が自発的な貧困である[133]。」における自発的(freiwillig)ということの意味がもっと究明されねばなるまい。彼は「行為は神の律法に対する唯一の排他的態度であり続ける[134]。」という。しかし同時に彼は信じる者が従う、従う者のみが信じているという二つの命題はただの並列なら、正しい信仰にとってつまずきとはなりえないが、片方だけでは大きなつまずきにならねばならない[135]と考え、両命題に同じ比重を置いており、簡単に行為が優先されているのではない。第一のみでは信者は安価な恵みの危険にさらされ、第二のみでは業による救いの危険にさらされるという。だが片方だけの邪道に落ちないためにはヨブのように人としての無を経ることが不可欠であろう。

　ところで、イエスに呼ばれた者はまずそこでイエスを信じられる状況へ移る

べきだと考え例としてペテロの水上歩行[136]を考える。だがその行為はすでにイエスを信じていたことを意味し、したがってその行為より脱自的なイエスへの信仰が先だったといえる。さらに、彼は信仰と服従との関係について、両者の統一は信仰はただ服従の中にのみあり、信仰はただ服従の行為の中においてのみ信仰であることのうちにある[137]と考える。高価な恵みという考えと呼応して、ここまで服従を重んじると、信仰での一回的に信じるという契機がどう考えられているのか明確でなくなる。彼自身が「キリスト者の日毎の死はその根が切られた木が枯死するような一つの洗礼による死の結果である。彼は彼の洗礼でのキリストの死の一回的なものから生きる[138]。」として一回的契機を重んじる。ただこのことと服従の重視とがどう調和するのかはっきりしない。彼はユダヤ人が律法をもって神に代えたように、イエスの弟子たちは救いの約束をもって神に代えたという趣旨のことを述べる[139]。弟子たちは救いの約束を信じて彼のいう服従を忘れたといいたいのであろう。事実、「イエスとの交わりの内にはただ律法を行う者のみが留まりうる[140]。」と考える。こういう言表は高価な恵みとの関連では理解されうるが、服従の歩みが優先的という印象は避けがたく、信仰と服従との関係を全的に正しく表現しているとはいえまい[141]。

　ボンヘッファーは神学的教育を受けており、そういう考え方の枠から離れえないのではないか。神の声を聞く（ヨブ）、キリストに出会う（パウロ）などの体験の場ではあらゆる神学は消滅している。ボンヘッファーもそういう体験をしているのか。キリストの出来事を行為的要素なしに、また微塵の疑いもなく純粋にただ信じる時、それ自体は行為的要素を含まずとも、そこから何らかの意味で、何らかの仕方で行為が生まれよう。ただこれは各人にとり各々異なったものであろう。こういう行為こそ信仰と一体の行為であろう。あえて服従と名づける必要はなかろう。必然的に必ず生まれよう。ただしこれには真に微塵の疑いもなくという条件が満たされねばならない。これこそ肝心かなめのところである。ヨブは42,5で「今、この目であなたを仰ぎ見ます。」という。これは単に先々の希望の対象ではなかろう。

　ここでは第三項での問題への対処の方法についてヨブでの自己の義をも捨てるという彼の最後の態度と対比しつつ、ボンヘッファーでの高価、安価な恵み、

神の啓示による神の命令への服従という知恵を生み出すなどの点について扱った。

（5）
最後に主としてボンヘッファーの信仰についてもう一度見ておこう。また創造についての彼の考え方についても。

まず、ボンヘッファーの信仰について。十字架は神的摂理の偶発事であり、神は自由に被造物に自己を結合させる[142]。こういう解釈を許容する点に哲学的、統一的に考えようとする一面が見られるであろう。禅での随所作主までは至っていないと思う。論理が捨てられていないから。偶発か否かは神にしか分からない。にもかかわらずそうと決められているから。次に未来的、終末論的な仕上げは神を、手段であると同時に目的でもある人間の意志を利用する神として表象する[143]。彼では終末は付加的、付随的なものでしかないのであろう。聖書の中でイエスのいう、突如到来するものではないのであろう。人間の側での自律的傾向が強いことがうかがわれる。いわゆる予定説とは異なるのであろうが、神と人との共同なのか。神に属す者によくて有益であること以外のことは何も生じさせないことに固着する[144]。ここがヨブと異なる。たとえ何が起こっても、こういう理解は可能であろう。その点が自我がそのまま信仰と一体のところである。信仰で自我が確立している。パウロとは反対である。

以上の引用で見られるようなボンヘッファー理解などが現れる彼自身の考えを見てみよう。彼は伝統的、ルター的信仰に忠実である。例えば神による世界摂理への信仰が挙げられる。彼自身ナチス支配の激動の時代にありながら、というよりあればこそともいえるが、しかも自身ナチスに捕らえられ、審理を待っているときにもなお神がこの世界を支配しているとの伝統的信仰に支えられ安らいだ心境でありえている[145]。またこういう摂理の信仰と関係して救済史を現実的、世界史的に考える。例えば社会革命に関して、「革命、社会秩序の転覆はただイエス・キリストによる全てのことの神的な新しい秩序とその教団の基礎づけとに対する眼差しを暗くするだけになるに違いないのではないか[146]。」、「そのような世界秩序全体の転覆の試みを通して神の国の勃発が妨げられ、遅

らされることにさえなるに違いなくはないのか[147]。」などと述べる。このように彼が社会革命に関して否定的見解をもっているだけでなく、神による世界摂理、救済史が現実的、世界的、歴史的に受け取られている。この点は現代のいわゆる非神話化で救済史的観点が見失われる傾向にあることを思うとき興味深く感じられる。さらに、終末における最後の審判に関する考え方の中に彼の特徴的考え方である高価な恵みとの関連が見られる。「この世の生では唯一のこと、即ち人が最後の審判で耐えることができることが重要だから、また各人はその業によって裁かれるのだから、あらゆる点でキリスト者はよき業への準備が必要である。人間の新たな創造はまたキリストにおいて良き業を目標として持つ[148]」。しかしこのように良き業を目標(Ziel)と呼ぶのがよいか否か問題である。確かにローマ3,31によれば「むしろ、律法を確立するのです。」とあり、律法自体が廃止されたのではない。かくて律法尊重は重要だが、良き業を目標としてという考えはキリスト教思想全体からは決して公正な表現とはいえない。こういう表現は恵みが高価であるという彼独自の考え方と呼応していよう。さらに「死の力が破られていることが認識されるところ、復活と新しい生命の奇跡が死の世界の中へ光り輝くところでは、人々は人生からいかなる永遠なものをも要求しない[149]」。彼によると、このようにキリストの復活を信じることは死自体の力が否定されることでもある。このような復活信仰は、今日の非神話化で復活信仰とはキリストの死の有意味性の確認であると考えられる場合もあることを思うとき、きわめて尊重すべきである。

　神について知ることは、啓示の存在が私のそれについての実存論的知の外で、私の信仰の外で、私の考え、知の上にかかっていることができるときに可能である[150]。ブルトマンの考えを批判した後こういう。救済史的である。"〜の外で"と繰り返す。この点ではバルト寄りである。実存論的行為の内にいなければ教義で確認されうる和解の存在もなく、啓示の存在はただその都度活動的な信仰の内にのみある[151]。信仰について和解、啓示と行為とを二様に分けて考えることは正しいのか。個人にとっては同時に双方存在するか双方存在しないかのどちらかであるから。救済史的に考えて教会、教団などの集団を優先する反面としての行為重視なのであろう。教会の制度、儀式などは人の上にある存在

だが、当人にとりそれらからの啓示が欠けるとは行為も欠け、それらの存在が欠けていることである。その点で信仰的実存の重要性がある。しかしこれだといかに聖霊の導きとはいえ人の行いでもあり、何らかの現実的行為の中にとなり、律法的にならないのか。やはり自我崩壊という契機と一の存在と考えるほかない。ルターでは自我の確立が信仰と一だから、神の像の自己での実現にはまず強さの実現が大切である。そこから自己を神に譲渡しうるのである。パウロの場合自我崩壊とはそうなのか。強さの喪失ではないのか。ボンヘッファーでは譲渡とはいえ自己の決断でそうするのだから、自我崩壊ではない。ただ人が自己自身から何かを作るのを断念する時、人は神の腕の中に自己を投げ入れ、自己の苦ではなく神の苦しみを真剣に受け取る[152]。この考えは禅での無を経てのキリスト信仰であるのかと思わせる。だがパウロでは律法精進が崩壊し彼の自我も崩壊する。一方、ボンヘッファーではそういう契機は欠ける。そこで彼の倫理的、宗教的判断が自我崩壊を経ずにそのまま彼のいうキリストとの同じ姿の形成へと流入してはいまいか[153]。この点が他者の目からは同様に見えても、内面的には大きく異なるゆえんであろう。その限り自己形成の主権がキリストへ譲渡とはいえまい。この点に関連してパウロとルターとでは罪の意識に相違があろう。パウロでは罪意識が恐れの意識と結合しないが、ルターでは結合する。ここには人の自我的なるものが介在する。キェルケゴールやボンヘッファーでも罪意識がパウロとは異なろう。両者とも信仰の在り方がパウロとは異なる。高価な恵みという考えは倫理的、宗教的考えがキリストとの同じ姿の形成へそのまま流入することの一つの表れではないのか。社会倫理的な自己のそういう形成がキリストとの同じ姿の形成（Gleichgestaltung）になるのではないのか。胸を打って悔いた徴税人（ルカ 18,13）は果たして安価な恵みといってよいのか。
　最後に、創造について。最初の言葉のない創造と例えば光あれと言うと光があったという言葉による創造との二つの瞬間は一つの行いである[154]。これら二つの行いを一つの行いとどうして人が勝手に決められようか。人の行きすぎた、神の領域へ踏み込んだ僭越であろう[155]。人の行いを人による概念を入れて、また概念へ入れて考えるのはよかろう。神の行いはそういう論理的構成はせず

に、「初めに、神は天地を創造された。」(創世記1,1)といわば擬人的にだけいう方がよくはないのか。創世記でのように素朴に信じるときは神の行いとしてただ受容する。一方、無のような概念を持ち出すのは人の反省の場へ神の行いを載せて評価することを現す。前者では人の世界の中に神が下りてくるのに対して、後者では少なくとも人は神と同じ地平に立っている。人格内容的にはもとより人は神より低いが、後者の場合端的な受容だけでは満足できず、人の論理を当てはめようと企てる。ここに自我の発動がある。前者では論理を発動しない点で自我が控えられる。ただし明確な否定ではない。否定には一度自我は主張されねばならないから。しかしその時点では少なくとも自我が自覚的ではないが、ともかく捨てられている。疑うことも、受容しないことも、論理を発動することもできるのにいずれもしないのだから。素朴に信じることは神話と科学との未分化という状況とも呼応する。この状況では論理的に考える（自我前提の科学の一分野）ことへ自我は先鋭化していないであろう。そういう面に関する限り自我は出てきていない。他の方向へと出てくるのであろう。自我は何か自己への対立的要因をはらむものに相対するとき生じるから、未分化という状況では少なくとも知的面に関する限り自我は生じてはいない。始まりは人がその後ろへ戻りうる時間的規定ではなく、絶対的に一回的なことである[156]。このように非時間的に創世記1,1以下を解してよいのか。旧約自体の考えとは異なりはしないのか。先の未分化とも関連するが、人が無という概念を当てはめたときそれ本来のものからすでに外れている。創世記1章と創世記2章という二つの創造物語について前者は神から考えられ、人は創造者自身の鏡という[157]。確かにそうであろう。さらに創造での無について次のようにいう[158]。無は存在物のための必然的通過点ではない。無はまた神自身の根拠でもない。むしろ神自身の行いの中で生じる。いつもすでに否定されたものとして生じる。神と創造との間のものではない。神はそれをすでに克服した限りにおいてのみ無を肯定する。世界は無、即ち始まりの中に立つ。創造の神は甦りの神である。世界は初めから死者からのキリストの甦りのしるしの内にある。以上である。被造物についてならともかく神という啓示によるほか知りえない存在について、人の論理を発動して説明してみても、本来それを適用しえない領域へ適用する誤

りを犯しており、神、神の創造という事態をかえって浅薄に感じさせるだけであろう。神は人の考えによる図式を超えていることを思わねばならない。神は人の千何百 cc の大脳の思う範囲の中に収まりはしない。

　要約しておこう。キリストを信じる場合も、ヨブのように人の側での全ての脱落が必要であろう。ヨブ的な個人的苦しみは直ちにはキリストの罪の贖いには接続しえない。神の立場から見て人の罪の贖いという事柄に参与するには、人が自己に関わる個人の利害得失という次元から心が離れる必要があるから。そこで初めて神と人類全体という広い視野に立ってキリストの贖いを受け入れられよう。個人という観点を離れて広い視野に立つことが可能となる。かくて広い視野への参与にはまず個人的問題を通して個人という枠を破る必要がある。しかるにボンヘッファーではルターでのような個人的苦悩があって、しかる後にキリストに至ったという要因が見いだしにくい。そこで個人としての、個人の側に軸足があるままでのキリスト受容ではないのか。こういう点からはヨブのように自然的要因で苦しむのとボンヘッファーのように社会的要因で苦しむのとでは相違があろう。否、そうではなくて、それらのうちどちらかであるという点で相違はない。どちらにしろ当人個人固有の苦しみであるか否かである。ヨブの場合、自然的要因であると同時に個人固有の状況による苦しみである。社会的要因によってそういう苦しみが生じる場合もあろう。だが、ボンヘッファーの場合ナチスという社会的要因による苦しみであり、これは個人固有の苦しみではない。ドイツのキリスト者に共通した当時の問題であろう。固有ではないので、個人としての人の側に属すものを脱落させる結果を伴わない。そういう苦しみは人への信頼を残したままであろう。かくてまず個人的、人間的なものを脱落させ、次に神が主体である世界への参与という形にはなるまい。そこで自然的か社会的かという区別ではなく、当人固有の苦しみを経ているのか否かが大切である。もっともここで個人的、人間的なものの脱落と神主体の世界への参与とを二段階的に考える必要はない。即事的には区別して考えうるし、また必要でもあろうというに過ぎない。個人的、人間的なことの脱落と回心後に初めて真の意味での罪の意識が芽生えることとが呼応する。ボンヘッファーではいかに成人した世界でとはいえキリストという贖い主がおり、それ

に則って命令とそれへの服従というごとく積極的な方向へ考えている。ここにはまだしも救いがある。というより自分で救いを考え出しえている。一方、ヨブでは信じている神自身が虚無の創り主なのでそういう贖い主はおらず、ここでは真に虚無以外にない。こういう状況の相違は主体の側での状況のそれと当然関連する。つまりヨブの方が人間的次元に属すものの脱落ではより徹底している。自分で自分の救いを考え出そうにも、そういう余地は残されていない。成人とくれば、次は死者ないし黄泉の世界しかなかろう。だが「成人した」(muendig geworden) という言葉からも予想されるように、そこにはまだ"死"は入ってきてはいない。

最後の項ではボンヘッファーの立場をヨブの最後の立場に対比して扱かった。創造についての考えへの批評などと共に。

【注】

1) John de Gruchy; Dietrich Bonhoeffer 1988 p.192f
2) Larry Rasmussen with Renate Bethge; Dietrich Bonhoeffer His Significance for North Americans 1990 p.91
   1933年のキリスト論の講義ではキリストを人類、自然、歴史の中心として語り、キリストは神の現実と世界のそれとの存在論的結合を立てるとする。これはしかし個人的体験を経ての救済史的地平の開示とは異なりはしないのか。突如と現れる終末という感覚があれば、今現在の可視的世界とキリスト、神とを結合しては考えにくいであろう。
3) John de Gruchy; ibid p.4
4) D.Bonhoeffer; Akt und Sein 1988 p.144 以下
5) D. Bonhoeffer; Sanctorum Communio 1986 p.70
6) 『現代キリスト教講座 第5巻 キリスト教と現代思想』昭和31 p.93
   　　　北森　嘉蔵「ニヒリズム - ヨブ記を中心として」ではヨブでのニヒリズムは自乗されたニヒリズムとされている。
7) ATD 11 ヨブ記 A. ワイザー著 松田 伊作訳 1982 p.135
8) ibid, p.229 以下
9) ibid, p.19 以下
10) ibid, p.136 以下
11) Katharine J. Dell; The Book of Job as Sceptical Literature 1991 p.49
12) D.Bonhoeffer; Widerstand und Ergebung 1970 p.236

13) ibid, p.262
14) ibid, p.50
15) ibid, p.244
16) ibid, p.277
17) D.Bonhoeffer; Sanctorum Communio p.103
18) ibid, p.137 以下
19) Klaus M. Kodalle; Dietrich Bonhoeffer zur Kritik seiner Theologie 1991 p.117
20) ibid, p.37
21) D.Bonhoeffer; Akt und Sein p.125
22) D.Bonhoeffer; Sanctorum Communio p.121
23) ibid, p.94
24) ibid, p.156
25) ibid, p.127
26) ibid, p.118
27) ibid, p.126
28) D.Bonhoeffer; Akt und Sein p.154
29) ibid, p.117
30) D.Bonhoeffer; Sanctorum Communio p.157
31) ibid, p.153
32) ibid, p.133
33) ibid, p.134
34) ibid, p.78
35) John de Gruchy; ibid p.81 集会はその中にわたし自身があると知り、信じるという事実によって啓示の連続を保証する。

　　Larry Rasmussen with Renate Bethge; ibid p.153 彼は誘惑による行程なしに十字架と成人することとを結合しようとする。十字架は自我の苦行ではなく、世界の中でイエスの道にあって捕らえられる時の苦しみである。それは心理学的というより社会学的なそれである。

　　要は集会優先なのであろう。彼自身例えばルターのような個人的苦悩の体験を経ずに信じており、個人的体験より社会学的面が重んじられ、一種の救済史的考えなのであろう。
36) John de Gruchy; ibid p.80
37) D.Bonhoeffer; Sanctorum Communio p.58
38) Larry Rasmussen with Renate Bethge; ibid p.97 以下 「教会は戦争はあるべきではないが、必要な戦争もあるとする、この原理の適用を各個人に任せることはできない。

第2章　キリスト教内における同異の考察 — ヨブ記論考 —　*151*

教会はきわめてはっきりとこの戦争に携われ、あるいは携わるなといいうるべきである。」というボンヘッファーの言葉が引かれている。

39) D.Bonhoeffer ; Sanctorum　Communio p.73
40) ibid, p.87
41) ibid, p.88
42) ibid, p.101
43) D.Bonhoeffer; Akt und Sein　p.109
44) ibid, p.115
45) John de Gruchy; ibid　p.40
46) D.Bonhoeffer; Sanctorum Communio　p.87
47) Klaus M. Kodalle; ibid　p.125
48) D.Bonhoeffer; Sanctorum Communio　p.74
49) John de Gruchy; ibid　p.240
50) D.Bonhoeffer; Sanctorum Communio p.75
51) Klaus M. Kodalle; ibid　p.104
52) ibid, p.110　「兄弟たち、つまり肉による同胞のためならば、キリストから離され、神から見捨てられた者となってもよいとさえ思っています。」(ローマ 9,3)を代理的観点からボンヘッファーが取り上げていることが触れられている。しかしパウロがいうのはユダヤ人についてである。異邦人が先になり、ユダヤ人が後回しになった点に関連してである。たとえパウロがここで字義通りの意味でいったとしても、現実に自分がユダヤ人の罪を代理的に負いうると表現しているのではなかろう。同胞であるユダヤ人への連帯の表明以上とは思われない。
53) E.Bethge; Ohnmacht und Muendigkeit　1969　p.63
54) ibid, p.64
55) ibid, p.64
56) ibid, p.64
57) ibid, p.65
58) ibid, p.56
59) ibid, p.70 以下
60) D.Bonhoeffer; Widerstand undErgebung　1970　p.368 以下
61) E. Bethge; Dietrich Bonhoeffer　1970　p.961　特に『服従』から『倫理学』へ移ると社会性の要求が強く出てくるとされている。
62) Larry Rasmussen with Renate Bethge; ibid　p.119 以下
63) John de Gruchy; ibid　p.40

64) Klaus M. Kodalle; ibid p.176 以下
65) 例えば　名木田　薫『信仰と神秘主義』1990 p.83, 113 以下など参照
66) Klaus M.Kodalle; ibid p.100 以下
67) ibid, p.101
68) Larry Rasmussen with Renate Bethge; ibid p.121
69) Klaus M. Kodalle; ibid p.168
70) John de Gruchy; ibid p.39
71) D.Bonhoeffer; Widerstand und Ergebung p.356 以下
72) ibid, p.368
73) D.Bonhoeffer; Ethik 1966 p.108
74) ibid, p.112
75) ibid, p.114
76) Klaus M. Kodalle; ibid p.136
77) ibid, p.139
78) ibid, p.127
79) ibid, p.127
80) ibid, p.139 以下
81) D.Bonhoeffer; Sanctorum Communio p.71
82) ibid, p.130 以下
83) ibid, p.130
84) ibid, p.125
85) D.Bonhoeffer; Schoepfung und Fall 1989 p.100 以下
86) Larry Rasmussen with Renate Bethge; ibid p.122
87) Klaus M.Kodalle; ibid p.98
88) Helmut Gollwitzer; Krummes Holz-aufrechter Gang 1973 p.37
89) ibid, p.39 以下
90) ibid, p.40
91) Klaus M. Kodalle; ibid p.96 以下
92) Larry Rasmussen with Renate Bethge; ibid p.122
93) ibid, p.125
94) D.Bonhoeffer; Schoepfung und Fall p.120
95) D.Bonhoeffer; Akt und Sein p.138 以下
96) ibid, p.143
97) ibid, p.155

第2章 キリスト教内における同異の考察 — ヨブ記論考 — *153*

98) ibid, p.141
99) ibid, p.157
100) E. Bethge; Ohnmacht und Muendigkeit p.66
101) ibid, p.67
102) D.Bonhoeffer; Widerstand und Ergebung p.394
103) D. Bonhoeffer; Nachfolge 1971 p.196 以下
104) E.Bethge; Dietrich Bonhoeffer 1970 p.974 以下
105) D.Bonhoeffer; Schoepfung und Fall p.30
106) D.Bonhoeffer; Akt und Sein p.100
107) ibid, p.37 以下
108) D.Bonhoeffer; Schoepfung und Fall p.69 以下
109) D.Bonhoeffer; Akt und Sein p.89
110) ibid, p.40
111) ibid, p.149
112) Klaus M. Kodalle; ibid p.141
113) ibid, p.193
114) John de Gruchy; ibid p.172
115) D.Bonhoeffer; Akt und Sein p.158
116) ibid, p.77
117) ibid, p.156
118) D.Bonhoeffer; Snctorum Communio p.166
119) D. Bonhoeffer; Akt und Sein p.100
120) ibid, p.86 以下
121) ibid, p.156 以下
122) Klaus M. Kodalle; ibid p.169
123) D.Bonhoeffer; Schoepfung und Fall p.59
124) D.Bonhoeffer; Akt und Sein p.121
125) D.Bonhoeffer; Shoepfung und Fall p.58 以下
126) D.Bonhoeffer; Akt und Fall p.38
127) Larry Rasmussen with Renate Bethge; ibid p.95
128) D.Bonhoeffer; Nachfolge p.13
129) ibid, p.155
130) ibid, p.262
131) ibid, p.20 以下

132) ibid, p.21
133) ibid, p.49
134) D.Bonhoeffer; Ethik p.49
135) D.Bonhoeffer; Nachfolge p.40
136) ibid, p.34
137) ibid, p.36
138) ibid, p.205
139) ibid, p.98
140) ibid, p.100
141) Klaus M. Kodalle; ibid p.176 決断は負担を軽減する持続的なるもののベールを引き裂くと考える点でキェルケゴールに繋がるとされる。持続的(kontinuierlich)なことを否定的に見るのは、それを実体的、有的なものと観念するからであろう。無として見ればその必要はなかろう。ではなぜ有として見るかだが、それは信仰を基本的に罪の赦しと考えるからであろう。その場合信仰はそういうこととして有であるほかないから。赦しが人に対して負担を軽減するように何らかの効果を及ぼすからである。
142) ibid, p.173
143) ibid, p.91
144) ibid, p.90
145) D.Bonhoeffer;Widerstand und Ergebung p.108
146) D.Bonhoeffer;Nachfolge p.233
147) ibid, p.233
148) ibid, p.272
149) D.Bonhoeffer; Ethik p.84
150) D.Bonhoeffer; Akt und Sein p.90
151) ibid, p.114
152) Klaus M. Kodalle; ibid p.178 以下
153) Gleichgestaltung というのはキェルケゴールのいうキリストとの同時性に当たるが、キェルケゴールの場合も神秘主義と同様に自我崩壊を経ずに倫理的、宗教的考えがそのままキリストとの同時性へと流入してはいないのか。神秘主義でのように人に属す全てを捨てたつもりでも、真にキリストを受容しない限り神の前に義とはされない。そう考えるのなら捨てる、捨てないは二次的なこととなる。キリスト信仰へ至るのに何を捨てるのが必要かは各人の給わったタラントンによって異なろう。要は心のつながりが切れることである。至った後でも同様であろう。
154) D.Bonhoeffer; Schoepfung und Fall p.41

155) D.Bonhoeffer; ibid p.31
さらに、創造について4800というような数字とは無関係の一回的な出来事であり、創造者と被造者との間には端的に無があるという。創世記5章から4800という数字を創造に当てて考えるのは正しくないとはもっともであろう。しかし反対に創造が無からというのもどうかと思う。神の行いを無という人間的根拠を入れて考えるのもまた正しくないであろう。
156) ibid, p.31
157) ibid, p.67 以下
158) ibid, p.32 以下

第2節　ヨブ記（詩編なども含む）と「空」

(1)

「神は言われた。『光あれ。』こうして、光があった。」（創世記1,3）とあるごとく、言葉は力を持つ。言葉は即ち現実である。不立文字というような考えとは異なる。こういう相違は可視的世界を神の創造による世界として重んじることと呼応する。世界が現実的には空しいと見える理由は以下の三つがある[1]。不正がしばしば報われる。人の知は制約され基本的、究極的問題を解決できない。死が全てをならす。こういう点から特に死はヘブル人にとって困難な問題を提供した[2]。というのも捕囚後の期間の末期に至るまで正しい応報を死後の生へと延期できなかったから[3]。現世での応報が必要なら、矛盾だらけになる。現世へ目が向けられ、したがってまた心が捕らえられているからであろう。だから向けられながら捕らえられないことしか解決はない。可視的なものに目をふさぎ不可視的なものをのみ見ることは、古代ヘブル人にとっては不可能であり、それは抽象の世界でしかない[4]。かくてヨブ記のエピローグでの富の回復もそれまでの話の破壊ではない。しかしたとえそういう考え方をしても死者を生かす神という考え方もあろう。しかるにヨブのごとく生前中に神の答えを求

めるのは性急であろう。もしそういう神観がないのなら、あえてそういう方向へでも進むべきであろう。ヨブは自分が神から不幸をも受けるべきだと考える（ヨブ記2,10）が、神さえも自分の罪の無さを知っているという（同10,7）。不幸を受けるのはよいが、その理由が分からない。また生を現実的に見ることに関係するが、生の内容が重要である。頼るべき財産なく慰むべき家族なく死の重病に苦しむ彼にとって、生きる意味はない[5]。禅の落薄三昧のような感じ方はできないのか。彼は自分の誕生日を呪う（同3,3）。これは何が幸やら不幸やらという態度とは異なるし、それ以前の態度としか思われない。だからまた重病者、被迫害者のように神を称える可能性から離れた者はすでに死の内にある[6]。死とは単に肉体の死ではない。死者の世界では主の業、告知、賛美は場を持たない[7]。主の世界と死者の世界とは別であり、死者は主を賛美しない。死者は主の力の領域から区別された存在と規定され、ヨブは神にとってさえも遅すぎることがあることを知っている（同7,21）[8]。黙示文学で初めて肉体の復活が出てくるのだから、彼では死が全ての終わりである。ネフェシュについても身体の生の後に残るような何かをいってはいない[9]。魂の死後の運命についての思弁はしない。輪廻転生などは考えられない。

　「あなたは神を究めることができるか。全能者の極みまでも見ることができるか。」（ヨブ記11,7）という無知を神は人に付与した。この根本的制約のため人が可視的世界の現実のみを見るとペシミズムに陥る。ここに自我がある。「着る物のようにあなたが取り替えられると　すべては替えられてしまいます。」（詩編102,27）という。天地現象界の無常[10]。ペシミズムの唯一の論理的帰結は自殺である[11]。悪人も善人も死ねば同じ。ところで「人間の霊は上に昇り（中略）死後どうなるのかを、誰が見せてくれよう。」（コヘレト3,21以下）とあるが、この背後には神信仰があるのかと感じさせる。前半ではそう感じうるが、反対に後半では神信仰欠如の印象すらある。また「与えられた空しい人生の日々」（同9,9）という。だが神が究極では愛するのか憎むのかを知らないのに、どうして空しいといえるのか。なぜそういう判断を下しうるのか。分からないのにそう判断してよいのか。死ねば終わりである（詩編88,11，115,17）[12]。このような一種の終末論は神信頼によって破られねば、空しいという考えから

第2章　キリスト教内における同異の考察 ― ヨブ記論考 ―

抜けられまい。パウロ自身がそうではないが、復活がないのなら飲み食いしようではないかという考え（第一コリント 15,32）になりはしないのか。パウロの場合でも、一切の報いなしでも自分の十字架を負って従うというところまで純化されていないと思われなくもない。自分個人は復活しなくてもよいはずである。ただ彼は"自分"は飲み食いしようといっているのではない。「思い違いをしてはいけない」（同 15,33）の一言でパウロの思いは察せられよう。

　さて、禅で坐禅の姿がたとえ理想と考えられるにしろ、それは現実的なことではない。たとえ自己仏一如であるにしろ。衆法合成、生仏一如とは人格的内容が抜けていてこそいいうる。キリストが自己の内に生きていても、否生きている場合にこそそこには一如という事態はない。不会についても、親の子への愛、味覚と品物とが一になること、法衣と身、単衣と夏などの関係にたとえている[13]。互いに知りようがない。かくて人間の罪が問題になるような事態は欠ける。自然的次元での話である。人間の生には罪という事柄が不可分離である[14]。かくて人格的な点について不会といえるのなら、すでに罪に許容的たることが前提となろう。死とか生とかの諸法が、そういう相俟つものがあれば、まだ諸法が実相の中に入ってしまわないときである[15]。実相の中に諸法が入ってしまうと諸法の姿形はなくなる。悪にしてもなすべき悪などはなくなる。人格的観点自体の脱落という事態が見られる。悪い、悪くないといってもその判断基準はない。ところで相俟つということだが、神、創造者とは人間、世界、宇宙に対して相俟つという関係に入るごとき存在ではない。人間対人間、人間対世界、人間対宇宙のごとく被造物同士なら相俟つといえよう。しかし超越者との間では相俟つという関係は成立しえない。仏教の世界ではキリスト信仰での神のような存在は欠如しており先のように考ええたのであろう。神話的な神ならまだしも相俟つ関係に入りえよう。神信仰があって初めて宇宙の被造物性が顕わになる。ここで初めて天体、日夜などが人格化されて語られる（詩編 19,2 以下）。被造物全体が人格的に見られることも可能になる。人格神によって創造されたものなので人格化されて語られうる。一方、仏教では超越神は存せず、衆生済度では世の中のあらゆるものは皆絶対待に仏と仏で仏以外のものはなくて、有情非情同時成道、草木国土悉皆成仏となる[16]。相俟つものは何も

ない。一事一物が皆仏性の大海であり、鳥の一羽が尽十方世界真実人体である[17]。不宿死屍ともいう[18]。

　（2）
　仏教との関連でヨブ記などを見るとき、禅での無我以前ではないかと思われる面と同時に神を信じるゆえにそうであるほかない、無我を過ぎてのことと思われる面とが見いだされる。
　まず、前者の面から見ていきたい。現実的感覚から来る「だれにでも同じひとつのことが臨むこと」は悪い[19]という判断ではまだよい、悪いの判断が下されており無我以前である。「神は無垢な者も逆らう者も　同じように滅ぼし尽くされる、と。」（ヨブ記 9,22）という。彼の目にはあくまでそう映る。もっとも滅ぼすと決めるところに問題があろう。背後には神の御心があるが、それは論外である。神の無限の優越性（同 9,3 以下）を考えれば、どうしてこういえようか。自己矛盾しよう。また「この地は神に逆らう者の手にゆだねられている。」（同 9,24）という。義にかわく人がこの世から引き出され神の許に至るには、その方がかえって好都合とは思わないのか。ところで目の前の現実に対して人はどう対応するのか。「無垢かどうかすら、もうわたしは知らない。生きていたくない。」（同 9,21）という[20]。care for（大事にする）しないのなら refuse（拒絶する）することもなかろう。解脱できていないとの疑念が生じる。自分をなぜ不幸が襲うのか分からず、神の charge（責め）を refute（論破する）する機会を与えよとなる。神と議論しようとするのだから究極的な知の要求である。何事につけ究極的なこと、ものの探求は罪から来る。禁断の木の実の話（創世記 2,17）もこのことをいう。こういう姿勢自体が自我そのものであろう。自我崩壊の欠如である。神を陶器師にたとえて土でできた器を砕く自由を神が持つ話が出ている（イザヤ 29,16、30,14、64,7、エレミヤ 18,4;6、19,11）。どの土でどういう器を作っても陶器師たる神の自由なのにその自由にヨブは文句をいう。そして遂に彼は自分の叫びを閉じ込めるな、天にはわたしを弁護する証人がいるという（ヨブ記 16,18 以下）。このように心の清さと超自然的な力を発揮する神への信仰とは内実的に一である。詩編 5,9 ～ 13;7,11 ～ 14;3,6 ～ 8 などもこの点を

示唆する。神が単純に義人を報い、悪人を罰するのならそれでよかろう。そういう神を信じうれば自分の叫びを天にまで上らせる必要もなかろう。たとえ自分は地上で滅んでもよい。彼の苦しみの原因はわが身に照らしてそういう神が信じられなくなってしまったことの内にある。一方ではあくまでそういう神を信じようとし、他方では神がゆえなく自分を責めるとして嘆く。存命中でのように死後では彼への非難が挑戦されないまま通過させられはしないと確信できれば満足である[21]。たとえ自分が死んでも、死後においてさえもなお自分のことを問題にして欲しいとの思いに自我がある。

以上は義人悪人共に神は滅ぼすという観点から見たが、同じことを義人の不幸という点から見よう。本人はそう思っている罪なき者の苦しみである。ヨブは不当な批判や的外れな忠告をいずれも拒否する。苦しみに耐えつつ神から答えを求める。自分は義人だから幸い、恵みによって報われるはずだと考えるため、その分余計に不幸と思う面がなくもない。神は不実だという疑いによって苦しむから。仏教的には因果に束縛され、自分の行った善に囚われている。自我崩壊すればこうはならない。「この人を見よ」とキリストを注視もできず、どこまでもこれでよしとはならず、神の前に妥当性を要求する。またヨブの友人のごとく他人の苦しみから当人の罪を帰納するのは不都合である。自分へそういう論理を適用するのはよいが。他人のことは神管轄なので勝手な当て推量をしてはならない。ヨブ記3章の告白は義人の悲惨な生についてだが、可視的世界しか見ないのでそういう判断になるのではないか。そういう疑問自体を疑問にせねばなるまい。富貴に処しては富貴を行い、貧賤に処しては貧賤を行う[22]ことが必要であろう。薪は灰となり、さらにかえりて薪となるべきにあらず、前後際断である。薪は薪で一切を尽くし、灰は灰で一切を尽くす。こういう立場に徹すれば、ヨブのように一切を失っても嘆く必要はない。嘆こうにも別に何も嘆く題材はない。嘆きの種はどこにもない。苦しみの只中で彼は「忍耐と生に対してのいかなる強さも持っていない[23]」。まして「弱いときにこそ強い」(第二コリント12,10)という心は少しもない。彼の心には艱難としての生、安息としての死という考えがある(ヨブ記3,11〜26)。死を望むが、それは彼が根本では生きようとしている証拠である。生きようとすることの反動である。

「世はわたしに対し、わたしは世に対してはりつけにされているのです。」(ガラテヤ6,14)のなら、そういう心情は生じまい。艱難としての生、安息としての死という具合に生と死、艱難と安息とに二分している点が問題である。前者がそのまま後者ならこういう告白は生まれない。艱難たる生以外に安息はないと分からねばならない。他の場所に安息があるかもと思う限り安息はない。いかなる人も神の示す敵意に値するほどの者はいないことをいう(ヨブ記14,1～12)。ここにも問題が潜む。そう考えるのなら、同様に神の示す恵みにいかなる人が一体値するかと問うべきである。敵意に値しないのなら恵みにも値すまい。ここに偏りが見られる。人は塵から創られたので崩れ滅びる(ヨブ記4,19以下)という趣旨のエリファズの告白にもある事実にもかかわらず、苦しみがくるといっての大騒ぎも不自然である。全ては神の恵みとして神の自由によって与えられたのである。神がとられたら神に返すべきである。ヨブは衣を裂き、髪をそり落とし、地にひれ伏す(ヨブ記1,20)。「無一物のようで、すべてのものを所有しています。」(第二コリント6,10)のなら苦痛などないはずである。なくなってむしろすっきりするかもしれない。苦痛は失われたものへの執着からであろう。髪をそることは瞬間的な苦痛からの反応ではなく、宗教的態度を表す。彼の苦悩は彼自身が流産によって生まれなかったことが求められるほどであった(ヨブ記3,11～19)。彼はそれまで神信仰ゆえの地獄を一度も経験していなかった。あえて黄泉を求めるのも幸福追求の反動でしかない。死を望むのは死ぬことによって生きようとすることでしかない。死ぬことによって死んではいない。死を望まぬことは生きることによって死ぬことである。他にも極度の苦しみが死を求めさせる様子が出ている(ヨブ記6,8～10)[24]。しかしどんなに苦しみが大きくても人の邪悪さには匹敵しない(ヨブ記11,6)[25]。自分の苦しみに心が捕らえられてこのことを見失いがちになる。

　このことは逆の形においても出ている。神賛美におけるいわば自己中心的性格は「塵があなたに感謝をささげ　あなたのまことを告げ知らせるでしょうか。」(詩編30,10)にも現れてはいないか。ここでは単に個人ではなく、民族のことがいわれている[26]が、いずれにしろ神を称える自分達のことが考えられている。これは神の主権、自由の否定にならぬのか。また「御名にふさわしく」(詩

編23,3)、「御名のために」(詩編25,11)にもこういう一面は現れる。本当に御名のためといってよいのか。人間のためということが先行、ないし平行してはいないか。もとより御名のためという契機も入ってはいようが、自分を神を信じる者と任じ、民の中で自分が卑しめられることは同時に神の御名が汚されることになるとの意である。それほどまでに自分が神信仰と一だと自任すること自体問題であろう。「御もとに身を寄せます。」(詩編25,20)のように他の何かに寄らねばならない者がどうして御名のために働けようか。こういう者を見捨てるのがむしろ御名のためかもしれない。助けるのが御名のためとばかりはいえない。助けるのはその者の義ゆえではなく、神の自由意志ゆえにである。この点を思う時、道元が龐居士の好雪片々不落別処を批判して好雪の一片が別処に落ちているという[27]のを思い起こす。つまり宝を捨てたが、身を捨てられていないと批判されるように、御名のためと自己のためとが同時進行ではこの道元の批判があたりはしないか。「もしわたしがこのようなことをしたのなら　わたしの手に不正があり」(詩編7,4)とあるが、人間的目に悪くなければ、神の目にかなうと思ってはならない。「憤りを表す神。」(詩編7,12)、「あなたに従う者を固く立たせてください。」(詩編7,10)という。神の目からは人間の義、不義とはいわばどんぐりの背比べのようなものという観念はないのか。いかに人の目に不義に見えてもである。勿論、中にはサタン的なものもあろうが。こういう考えに対して、生死愛せず生死を恐怖せず[28]という方がよほど徹底する。めでたいことも悲しいこともうれしいことも全て無碍の仏性である[29]。

さて、自己を神信仰者と自任する背景には律法的なるものがある。律法の有無にかかわらず、自我がある限り自己分裂は避けがたい。汝盗むなかれという律法があればますます分裂は激しくなる。人とは律法なしには生きていけない存在である。自我、律法、罪、これら三者はいわば二人三脚である。否一人三脚である。まさに罪成立の三一である。三一構造である。自我が自分のために律法を作る。福音までをも律法に変えかねない。この罪の三一において死は罪の値となる。創世記2,17で善悪の知識の木から食べたら死ぬというが、実際には死ぬ前に汗流しの労働が罰としてくる。死は直接の死としてではなく、創世記3,19で創造時の塵との関連で塵に返るとされている[30]。かくて死の到来を

性急に罪の罰と決めつけてはなるまい。

　ところで、終末論を現世的に信じる者には正しく生きればこの世で報われるはずなので、苦境にあってはかえって良心的に自我崩壊できまい。終末論が超現世的になって苦境でも良心的に自我崩壊しうることとなる。この点からは、ヨブ記のエピローグは問題であろう。この点に関し「富が回復されたことに関して彼が求めているのは彼の人格の弁明であって富ではない。かくてヨブ記がある目的のために起こった苦しみで終わらねばならない理由はない。」(ICC Job)という考え方もある。しかし逆に考えると、少なくとも禅の立場からはそれでもって終わっても全然支障はないのに、なぜこういうことを書くのかという疑問が浮かぶ。書く以上その意味があろうから。やはり義人は神の祝福を受けるという考えが背後にあろう。ヨブ記全体の深い意味の破壊になるともいえよう。可視的形で現世に現れる点に問題があろう。確かに42,9までは必要であろう。神の宣言で彼は自分が正しいと知りうるのだから。彼が神を神ゆえに信じるところに真に達していれば、彼の正しさの証しはそういう信仰自体の中にある。それを富の回復という外的事物の中に求めるのは正しいとばかりはいえない。そんなことは不要という考えもあろう。彼は途中で苦しみの中にあって自分の生と被雇用者の日とを比較するが、要点は共通の苦労と終わりへの共通の願望である[31]。彼自身自分の苦しみを余りにも特別視することを反省してか奴隷や傭兵などの被雇用者の生との共通性を見ている(ヨブ記7,2)。自分を特別視するのは自我の働きであり好ましくない。彼は"単なるarbitrary will of him whose slave I am"（私がその者の奴隷である人の恣意的意志）(ICC Job 7章3節)と感じるが、ここからイエス・キリストの奴隷というところへは遠くはない。Arbitraryと感じるか、神の意志、道は人知には測りがたいと感じるかの相違である。それに応じて奴隷の意味も転じる。Arbitraryということが恐れつつも心の奥底では自分が望むものであることが望ましい。そうでないとその人の心の自由が失われよう。13章15節以下のヨブの言葉は全体に通じる問題の所在を適切に示す[32]が、この句(15節)は神から殺されてもよいから自分の道を貫くことだから、罪を罰し義を愛する神が一切を支配していれば、自分は滅んでもよいこととなる。彼はここにおいて救われている。

彼は自らの無知を告白して神の全能に全てを託す(ヨブ記 42,1〜6)。かくてエピローグでの富の回復は神の側からの自由な贈り物である。測り難い神の知恵への信仰と自我崩壊とが一である。「ヨブは神が与えた外的なもののためではなく、神が神自身においてあったところのもののゆえに神に仕え神を愛することが可能であったことを発見していた。」(ICC Job Introduction)のである。かくて彼はよいこと同様悪いことをも神から受ける以外に何もなしえない[33]。ヤハウェだけが病気と癒しの主である。人の認識の限界は多くの個所で見られる(例えばヨブ記 8,8 以下)。ヨブ記 28 章にも出ており人の知恵は断片的で本来知恵は神に属す[34]。自分自身のそれまでの軌道を超えることが求められている。有限な人の知は益にならない。悪人の長生きということもある。知恵によっては何事もコントロールされえない。

(3)
　以上を踏まえて、ヨブ記、詩編の表白が禅以前ではないと思われる点を考えていきたい。詩編 22,2 以下はイザヤ 53,3 に似ているが、ダビデをキリストの前存在と考えれば、なぜ神よ私を見捨てたのかというような嘆きが出てきても不思議はない。人として人格的に完全でありたい、あろうとするときには詩編に表されるようになろう。禅より不徹底とばかりはいえない。人格的内容を外せば禅のようになろう。双方ともに一長一短である。キリスト信仰こそそういう一長一短を除去していわば一長一長にしてくれる唯一の道であろう。詩編へは自我崩壊の欠如、禅へは人格の脱落という短を指摘せねばならない。かくて、信仰の立場から神秘主義を十字架の栄光に反すると批判ばかりもできない。無我という事態が神秘主義の内的契機であれば、平静の神秘主義を特に退けなくてもよかろう。それと十字架の栄光とは同時に成立するから。無碍の世界が無碍のままで無碍でなくなる。どんなことについてどんなに激しい争いをしても心の中にいかなるしみも汚点も残らない。否、争いを主体と、心を客体と考えると、主体は客体にいかなる汚点も基本的には残しえない。水面に石を投げたときの波のようにいずれは消える。無碍の心ではそうであろう。もし少しでもしみが残ればその心はまだ無碍でないのであろう。人は神を直接には知

りえない。にもかかわらず神を恐れおののくのは不自然ではないか。知りえないものをどうして恐れうるのか。人には罪があり神を知りえない。かくてこの恐れも人間主義的なものではないのか。一方、禅の一切万法は皆無自性[35]という考えでは、一切の価値判断が抜ける。これは人間なら個性を持った者であるが、そのことが即無自性であるとの意である。縁起である。だが人格的存在ではそういうことは認めがたい。

さて、「御手にわたしの霊をゆだねます。」(詩編31,6)は相互的忠実(mutual faithfulness)を意味する(ICC)。本当にゆだねたのなら、何故「急いでわたしを救い出してください。」(3節)、「わたしを贖ってください。」(6節)などと叫ぶのか。たとえ地獄で果てても悔いることはなくはないのか。一応そう考えられる。だが例えば禅では神はなく、聖書の信仰に比すれば死ねば終わりである。即ち地獄といってもそれより深いものはない。一方、神を信じるのなら、死んだら終わりではない。どこまで深い地獄があるかは人知では測れない。果てしない地獄がありうる。そうなので、生存中の地獄からも救いたまえと神に祈る。かくてダビデの祈りなども禅の落薄三昧に比べて児戯に類するとはいえない。果てしない地獄などがないのなら確かに児戯に類していよう。それ自体として果てしない地獄でなくても、果てしない地獄をも当人の上に下しうる神のなしたもうこととして非常に重い意味を持つ。一般的に考えてみても、子供が誰かに叱られるときでも、その人の人となりによって効果は全く異なる。これと関連するが、「打ち砕かれた心」(詩編34,19)のうちにはこの言葉の前後を読むと分かるが、罪という契機も含む。禅での無我のようにそういう次元が脱落しているのとは内容が異なる。もっともこれら二事態は本来一体であるべき事柄である。「キリストによってのみ」においては罪からの救いと無我とが一である。これはキリストによって人が罪と死の双方から自由であることに呼応する。罪ばかりが前面に出ると死の問題が希薄になる。禅では逆に死、無常が前面に出て罪の問題が希薄になる。「御怒りの力を誰が知りえましょうか。」(詩編90,11)のごとく罪に対する神の怒りは人知には知りえない。

ところで、「わたしの魂は慰めを受け入れません。神を思い続けて呻き」(詩編77,3以下)とあるごとく、神においてのみ慰めを求める。それ以外のもので

第2章 キリスト教内における同異の考察 — ヨブ記論考 — 165

はもはや慰めにはならないほどに今まで神への信頼に生きてきた。たとえどんな状況になっても主への信頼は生きている（詩編 109,23 以下）。かくてまた助けてくださいという趣旨の表現がきわめて多い（例えば詩編 22,2；5；9；12；20；22 など）。このことの背景にはもとより苦しみを与える者と助けを求める者という対決があるが、こういう敵対は単に人間的、世俗的な敵対ではない。神信仰をめぐる敵対である。そこで神を信じようとするか否かがその根底である。こういう事情のために敵対関係が余計に激烈になる。詩編 22,7 以下にはこういう要因が極めて鮮明に出ている。絶対者を信じるか否かなので妥協はありえない。もしそうでないのなら和解もありえよう。神が人と人との間に入って和解のない対立となる。父と息子、母と娘という肉親をも引き裂くほどになる。かくて「主の御名によってわたしは必ず彼らを滅ぼす。」（詩編 118,11）という告白も生じる。神信仰における良心からぜひともこうであるほかない。神の御名のためにそれ以外であってはならない。ここに至っては自分個人の世俗的利害などはもはや問題外である。翻って考えると、禅の落薄三昧では神信仰はなく、こういう問題は生じようがない。何が失われようとそのものへの執着さえなければそれでよい。それ以外の、以上の、以下のことは何ら問題にはならない。一方、神を信じていて初めて良心上の問題は起こる。例えば詩編 35 編は個人なり民族なりが神のためのインストルメントになっている事態を示す。ただ旧約段階ではイエス・キリストでの啓示のごときものは欠如しており無条件的、全面的信頼の表白はまだ出現しにくい。逆に考えれば、そうであればこそインストルメントである個人、民族の苦悩—これはキリストの出来事へと収斂していく—はありありと出ている。そして「青草のようにすぐにしおれる。」（詩編 37,2）とあるごとく祈りつつ待つ。「主を待ち焦がれよ。」（詩編 37,7）とあるごとく、悪い 謀 (はかりごと) を遂げる人のゆえに心を悩まさずに待つ。たとえ当時のイスラエルにとっては神の栄光自体を見るのは人には不可能なほど恐るべきことだが、この世界は神の被造物である以上、神の栄光はこの世界に現れるほかはない。かくて主への信頼はこの世、現世、世俗において現れるほかなく、こういう結果になる。

そこで主へ信頼する自分達を救い給えとの願いも神への信頼、信仰の実証と

いう良心的理由から理解されるべきである。人の生のはかなさはどうにもならない（詩編49,10～12:19以下）。単にそれだけの理由で、現世への囚われから自分達を悪人から救ってくださいとか悪人を滅ぼしてくださいというのではない。また「善を行う者はいない。ひとりもいない。」（詩編53,4）という。即ち義人はただ一人いない。この点も先の個所と考え合わすと、現世への囚われのなさが分かる。なぜなら義人でない限り滅んで当然だから。もっとも旧約から新約に移ると、終末論自体が現世的から超現世的性格へと変わる。それに伴い現世で神が信じる人に報いることは信仰的良心にとり不要になる。その分信仰が自由になる。基本はこうだが、次の点も考えておかねばなるまい。即ち主による悪人達の撃退で今日世俗的なものを仮に与えられたにしても、それでもし自分が納得しうるとしたら、それはどういうことなのか。一度失われた以上、今後世俗的なものを与えられても償いはきかない。さもなくば償いのきく程度のものしか主への信頼によって失ってはいないことになる。パウロもいうように、根本的には「そのときには、顔と顔とを合わせて見ることになる。」（第一コリント13,12）以外のことでは満足も納得もいかないところまで失ったのでなくてはならない。主御自身の栄光を見、自分自身も栄光の体へと変えられること以外に真の慰めはない。もっとも禅の立場からは、こういう信仰でさえ、否こそ中途半端と映るかもしれない。形あるものに捕らえられているのだから。禅でのそういう感じ方は感覚が現実的でないから可能である。「神に逆らう者の歯を砕いてください。」（詩編3,8）という神への信頼が「身を横たえて眠り」（詩編3,6）の根拠であるような心の中の真実に基づいた生き方は生まれない。例えば悲しいのならなぜ悲しいかが追究され、現実的原因に至る。そこには人間界の醜いものの出現もあろう。かくてあくまでそういう世界に踏み留まるという生き方が欠けてくる。それもそのはずである。この可視的世界の現実をそれほどまでに重んじねばならない理由はどこにもない。神の被造物となって初めてそういう重みが出てくる。人間の救いのためとはいえ現実の重みを忘れている。人の救いのため現実を捨てている。こういうことはキリスト信仰には許されない。人のために神を犠牲にすることだから。たとえ人間が救われなくとも、神を等閑視してはならない。神を第一義にすべきなのである。人と神との比較は

問題外である。もっとも詩編などでたとえ信仰や良心上の要因も絡むとはいえ、人が自己の不幸を嘆いたり悲しんだり助けを求めたりするのに比べ、「衆生の薄福なる浄を以って穢(え)となす[36]」という方が徹底しているようにも思われる。自他の境がなくなると確かにこうであろう。しかし生物としての本能かもしれないが、人間生きている限り生きようとする力が働かざるをえない。こういう要因ある限り、この世が浄土になったとはいい過ぎではないか。どうしてもパウロのように鞭たたいて従わすが、しかもそうしきれないところが出てこよう。かくて自他の仕切りの消えたところに禅の真理が、浄土になりきれないところに真宗の真理が、鞭たたくところにキリスト信仰の真理が生きている。どれか一つが真理ではなく、どれも真理であろう。ただキリスト信仰が即事的には一番先のところを指示している。またそのことによってそれ以外の二つの真理契機を内包している。

　さて、福音が存しない限り人の心には二通りの心情、即ち定めを守れば義とされるという心情とそれは完遂できず神の恵みを求めるという心情が生まれる。ヨブ記では前者はいわば裏返しの形で、通説によってみれば神は不正となるという形で、また後者は信者は神の恵みを受けた経験に基づいて神に信頼するという形で現れる（ヨブ記29,2以下）。ヨブは古い経験と通説との間で迷う。神を不正だとしつつもなおそういう神に信頼しようとする。こういうジレンマは迷いだが、人間中心的たることが双方に共通の基礎である。苦しみの到来前は神に信頼して栄えていた。神を第一義にしてはいない。だからアダムがエデンの園で知識の木から食べて追放されたのと同じ、自己神化ともいうべき契機がここにもある。古い体験と通説との間で迷うにしろ、そういう次元で迷うこと自体が罪の表現そのものである。彼は悪をなす多くの機会があったにもかかわらず悪をなさなかった（ヨブ記31章）。ただ神への恐れによってそうさせられているという契機があると思う（例えばヨブ記31,23）。仲保者によってそういう恐れを取り除かれて自由な立場からそうできているのではない。たとえ同じ事をしても赦された場に立ってであれば自由だが、そういう場にない場合には自由はなく神への恐れと一であるような仕方でしかそうできない。ところで彼のように一貫しない一面が現れるのは現実的にものを見、考えるから

であろう。永遠の生命とか天国についての示唆はないが、死が終わりではないという確信も見られるし、また神を味方とする（ヨブ記 19,25〜27）[37]。もし死後の復活への信仰が彼にあれば、義人の苦しみと悪人の繁栄についての彼や友人の判断に大きく影響したであろう[38]。しかしこういう一種の解釈は正しいのか。なぜなら復活があれば、義人が現世で苦しんでも死後報われるという期待が生じるから。それでは神であるゆえに、ただそれゆえに神を信じるのではなくなる。やはり神による救済史の前進のためには復活もなく、かくて死後滅んでしまってもそれで結構とならねばなるまい。人格的なるものへの共感なしにはそうはなるまい。

　神と人との間には断絶がある。例えばヨブ記でも彼が全てを失うことは読者にはその理由が明らかだが、彼や友人には隠されている[39]。隠されていることはあくまで隠されたこととしておかねばならない。人が自分の思惑で勝手な仕方でそれを顕わにしてはならない。それは禁断の木の実を食べることである。絶対と相対との間には超えがたい溝がある。こういう事実はまた救済史の役に立てれば滅んでも悔いはないという心情とも軌を一にする。かくてヨブは「自分の価値が認識されることを求めるが、慈悲を求めてはいない。そこに彼の死に至る病の根拠がある[40]」。しかし神の慈悲を求める場合でも、神が自分へ慈悲を持つよう求めるのは自分の価値を求めるのと変わらない。神が自分の方へ、あるいは神を自分の方へではその内容が何であれやはり自分の価値という思いが抜けていない。自分が神のために、神の方へという考えへと転換せねばならない。そこで初めて自分のためということもなくなろう。このような神中心的という契機に関連して仏物己用ということを思い起こす。仏様のものを勝手に使うことで、これは泥棒の中で一番罪の重いものとされる[41]。栄西が薬師の後光にする針金を使って4人の百姓の餓を救ったことが具体的な一例として挙げられる。栄西の場合は仏物己用も許されようが、キリスト信仰では神第一義は一貫している。そこで神への愛と人への愛とは同じであるところまではいっても、逆転はしない。

　ヨブの友人は彼が苦しむのを見て罪人と決めるが、苦しみを苦痛と感じるのは確かに罪ゆえである。神をただ神ゆえに信じていれば、そう感じもすまい。

彼が自己を義とするのは人間的目で見てである。神の目からはいかに人の目で見て完全でも罪はあるし、かえってそのように自己を義とする人ほど罪は大きい。彼の義はいわば律法による義である。律法は人の罪のため一時的に入ってきたに過ぎない。にもかかわらずそれを盾にとっている。彼のような場合の苦しみは敬虔な人の信仰が私心なきものであることを示す機会になる[42]。いい換えると、人が神から幸運ばかりでなく不運をも快く受ける用意があるか否かという問題でもある。彼は財産、家族などの喪失に際して大変な立ち居振舞いをする(ヨブ記1,20以下)。富などは元来過ぎ行くものと了解していれば、もっと淡々としておれはしないか。たとえ彼に多少のこういう用意があったとしても、少なくともその事実に関しては無我の境地を経ての不動性があるとは思われない。もっとも不動性があることがかえって罪になってはならないのだが。「『見える』とあなたたちは言っている。だから、あなたたちの罪は残る。」(ヨハネ9,41)とある。人には純粋な献身はできても罪から全く自由な仕方ででではない。苦難はその人の罪からではなく、神が人を信仰へ導くための手段としても来る。苦難がなくこの罪の世界にあって幸福とは罪の世に埋没している場合もあろう。苦難があって初めてそういう世界から引き出される。罪と苦難とは決して比例しない。反比例もしない。相互に独立である。かくて、神による義人、悪人への区別なしの、無差別の苦しみの付与もいくらか理解できよう。人の目には義人でも神の目にはそうではない。真実には義人、悪人に無差別にという考え方は正しくはない。無差別とは差別を前提とするから。ところが神の目からは義人、悪人という差別は実はないに等しい。一時的に入ってきた律法への固執がよくない。人の心を質すため入ってきたものが人の罪ゆえにかえって人の心を暗くする結果になっている。生かすはずのものが殺す結果を招く。とはいえヨブは三人の友人のための執り成しをするが、彼のように苦しんだ者にして初めて神への執り成し役を務めうることは興味深い。

　以上のことは苦難への囚われのなさについてだが、これは見方を変えれば復活への囚われのなさでもなくてはならない。たとえ自分が復活からもれてもよい。これは神の主権の承認でもある。最初から来た者にも最後に来た者にも同じ賃金を払った神(マタイ20,8以下)に対して文句をいわないことと同じであ

る。もっともパウロも「自分の体を打ちたたいて服従させます。(中略)自分の方が失格者になってしまわないためです。」(第一コリント 9,27)とはいう。だが恵みからもれることと失格者になることとは別である。失格者であってはならないが、もれることは差し支えない。イエス・キリストの出来事で示された人格神が一切を統治する真実を知ることを許されたこと自体が必要かつ十分な救いである。自分個人が復活しようとすまいと、永遠の生命を受けようと受けまいと、それはどちらでもよい。とるにたらぬことともいえる。もし信じた以上、どうしても復活しなくてはならないとすればこれはまた何という不自由であろうか[43]。

ところでエリファズによると、義人の苦しみは訓育上のことである(ヨブ記 4,7〜9)[44]。義人の破滅を意図していないという。このような理論づけは浅薄であろう。神中心的ではない。少なくともヨブにとって訓育的とはいえまい。彼の苦しみで周囲の人々が現実の只中への埋没から引き出されるわけで、そのためヨブの事象が周囲の人々にとって訓育上のことである。ヨブ自身はそのことのインストルメントである。賢い人でさえ、また正しいからとて神にとって有益とはいえない(ヨブ記 22,2 以下)。彼は自己の問題に囚われすぎである。「不浄をすてて浄をとる。その取捨の心が不浄だ。浄不浄にとらわれず、取捨の心のないときが真の清浄だ[45]」。このようなある種の善悪の彼岸に一度渡らねば囚われない心は生まれまい。だが一度渡ったら今度はキリストのこいでいる船に乗って再び浄不浄の世界に帰ってくる。神から給わる浄不浄が入ってくる。神が嵐の中で語った後でもヨブは何故ある人が苦しみ、別の人がそうでないかについてよりよく知らされてはいない[46]。自己の判断を一切捨てることが必要である。自己弁護はもとより自己による神弁護をも捨てる。無我が要求される。こうして初めて第二イザヤの苦しみは始まる。震災の後浄土宗のお坊さんがこの世が浄土とは受け取れないといったことに関連して共業所感、別業所感ということがいわれている[47]。自分の業が集まって地震を呼び起こしたのである。しかしこういう一見合理的な説明を聞いてみても仕方ない。赤子で亡くなった人もいよう。前世の因果だと説明すればできもしよう。しかし人格、一個の人間を尊重するのなら、そういう説明は無意味である。この世に生まれて初めて

当人は人格として存するのだから。要は一切の説明は無駄である。仏性現成のときそこが浄土であるとは人の罪ある現実から一歩退くからいえることであろう。坐禅の姿が一つの理想と考えられることにもこのことは現れる。そういう姿は何ら現実的なことではない。

　人格的な神の一切支配ゆえに自我崩壊できるとは，次のことを意味する。即ち禅では自然と一になることが自我崩壊できることだが、それと対比すると、神の支配という事態が自然の代わりに入ってくる。自然と一に生きる代わりに神と一に生きることが入ってくる。自然と一に生きれば、自然の生命と自己の生命とは不可分一体で、自己の生命を特別視はしない。同様に神と一に生きれば神と自己とは人格的には不可分一体で自己の生命を特別視はしない。自己が滅んでも神は生きており、自分が生きているのも同然である。否そういういい方は大変不遜である。直ちに撤回せねばならない。自分が死んでも子供が生きていれば自分が生きているのと同じとよくいわれる。これと同様ではない。自分と子供とは全く別個の人格である。自分が死ねばそれで終わりである。子供が生きていても死んでいても自分の生命には全く無関係であろう。神の場合はそうではない。自分がたとえ死んでも神はアルファからオメガまで生きておられるとは、自分が生きていることよりも比較を絶してすばらしい。かくて人間子供のためには死ねないが、神のためには死ねるのではないか。たとえ現実には子供のために死ぬことがあっても、それは真に死んだことにはなっていない。たとえ現世では神を信じようとして報われないまま終わっても、現世も来世も含めて神が一切を支配していればそれでよい。究極的真実を生きた――これで満足である。神を信じて生きたとき報いがほしいという事態は、究極的真実と当人の実存とがまだ一になっていないから生じるのである。別のものなので対価を要求することになる。一切の対価不要でなくてはならない。神を信じようとして虐げられても、それに対して報いなどは求めないことを意味する。たとえ自分が死んでも神は永遠に生きておられる。そのことの確信自体においていかなる報いよりもはるかに大きいことが保証されている。報われる、報われないというような問題は消えている。

　究極のところへ非人格的なものを措定するか、あるいは人格的なものを措定

するかは二者択一ではない。自我崩壊という事柄が共通の契機であるから。キリスト信仰の中に含まれ無我という契機が独立した宗教として取り出されているところに仏教の特質がある。前者はそれ自体人の創造による宗教ではないことによって、人による宗教の集大成でもある。例えば土俗の信仰だからといって迷信とばかりはいえない。自我崩壊の契機があればもはや迷信とはいえない。人の側での心境という観点からはそういえる。かくてどのような信仰でも自我が捨てられるという事態が少しでも含まれていれば、それは尊い。したがってそういう意味ではどの宗教も全てキリスト信仰の始まりであるともいえよう。パウロはギリシャ人に向かって「あなたがたが知らずに拝んでいるもの、それをわたしはお知らせしましょう。」(使徒言行録17,23)というが、キリスト信仰は日本の諸宗教という形ですでに知られているといえなくもない。ただキリスト信仰という名前が使われていないだけであるともいえようか。

【注】
1) The Cambridge Bible Commentary Ecclesiastes 1975 p.137
2) ATD 11 ヨブ記　A. ワイザー著　松田伊作訳　1982 p.21
   エレミヤ，詩編73の作者が陥った苦境を彼も避けえない。神を信じようとするがゆえの受難である。この点は例えば禅との違いを考える時大切である。
3) Interpreter's Bible The Book of Job 1978 p.880
4) 浅野順一『ヨブ記の研究』昭和51 p.74
5) 同上書 p.74
6) H.W.Wolff ; Anthropologie des Alten Testaments 1977 p.167
7) ibid, p.161
8) ibid, p.40
9) ibid, p.160
10) コヘレト1,1～11では全てのことは空しいと告白される。だがこれは仏教での空とは異なろう。後者は積極的意味を持っているから。
11) ICC Ecclesiastes 1971 p.83
12) ibid, p.160
    コヘレトの終末論(9,5)は詩編88,11, 115,17のそれである。
13) 岸沢惟安『正法眼蔵全講』第9巻 行仏威儀 昭和51 p.587以下
14) ATD 同上書 p.99

第 2 章　キリスト教内における同異の考察 — ヨブ記論考 —　173

「全能者の矢に射抜かれ」(ヨブ記 6,4)は肉体的な死に至る病を示す一方で、「わたしの霊はその毒を吸う。」(同 6,4)は信仰の実存の内面的問題を示す。心身共に苦悶の中に沈んでいる。この点は霊、心、身体を分けて考えない聖書の基本的考えに沿う。これはギリシャ的考え方とも禅的考え方とも異なる。

15)　岸沢惟安　『正法眼蔵全講』第 15 巻　海印三昧　昭 48　p.144 以下　原文では「相俟つ」ではなく「対待する」と表現されている
16)　同上書　p.194
17)　同上書　p.270
18)　同上書　p.279
19)　コヘレト　9,3
20)　9,21 は英訳(ICC)では I care not for myself , I refuse my life となっている。
21)　ICC Job 1971 p.171
22)　岸沢惟安　『正法眼蔵全講』第 2 巻　昭和 51　p.113
23)　ICC Job 1971 p.61
24)　H.W.Wolff；ibid, p.169
25)　ICC Job p.107
26)　ICC Psalms 1969 p.261
27)　岸沢惟安　『正法眼蔵全講』第 9 巻　昭和 51　p.43
28)　同上書　第 8 巻　仏性　昭和 50　p.584
29)　同上書　p.584
30)　H.W.Wolff；ibid, p.172
31)　ICC Job p.68
32)　浅野順一　同上書　p.113
33)　H.W.Wolff；ibid, p.214
34)　J.K.Kuntz；The people of Ancient Israel 1974　p.469
35)　岸沢惟安　『正法眼蔵全講』第 2 巻　現成公案　昭和 51　p.39
36)　同上書　第 9 巻　行仏威儀　昭和 51 p.476
37)　Oesterley & Robinson; Hebrew Religion, its origin and development 1966　p.350
38)　ICC Job Introduction The Age of the book
39)　ICC Job Part 1 p.1
40)　Interpreter's Bible The Book of Job p.899
41)　岸沢惟安　『正法眼蔵全講』第 7 巻　古鏡　昭和 50　p.214
42)　Oesterley & Robinson; ibid, p.351
43)　ケンブリッジ旧約聖書注解 12　ヨブ記 N.C.ハーベル著　高尾哲訳　1994　p.96 以下

19,26 以下について二つの訳があるというが、いずれにしても彼は死後神と相見える。存命中にはヨブの証人は現れない。だからこそ人の側での事柄を脱落させることが求められる。

44) ICC Job p.43
45) 岸沢惟安 『正法眼蔵全講』第9巻　行仏威儀　昭和51　p.80 以下
46) J.K.Kuntz ; ibid, p.477
47) 岸沢惟安 『正法眼蔵全講』第9巻　昭51　p.479

要約（ヨブ記）

ヨブはイスラエルの民の一人として律法を誠実に守って暮らす。にもかかわらず次々と災難が襲う。例えばひどい皮膚病にかかる(2,7)[1]。そこで彼の神への信仰は崩れる。このことは同時に自己の理、知性を発動してあらゆる理不尽なものやことを一つの合理的な、彼の場合にはその背景に神が存在するが、秩序の内に取り込み無害化するという手続きが不可能になったことを意味する。人による処理を超えた事態の発生があった。

兄弟、親族、親友に忌み嫌われ、挙句には自分の子供にまで憎まれる(19,6〜20)。しかもこういう事態の背後には神が存する。その分余計に耐えがたい。それまで自己の味方だと思っていた神自身が敵となったのだから。たとえ全世界が敵となっても神だけが味方ならば、基本的に何の問題もない。かくて神こそが彼の絶望の根拠である。自分が神に背いていないと確信するので、自分を創った神がどうして自分を追及するのかという疑問が彼の心を苦しめる(10,6〜8)。しかも神は彼を救いうる者はほかにはいないと知っている。神が彼の無垢を知っていると考えることは、彼自身は当然自己が無垢と信じていることを現す。その分余計に苦悩する。神は自分の道を知り自分が「金のようである」(23,10)と分かるはずだと思う。誰よりも律法を熱心に守ってきたので周囲の人間の状況と比較してどうしても納得できない。それが喉に刺さった骨となり

神を信頼しきれない。かくて神を信頼するか、自己を信頼するかという選択を迫られる。だがそれらのうち片方を捨てることはできない。ただ神信仰が決して平坦な道でないことはむしろ一般的であろう。

　ヨブの最終到達点までの途中の過程を振り返っていくつかの注意点を挙げてみよう。まず「なぜ、わたしは母の胎にいるうちに　死んでしまわなかったのか。」(3,11)と自問する。自己の創造者なる神が自己を責めるという神自身における自己矛盾が耐えがたい。神が精神分裂に陥っているように思われる。さらにそういう神が自分から片時も目を離さず調べている(7,17～19)ことも心理的に大変な重圧となる。そして遂に「御手を下し、滅ぼしてください。」(6,9)とあるように神自身による滅びだけが慰めとなる。人は二人の主人にかね仕ええないという命題を地でいく。世の霊に組して生き長らえるより神と共に、神によって滅ぶことを選ぶ。しかも死者の行く黄泉の国は真っ暗で死者はそこへ行きじっとしている。きわめて不気味な世界である。にもかかわらずそれを望む。絶望の度合いが知れるのである。死者は神を称ええず、黄泉の国は神無き世界である。通常なら神に近いことこそ慰めなのに、逆が彼には慰めである。彼のニヒリズムの根源は神自身である。現実的現象の背後には神が存する。友人達は皆災難は彼の犯した罪の結果だから彼は悔い改める必要があると主張する。彼らは因果応報の考えに立つ。律法主義的である。しかし神がヨブを打つ目的はサタンとの賭けの事実にも現れるとおり、彼を正しい神信仰へと導くことにある。だが彼には神の真意は最初からは分からない。

　次に、彼にも現実はいわば神無き世界である。そこでまず神への彼の不平を取り扱い、次いで自己の全面的放棄という最後の立場なき立場への萌芽を見うるところを取り上げたい。

　前者の面について。「わたしの魂は息を奪われることを願い　骨にとどまるよりも死を選ぶ。」(7,15)といい、それまで絶対の信頼を置いていた神さえ敵となった状況の中で死を望む。その背景として「力も奪い去られてしまった。」(6,13)という状況がある。しかもそういう事実に直面した者に対して友人は忠実であるべき(6,14)なのに、そうではない。さらに、神が人から何かを奪ってもそれに対して人は反論できない(9,12)。また神は無垢な者も逆らう者も同

じように滅ぼす(9,22)。神の恣意性が問題となる。要は友人らは応報という考えを主張するが、ヨブは自己の家畜、家族を奪われ、挙句に自分が大病に見舞われる苦難の連続の結果、神の判断の不可解さに彼の良心は悩む。神は絶対なので「正義に訴えても　証人となってくれるものはいない。」(9,19)。神の不可解に対して人は全く無力である。全くの袋小路である。しかもこういう状況の中で彼は自己の潔白を主張する(13,13〜19)。自分のために争ってくれる者がいれば自分は黙って死んでもよいとまで考える。不平を自分自身ではなく他者に託すことに彼の神への絶望の激しさが現れる。このことは「母の胎から墓へと運ばれていればよかったのに。」(10,19)という言葉も表す。黄泉の国に魅力を感じるほど現実に絶望する。それほどに世から退けられる。では彼に世への執着はないのか。この段階では肯定も否定もできよう。肯定とは世への執着の反動に過ぎないであろうから。いわば裏返しにされた形で世への思いが募るのか。また否定とは自己への執着ではなく純粋に神の義という立場で考えているから。だが本当にないのなら淡々としていられたであろう。しかしすぐ後で「わたしから離れ去り、立ち直らせてください。」(10,20)という。これは自己の無垢への自信の深さを表すと同時に自己への執着を表す。こういう事態の半面の事実として神が猛烈な敵と映る(16,9〜14)。たとえそうでも彼にとっては「わたしのために執り成す方、わたしの友　神を仰いでわたしの目は涙を流す。」(16,20)と告白するように神以外に頼るべき者はいない。ここに彼の究極の矛盾がある。敵以外に味方はない。神と神とが対立する。だが真実は彼の心の中で二つの神が対立している。神は唯一の存在であり二つあるはずはない。二つの神があるのではなく、彼の心の二つへの分裂の反映である。兄弟や知人の自分からの離反も結局神が後ろで糸を引くからである(19,13)。苦難の黒幕は神である。神に逆らう者が生き長らえることに対して「全能者の怒りを飲み干せばよいのだ。」(21,20)とまでいう。神は人の運命には頓着せず悪人の味方であるようにさえ見える。神はヨブにとって憤慨の相手になったのである。自己が潔白だとの彼の主張の激しさは「死に至るまで」(27,5)という言葉も示す。彼はどこまでも自己の潔白性に自己の究極の拠り所を求める。ここに彼の自我の健在たることが分かる。ここを離れないと真の神信仰は成立しない。彼の仕

第2章 キリスト教内における同異の考察 ― ヨブ記論考 ―

方では問題は解決しない。自己の都合に合わせて神をではなく、その反対への主客逆転が必要である。神による逆説的統一を求めねばならない。その点を欠くと、耐え難い現実の背後にある神がサタンと交わした賭け、約束などへは目が届かない。目にうろこがあるままである。表裏一体として受容できなかった。これは神学的にはひとえに人の原罪のなせる業である。人の側に中心があるままでは神の心を透視しえない。

最後の立場への萌芽の見える点について。まず彼を救いうるものには彼は出会わなかったという現実がある。彼は苦境にあってただ単に霊肉共なる苦悩を死で終わらせたいのではなく、神と友なる内面的平和が大切である[2]。このことは最後の立場へ向けてきわめて大切な事柄である。人はパンのみにて生きるのではないから。人にとってこれこそが究極の問題である。このことに関連するが、「あの方とわたしの間を調停してくれる者　仲裁する者がいるなら」(9,33)という。これはそういう存在の欠如を感じるからであろう。この点は「その時には、あの方の怒りに脅かされることなく」(9,34)とすぐ後で告白することにも現れる。これも自己の側での色々の思いを捨てて神に帰一するほかない方向を指し示す。彼は勝ち目はないと知りつつ神に対し論争を挑む。エリファズもビルダドも神の義を主張する。一方、ヨブは彼らに比し余りにも律法に忠実に生きており、それに反比例的な不幸に対して納得がいかない。彼は苦難との軋轢の結果、死が友となってしまう。「その暗黒に寝床を整えた。」(17,13)という。心はすでに生を離れ死に安らぎを得ている。死という問題は消えている。彼はもはや地上での希望を持ちえない状況に追い込まれている。神は地上を思うがままに支配する。「神がその裁判官の顔を覆われたのだ。」(9,24)という告白はこういう事実を端的に表す。そのすぐ前で「罪もないのに、突然、鞭打たれ　殺される人の絶望を神は嘲笑う。」(9,23)とまでいう。極端にいえば神は一種の専制君主である。これは「わたしの方が正しくても、答えることはできず　わたしを裁く方に憐れみを乞うだけだ。」(9,15)という言葉からも察せられる。一方、友人達は律法主義的なので神といえども律法に制約されると信じている。ヨブと違い理不尽な災難に出会っておらず、そういう信じ方が可能である。彼らはヨブと違い神に対して真の意味で畏敬の念を持っていない。友人

達は人間主義的である。しかも律法があり人間中心的たることが神中心的と誤解されている点、余計に厄介である。彼は自己の潔白には絶対の自信がある。「わたしの罪咎を示してください。」(13,23)という言葉は彼が立ち往生しながらもそこに留まれないことを示す。こういう彼の気持ちは最後まで続かざるをえない。自分の贖い主が生きていることが最後の拠り所である(19,25)。たとえどんな苦境に陥っても自分が神の手中にあると信じている。彼には自分自身以上に神は近い存在である。当時の神信仰としてはまだ死後をも含めた和解、調停は不可能なので、端的な神信仰しかない。「高い天には　わたしを弁護してくださる方がある。」(16,19)という告白は自己の利害得失を超えた神への信頼を示す。神が彼を弁じるという希望が究極の拠り所である。心が地を離れ天へ向かう方向にあることを示す。どんなに苦しめられても、依り頼みうるものは神しかない。このことが可能なのは神を絶対的とだけではなく、義と信じるからである。そう信じて初めて全自己を委ねうるから。だがその半面神は人の過ち、罪、悪に固執せず、塗り隠すと信じている(14,16以下)。義と愛である。彼は仲保者を夢見るが、この点はボンヘッファーと比較するとき大切な点である。後者ではキリストという仲保者がいるから。

　彼の最後の立場について。もしヨブが神と人との間のいわば共通の裁判官に訴えていれば、いつまで経っても救いはなかろう。そういう共通者は人自身によって立てられているから。つまりそういう者を立てて自己を最高の存在としているから。そこで自己自身から永久に自由たりえない。ボンヘッファーでは神学的に形成された神という要因がどこかに存していはしないか。ヨブでいえば義のような理念が。ヨブでは最後には神学的要因は全く捨てられているが、彼でのように個人としての罪、苦しみ、死が未徹底な場合、人の側に何かまだ肯定的な要素が残らざるをえまい。そこで不可避的に人の側からの構成という要因が生じる。「神と論争することを望んだとしても　千に一つの答えも得られないだろう。」(9,3)という。神と人との断絶は明らかである。これは人が自己を超える不可欠的契機である。「ひと言語りましたが、もう主張いたしません。」(40,5)は自己が超えられたことを示す。それまでの神観も含めて自己の、自己へのあらゆる思いが断念された。自己の誤り、自己の思い上がりを反省し

ている。
　さらに、最後の立場の特徴的ないくつかの点を見てみよう。
　神の思いは人のそれを超えてはるかに高い。このことは自然界のことでは例えば全ての命あるものは神の手の内にある、神が水を止めれば干ばつとなることなど、人間界のことでは王の権威を解く、国々を興したり滅ぼしたりすることなどに現れる(12,7以下)。神と人との間の境は絶対的だから、人の側から橋はかけられない。したがって現在の人に理解できないことは多い。それらは謎のままにしておかなくてはならない。終末で全ては明らかになる。「このわたしが仰ぎ見る　ほかならぬこの目で見る。」(19,27)という。これは今すでに死を超えていることを表す。すでに心は天にある。神の人に対する隔絶性の認識がこういう信じ方をさせている。今すぐに神の奥義の究極を見ようとはしない。これは神への畏敬と矛盾するから。人が主か神が主かの相違である。彼に神が現れるという事実こそ大切である。神顕現が究極の解決である。死後であろうと前であろうと要は神顕現が重要である。いつは二次的なことである。神は永遠だからそういう神を信じる人も命は永遠であり、かくていつという問題は基本的には消える。神顕現は一般に自然の特別な出来事と共に生じる(38,1)[3]。神は嵐の中からヨブに答える(40,7〜14)。彼が神同様に種々のことをなしうるのか、と。そして神は彼に正しい態度を取るよう促す。顕現によって彼は究極的に納得がいく。脱自的納得である。ここで彼は全てを許容できた。「今、この目であなたを仰ぎ見ます。」(42,5)との告白はいわば終末論的性格を持つ。そこでは時は超えられているから。一方、ボンヘッファーでは神がイエス・キリストにおいて全てに「はい、誠に」(Ja, Amen)といったとされるが、彼個人としてはこういう終末論的な見神という体験が欠けてはいないかと感じさせる。人類全体への啓示たるイエス・キリストと個人への啓示とは異次元の事柄でどちらも欠かせまい。
　神について人は十分には知りえないのに、神の経綸をあげつらうのは人の傲慢だと悟った(42,2〜3)。友人達とは結論は異なっても、律法に基づいた一種の合理性に則って判断していたことは変わらない。それがそもそもの誤りであった。自己が無垢だという主張こそ彼が神の懐に飛び込めない根源であっ

た。窮すれば通ずという諺があるが、そういう誤りのどん底から、この人を見よ、と無心に神を仰ぐという態度へと翻る。人の立場から神の立場へと転換する、させられる。彼は友人のための執り成しの資格さえ与えられる(42,7〜9)[4]。これは彼が神について正しく語ったことへの神からの贈り物である。さらに、神は彼の境遇を元に戻し、財産を二倍にされた(42,10)。これは神の恵みであると同時に苦境を耐え抜いた神からの報酬でもあろう。もっとも神にそうする義務があるのではない。旧約も新約も神の恵みを啓示する。ただ決定的な恵みの啓示という点で相違がある。旧約から新約への道筋を示している。

　ヨブは最後に嵐の中に神の声を聞く。嵐というごとく人の心身の外に聞く。この点がいわゆる神秘主義とは異なる。人が無たることと神という他者を聞くこととが一である。内へ内へ赴くのとは異なるのである。

【注】
1）　ATD 11　ヨブ記　A. ワイザー著　松田伊作訳　1982　p.52 以下
　　　この病気はギリシャ人が象皮病となずけたもので、伝染するので患者は社会から排除され村里離れた塵塚の上で余生を送らねばならなかった。
2）　同上書　p.101
　　　神の恩恵の一撃があれば彼にとって慰めになろうし、喜び勇んで死に向かい、死においても神の証人となろう。生死を超えて神の証人となる。パウロの「生きるにも死ぬにも、わたしの身によってキリストが公然とあがめられるようにと切に願い、希望しています。」(フィリピ1,20)に似ている。
3）　Georg Fohrer; Studien zum Buche Hiob　1983　p.124 以下
　　　神顕現は悪天候と共に登場するので、嵐は神の彼への語りかけが顕現の関連であることを示す。突然生じ、人の防御をあざ笑う自然的要因は神の聖なる近寄りがたさの表現手段として現れており、彼の、弁護する立場を神が確証しないことを予想させる。
4）　ケンブリッジ旧約聖書注解12　ヨブ記　N.C. ハーベル著　高尾哲訳　1994 p.214
　　　42,8 以下について彼の宗教的行為は代償的で、イザヤ書53章の苦難の僕のようである。

補　遺

エックハルトにおける神秘主義

　　（1）
　エックハルトは禅では高い評価なので、彼と西谷啓治を対比しつつ考えたい。本文中例えば(B1・21)は Meister Eckharts Predigten Bde 1(1986)、2(1988)、5(1987) のうちの第一巻21頁の意であり、また(7・235)は西谷啓治著作集全26巻(1990〜1996)のうちの第7巻235頁の意である。
　人間における徹底した自己否定について。「物が再び絶対の固有性に生きてくるところ、絶対否定が絶対否定でなくなるところに、真の絶対否定が現成する」(7・50)。エックハルトの神秘主義に関連してだが、確かにそうであろう。ともかく絶対否定は絶対肯定に転ずるといいたいのであろう。神の本質といえども対被造物的相対性を残す。そこでそういう本質との合一では満足しない。ここでの脱自とは、一方で神との全き一に入り、他方で神のもとを全く離れ再び人間に帰るという、神と人との間の矛盾をそのままに同一にしたごときものである(6・30以下)。神は人間に対してこういう脱自の徹底を求めているのか。そうでないのなら人が自分の考えでそうしていることになる。神との全き一というが、そこでいう神とはイエス・キリストにおいて啓示された神とは別ものであろう。「恩寵による救済といわれるもののうちにも潜みうる最後の自己中心主義」(6・30以下)と信仰の立場を批判するが、神中心に考えている以上、もはや"自己"中心主義とはいえまい。そこをさらに超えようとしてはかえって"脱自"中心主義に陥らないのか。脱自自体がいわば神格化されはしないのか。だからこそそこに神が現れ神との全き「一」と考えるのではないのか。だが"現実的"に考えられているのか。問題は世界の創造者としての神という観念は禅にはなく、例えば同じ"現実的"でもその内容が異なりはしないのか。ところで西谷も聖霊（人格的非人格性）との関連でパウロを取り上げるが、パウ

ロ的信仰では、人は神による創造の世界での救済史のインストルメントになっている。パウロでは脱自と同時にそうなっている。確かに脱自なしにインストルメントにはなれない。しかし逆もまた真である。ただ、キリストを信じることが前面に出て脱自の面はいわば暗がりの中にあるままである。脱自を純粋に取り出すことは人間的業であり不要なことであろう。

　神の本性は神が各々の良き魂に自らを与えることであり、魂の本性は神を取り上げることであり、そういう点で魂は神の像を思い、神に同じである(B1・492)。神にしろ魂にしろ自己と同じものを受け入れるのであろう。こういうことは何事につけ一般的にいいうる。霊には神のあらゆる内面が開かれ、霊は神との人格的な交わりに止まらず、神の内面へ、神的自然から神的本質へ透入する(7・48)。また「裸のままの神に」とは神が自己自身をあまねく与えると語られたことと同じ意味だとする(7・16)。キリスト信仰では神を人は生まれながらにして見うるものではないことが基本である。神を見る者は死ぬのである(例えば出エジプト19,21)。そもそも神が人に自己全体を与えるなどと考えること自体が奇妙である。神の霊、あるいはキリストの霊と人の霊とがこういう関係に入るというのなら理解しうる。しかるにエックハルトでは神が直接出現する。最初から聖書的神理解から逸脱している。少なくとも啓示の神ではない。そういう意味では我々日本人一般の抱いている神観念と共通な要素があろう。パウロにキリストが現れたといっても、キリストはイエスとして地上に生きていた人であった。その限り単に内面的に啓示されたのではない。内外に啓示されることが啓示の不可欠の要件であろう。神の創造した世界の中での変化に関わらない場合には、内面的に色々の変化が生じても大きな意味はなかろう。人は所詮罪を完全に脱することは不可能だから。

　こういう神と人とのいわば相互透入には、我々が神の根底の中へ、神の最内奥へ入って行くべきならば、純粋な謙遜において我々自身の根底の中へ、我々の最内奥へ入ってゆかねばならない(B2・735)。一方では、「魂はいつもまっすぐに存在の純真さにおいて神の中にある」(B2・736)。神も魂も純真な存在なのであろう。そして神はそういう謙遜な人間の中へ全く流れ込むよう神の善性において余儀なく強制される(B1・486)。強制(zwingen)とまでいう。こう

いう考えは神を超えて神性にまで至らなくてはならないという考えと一体であろう。神さえも義、善に対しては義務を負う。神の存在よりもむしろ例えば善が上位を占めているのであろう。だから zwingen となるのであろう。確かに神は愛である、義であるとはいうが、先の神観は聖書的なのか。それらはしかし人に啓示された限りでの神の属性としてのことであろう。もっとも神にあっては強制と自由とは一と考えることもできよう。たとえそうでも人は罪を避けえないのに、そういう人と神とがいわば相互透入とは理解しがたい。さらに、謙遜な人と神とは一であり、自己自身を支配するように神を支配しており、神に命じうる(B1・486)。神に命じたり、神と一であったりする。それでよいのか。神は畏るべきもので知ることさえ許されぬという感覚とは全く異なる。こういうことの最たる一面だが、一人の人が真に謙遜なら、神はその全神性を失って完全に神性を放棄するか、あるいは自らを注ぎ出しその人間の中へ全く流れ入らねばならないであろう(B1・486)。謙遜には特別の意味があるにしても、それも罪を避けえない人の態度に変わりはない。それに対して神がこのようにすると考えうるのか。我々日本人の神観念のようにさえ思えてくる。いわゆる離脱によって神が私を愛するように強制できるとの考えは、きわめて人間中心的考えであろう。たとえ人間の在り方がどうであれ、神は哀れもうと思う者を哀れみ、救おうと思う者を救う。神には主権がある。救いを求める者を待たすこともできる。人とは隔絶していればこそ人にとって救いの根拠となりうる。ただ、こういう人間中心的考えは禅の立場とは合致しやすいのであろう。

　さらに、「根底に至るまで自己を捨てた人間の中へ神は自己をその全能力にしたがって全く注がねばならない」(B2・712)、「人が従順において自己の自我から出て、自分のものを放棄すれば神は余儀なく再びそこへ入ってこねばならない」(B5・505)。ここでも余儀なくという。たとえ人が何をしようとも神が自らを完全にそこへ注がねばならぬような人間は世に存在しない。詩編で陶工の例がある。もしそういうことが可能ならキリストの受肉は不要ではないのか。キリスト信仰ではなくなろう。また、自由な魂が正しい離脱の内にあり、神に存在するように強制し、魂はいかなる外形や全ての偶有性なしに存立しうるならば、魂は神の固有な存在を受け取るであろう(B5・541)。神固有の存在

さえ受けるという。これでは神と人との区別はなくなろう。それぞれ固有でこそ名前がある。さらに、例の強制についてだが、神が自らをより迫力を持って私に従わせ、よりよく私と一致しうるので、私が私を神へと強制するより、私が神を私へと強制することの方が優れる（B5・539）。私が自己を神に一致さすより、神が自己を私に一致さす方が一致はより完全とはいえよう。そういう存在が果たして真に神なのか。さらに、我々が神から離れえないのなら、神も我々から離れえないであろうから、我々が神を欠きえないように我々を神は欠きえない（B2・644）。神が人を欠きえないようなことがあるのか。神は何度も人を滅ぼしているのではないのか。たとえイスラエルの民でさえも。神と人との一致を意志という点から見れば、その意志を神に全く捧げる者に神は自己の意志を全く、神の意志が人間にとって自己のものになるように与えるので、神はその人間が意志すること以外の何もできない（B2・639）。人の意志すること以外のことを神ができないところまで神と人との間での一致を考える。この引用文の前提である出エジプト 32,11 や 32,31 以下でも神と人との意志は一致しない。だからこそ罰することがいわれている。一致しないことをいう個所を一致する場合はどういう時かの推論に使っている。しかしそれではテキスト本来の考えではなくエックハルトの考えであろう。読み込みではないのか。同様の事態を別の点から見れば、もし我々が神に対して全てを発見すれば神は我々に対して神の持っている、知恵にしろ、真理にしろ、秘密にしろ、神性にしろ全てを我々に対して明らかにする（B1・474）。神のさらにその奥にある神性さえも隠さぬという。神を直接は知りえぬというのとは全く異なる。啓示は不要となろう。

　いずれにしても、いかに謙(へりくだ)った人間に対してとはいえ、神が自己をそこへ注ぎ込む義務を持つ人間などありえまい。聖書のどこにそういうことが出ているか。神と人との結合だが、神と人との人格的関係でも、神の愛という場合常に恣意という意味が残るが、エックハルトが語るのはそういう人格的関係をもこえた恣意以上の意志、一種の意志的必然性についてである（7・14）。神と人との間にそもそも必然的結合などありえない。キリストを信じている場合でさえ最後の審判があるのだから。人格的関係であればこそそうであるほかない。

恣意というと悪く聞こえるが、人に対しての神の恣意とは聖なる意志である。神の側での主権なのである。それを超えることは固有な人格的存在としての神の否定に通じよう。神と人との間の断絶を消す結果となろう。そのことは結局人間の方へと跳ね返る。結果、人は罪と死とから救われなくなろう。神と人との二ということの消滅については、人間は神の業がその内に働く場所でもなくなって初めて、(中略)彼の永遠なる本質に達する(7・19以下)。確かにイエス・キリストを啓示と信じ、救済史の中に組み込まれていると、神の働きが自己の働き、自己の働きが神の働きという側面は生じようし、また生じねばならない。しかしこのことと形造られること(einbilden)において今すでに神と一であることとは異なろう。前者では神自身とは二でありつつ、救済史の中での働きにおいては一である。二即一である。一即一ではない。罪ゆえにそうはなりえない。しかし罪の逆効用であるのか人はそれで満足しうるし、またそうであるほかない。神のみが神自身の内に業作する時、人間はその神の内に没し去り、神の業が彼の本質となる(7・20)というが、これはしかし逆に考えると神を今すぐに全面的に自己の側に取り込むこと以外の何物でもない、自己が全くなくなるほどにまで今すぐ取り込まないと満足できないほどに「無我―自我」的であるともいえよう。神といっても知性であるともいうように、自己にとって異質な要素が神に備わっていない。結局、広い意味での自我の世界の中でのこととなろう。可視的世界の中の物事からの心の解放がいわれるにしろ、それ自体が自我の主張であろう。自我といっても悪事をするばかりではない。むしろ、終末でなく、今の時点で全体的、完結的と当人の考えることを要求するか否かが自我の有無の基準になりはしないか。そういう究極的目標のある限りいくら可視的世界に属すものを捨てても自我を離れたことにはならない。かえってますます自我は強化されよう。最終的にはもはや何によっても阻害されないほどに強化されよう。しかしこのことは自我崩壊ではない。外見上はむしろこちらの方がより自我が否定されているようにさえ見えよう。ここでは可視的なものへと心が引かれることは少しも許さないから。もしそうなれば究極的なものから落ちることになるから。一方、啓示信仰ではそういうことが一時的に生じても何ら支障はない。自己の存立根拠はイエス・キリストという他者の側に

あるから。神の他者性を消せば消すほど人の救いは遠のくのである。

「神が魂の中で働こうとする限り、神自身がそこで神が働こうとする場所であるほどに、人が神や全ての彼の業から自由である。これのみが霊における貧しさである」(B2・730)。つまり自らを空しくしてもなお空なる場所が残るのでは究極の貧ではないというエックハルトのいうことはパウロにも当てはまる。救済史の中に位置づけられてまさに彼の心身の中で神が働く場所になっている。エックハルトでは救済史的性格はない。パウロでは神自身が彼に現前してはいない。キリストが現前する。それにもかかわらずあれだけの活動を為しえたのはキリストが神と一であると信じていたからである。終末においてさえも「顔と顔とを合わせて見ることになる。」(第一コリント 13,12) という以上、神と人との二という事態は維持されたままであろう。二では不十分で一でなくてはならないという観念自体がない。このことは神が「わたしはあるという者だ」(出エジプト 3,14)という神であることとも呼応する。有らせられているものは神とは別のものである。神に相対しているものである。つまり二であるほかない。神の似像である人間の場合、特に二となろう。二が不十分という観念はないので不満もない。二は不十分、一が完全とはまさに人が作り上げた観念にすぎない。

こういうエックハルトの一面について、禅の立場から「人間は神がその中で活動することを得る場所でもなく、またそれを持ってもいないというほどに貧しくならねばならない。」という言葉を引いて、これは単に魂の能力の浄化ではなく、魂そのものの浄化、自己透脱であり、それを実現さすのが魂の内における神の誕生だとする解釈が見られる[1]。神の誕生という以上、積極的なものへと転じていて、神への信仰が根本にあることが分かる。禅とは根本が異なる。しかしパウロでは人の内での子の誕生は選ばれた人間に限定されるが、エックハルトでは自己透脱した魂には神は必然的に誕生せねばならぬと解される[2]。後者では誰でも自己透脱すれば神を強制できることになる。このことは神がその"我"性、即ち固有性を失うことをも意味する。この点は本来のキリスト信仰とは異なる。

【注】
1）川崎幸夫　『エックハルトとゾイゼ』昭61　p.148
2）同上書　p.150

　　　　　　（2）
　被造物に対する神は、表象された神であり、そういう神のなくなることが実在の神に触れることで、そこでは生きた神と生きた自己とが一つの働きに現れる(7・232)。「私の目と神の目とは一つ」、「神は私の内において私よりも私に近い」などはこういうことだという。表象の神と生きた神とを分けて前者を否定するが、救済史的信仰では双方生きている。前者の否定とは啓示の神、他者たる神の否定を意味する。肉の体で生きている人間にとって前者の否定を意味する後者の神が真の神といってよいのか。ただ生きた神と生きた自己とが一つの働きにおいて現れることはキリスト信仰にもそのまま当てはまろう。また、子がなお父の家にある場合の一は二を潜在せしめる即自的一だが、顕になった二における能作における一において絶対の一が現成する(7・55)。キリスト信仰とはまさにこういうものではないのか。キリスト者とはその内にキリストが生きている存在である。そしてキリストの体としての有機的一体の一環を担っているのだから、まさに能作において一といえよう。個々の別個の存在として顕になった二といえよう。さらに、一たることについてだが、「絶対に二なるものが、主体的に一なるが故に絶対に一となり得るという立場である」(7・34)。たとえ能作的合一であって「見る」立場ではないとはいえ、これは神秘主義であって、キリスト信仰ではない。聖なるものと罪あるものとが今すでに一ということは不可能である。終末においてさえ神と人とは一にはならない。神はそもそも能作において全存在として出尽くしているのか。ところで絶対に二なるものとはどういうことか。存在として人とは別個のものであるほかない。となると対象として考えることは不可欠、不可避である。人の内面に取り込まれてしまうと、それは絶対の他という性格を失う。人との関係で絶対の一とはなりえないところにこそ絶対の他としての神の存在がありうる。主体的に一なるがゆえに絶対の二が絶対の一になるというのは、禅の立場で人が主体的

に無に至ることに応じたエックハルト理解なのであろう。絶対の純粋能作の立場には禅での超仏超祖に平行の立場が認めれる(7・73)。このことは、「もし私がなかったならば神もなかったであろう」という言葉に端的に出ている(7・73)。このエックハルトの言葉は実存論的な意味ではキリスト信仰にもそのまま当てはまる。外の物から受け取られた像と一つになることが直ちに眼の内から眼に固有な作用が発現してくることにほかならぬ(7・21)。このことも実存論的信仰の状況を表す。神が人に対してのように別個の存在であるのなら、それではまだ神は人に対して相対的存在に過ぎないことであろう。絶対であれば相対的対立を超えるのだから、人とも一になりうるのでなくてはならない。しかしキリスト信仰から見るとそういう絶対は絶対ではない。相対的存在と一になりうるのだから。絶対とか相対とかという言葉の内容が禅とキリスト信仰とでは異なる。人の存在に罪という契機を考えるか否かでこういう相違が生じてくるのである。

　絶対の一については、ノエシス的な一としての絶対の自、主主合一がいわれている(7・52)。啓示の神とノエシス的一に絶対を見ることとは相容れないであろう。啓示としてはノエマとしての、存在としての神が前提である。無を究極に考えるので、ノエシス的一を究極と考えうるのであろう。神についてまで無という根底を考えてよいのか。被造物と同じようにそう考えうるのか。そういう神はもはや神に値しないのではないのか。創造者と被造物とはどこかが異なっているはずである。異ならないのなら神も後者の一つとなろう。いわゆる絶対の他は他ではないのだろうが、自とか他とかいいうるのはそれぞれが固有な存在を持っていればこそである。ノエシスだけならもはや固有な存在はなく、自とか他とかは問題にはならない。そういう状況で自とか他とかいっても無意味であろう。

　次に、「空にして能作する」について、「『空にして』とは神性の無において自己自身を滅する空却であり、内的業である」(7・99)。たとえどんなに人の心の状態が変わっても、そこにおいて人の内面と神性とが二でなくて一であるという考えは聖書の信仰とは異なろう。一ということもいえぬほど一であるのならなおのことであろう。どういう仕方においてであれ内面においてであれ、外

的にであれ人が絶対的存在である神と一という考えは聖書に反する。神と一と考えると、人についての罪ということは希薄とならざるをえない。罪ある限り人は神と一にはなれない。「意志は神が意志するもの以外何ものをも意志できない」(7・102　エックハルトの引用)。そうならば人の意志は自由に働きながら、全く神の意志に合致している。罪のかけらさえもないのか。久松禅学が超個に偏しているという批判を受けるが、それと同じことがいえはしないか。神の意志と全く一致という以上、まず神の意志の内容を知らねばならぬが、それを知っていると思うこと自体が問題である。聖書では神と人とは断絶していることが大前提である。人は神を直接には知りえない。人は死ぬ限り、罪の汚れに染まっている。もし仮にエックハルトが不死であったのなら、神を直接知る可能性があったであろう。キリスト信仰は善悪、義不義というような人格的事象が中心の構成なのである。

「私が神を見る眼は、そこで神が私を見る眼と同じ眼である」(B1・478)。この引用文の前で見る眼とその眼で見られるものとは同じといった後で、このようにいう。こういう考えの中での神とは他者なる神とはいえない。なぜなら「民が主を見ようとして越境し、多くの者が命を失うことのないように警告しなさい。」(出エジプト 19,21)というのだから。対角線的に反対の考え方であろう。全く異質である。神自体が人の内面—単なる内面ではないとしても—に取り込まれるような性格のものになっている。他に対してその存在を与えるごとき神は人とは別個の存在であるほかないであろう。

神と魂との親近性については、神と魂との間の近さは両者のいかなる区別も知らず、魂はその存在を直接に神から受けるので、神は魂に、魂が魂に近い以上に近く、神は魂の根底において神の全神性と共にある(B1・467)。また神と魂とが一つにされるべきであることについて、いかなる不同も存しないところでは必然的に一つたること(Eines)があらねばならない(B2・700)。神と魂とはかくて同じものとなろう。類似性があるというようなことではない。こういう考えはヨーロッパ中世の統一文化の時代を背景にしてこそいいうる、考えうることであろう。聖書、特に旧約を背景にしてはいえないであろう。ただ、神に関していえば、同等性(Gleichheit)ということは存在せず、ただ一であるこ

とのみ永遠性において存する(B1・481)。同等ということは二が前提となるからであろう。両者を比較して同等という判断を下すという考え方になるからであろう。もともと一であればそういうことはない。二ということはないのだから。確かにそうであろう。したがってまたキリストにおいて全てが総括されることが存しているのである。

このような一ということについては、西谷以外にも例えば一個の純一なる一化の全現成とする[1]。エックハルトの場合には、キリスト教の世界の中でのことなので神ということがどこまでいっても現れる。そこで一ということが人格的次元へと展開していきうる。禅のように元来神の欠けた世界でそういうことが果たして可能か。西谷は神についてその内容が日本と中国とで違うのではないかとか、西洋に限ってみても theos、deus、近代語の God などでもともと同じか否かさえ問題になることに触れる(25・425 以下)。このことはエックハルトにおいて神の眼と自己の眼とが一つという考えにおいて"神"をどう考えているかを反省するのに大いに役立つのではないのか。つまりエックハルトでの神は聖書での神とは異なりはしないのかという問題である。しかも日本人がエックハルトを高く評価するとき、その神について日本人の神観念として解しているのではないかということである。その点の反省に当たってこの個所での西谷の言葉は大いに参照に値すると思う。

こういう一についてだが、「私の眼と羊の眼」との合一が超有的であるごとく、神の眼と霊の眼との合一もそうだが、この全く別な存在(Wesen)をも超越的に一つにするごときそれらの働きの一が問題なのである(7・40 以下)。私の眼と羊の眼とは、神の眼と霊の眼とも考えられている。存在が違っていても超越的に一にする。しかし神と人とについては Wesen が異なると、たとえ超越的にとはいえ、一にすることは不可能である。もしそういうことが可能ならばイエス・キリストにおける啓示は不要となろう。聖なる神と罪ある人という Wesen の断絶は人の側からの如何なる方策も超ええないことである。人と羊となら共に自然的存在、被造物でありこういう問題は生じない。神と人との関わりについて、人と羊との関係がたとえとして出されるところにすでに神と人との間の断絶を明確に意識していない点が現れる。創造者と被造物との関係を

被造物同士の関係にたとえることは不可能である。

　主主合一についてだが、エックハルト自身にとって、羊の眼が私の眼と同じ活動を行使するので、私の眼が私の耳と共通性を持つ以上に、私の眼は羊の眼とより多くの共通性を持つ(B2・712以下)。つまり同じ活動ということで能作の一をいいたいのであろう。本質の類似よりも作用の類似の方に重点があるようである。こういう考えは神と人との本質的相違よりも能作における一の重視という考えに通じる。西谷でも質料なしと仮定された木材と眼との関係として取り上げられる(7・36以下)。神が精神的と考えた場合の木材に当たるのであり、霊が眼に当たるのであろう。かくて神が精神的存在であって視覚作用において眼と主主合一するような性格なら、啓示は不要であろう。「わたしはあるという者だ」(出エジプト3,14)という場合の「ある」(hāyā)は存在する(sein)、生成する(werden)、働く(wirken)という三つの意味を持っており、神の側が一方的に能作的といえよう。神は人の見ることのできない存在である。かくて例えば神と私との対比というたとえはふさわしくない。二つの存在における例えばものとそれを見る眼との一よりも、精神的なものにおけるそういう関係における一の方がより高い一というような考え方は可視的世界よりも精神的世界を重く見ることを前提とするが、これは聖書の考え方とは異なるのである。

　こういう考えでは物質的世界は軽い意味しか持たなくなろう。「魂が神を世界なしで認識しうるならば、世界は魂のために造られはしなかったであろう」(B2・661)。しかし聖書によれば世界は神の栄光を現すために造られている。魂中心に考えてしまうと人間中心的になろう。神秘主義は元来そういうものなので、そうなっても何ら不思議ではないのだが。「御自分が正しい方であることを明らかにし」(ローマ3,26)というように義認論においてさえも神中心的である。こういう観点の欠如と終末論の欠如とが関連しているのである。

【注】
1) 川崎幸夫　同上書　p.158

(3)

　宗教的な霊の立場へのエックハルトの立場からの批判だが、霊が空なる場所となって神の言葉を受け、霊を貫く神的生命に逢着するとはいえ、神はなお対象的に、表象されるものである(1・20)。根本的には、人における罪の認識の有無に帰着しよう。こういう要素があると、人は全存在としての自己について"神の目と私の目とは一つの目"という心境にはなりえない。神秘主義とはキリスト信仰ではない。そこで問題はこういうところでの神とは何かである。人間の中に生まれてきた神であろう。つまり人間なのである。たとえ神がどのように概念規定されようとも、究極的原理を神と呼んでいるに過ぎない。そういう神は結局人が考えたものにすぎまい。先の表現では不十分であってさらに、一切の有るものに有を与える神の有自体をも超えた砂漠、何者も宿らぬ無の根底においてのみ、霊は霊自身となり、神との全き一に入る(7・48)。今究極まで極めないと満足できないのである。禅が共鳴するのも無理はないが、これはもはやキリスト信仰ではない。全き一のためには神は有ではありえない。もしそうなら、神がまず存在するのではなく、霊の方が優先しているといえよう。

　神との一についてだが、神自身が元来一であるからである。神的本性は一であり、各人格もまた一であり、本性であるところの同じ一である (B5・501)。西谷も、「神は一の純なる一であり、自ら自身のうちに湧き出でつつあるものである。(中略)意志は神が意志するもの以外何をも意志できない。」(B1・158)を引く(7・101以下)。また、神の自然的で固有な場所は同一性と純一性とである(7・13)。神をこのような人間的概念で考えてよいのか。人格的存在であるから。さらに、意志は神の意志と一致とするが、ローマ7,7以下でのような事態が生じる。そういう事態を感じないのは神を人の側の状況に対応して考えているからではないのか。

　神観について。神は全被造物の中に存するが、それらを超えており、存在を持つもの、時間、場所は神には触れない(B1・462)。さらに、ヤコブが安らごうとした場所は神であり、そこにおいて魂は最上、最内奥の場所の内に安らぐべきである(B2・674)。この引用文のすぐ後でこういう場所としての神は人の言葉では本来的に言表できぬという。神と人との関係についてだが、君が人と

なったより前に、神はそれをすでにその永遠性において聞いたのだから、この呼びかけや祈りを神は明日初めて聞くのではないであろう（B5・542）。歴史以前の歴史、原歴史ともいうべきものが神にとっては存する。また、殉教者は生命を失ったが、神の最も固有な本質である存在を見いだしたので、我々の生命である存在は神の内に存する（B1・459以下）。旧約でアダムから世代が下がり神から離れるにつれて生命が短くなる考え方に呼応するようにも見える。しかしここで殉教者について生命と存在とがいわば対立的に考えられている。この点は聖書とは異なろう。存在とは世にある生命以外には考えられない。もっとも地獄の中にいる人々について、「彼らの生命が神から直接に流れてくるので、彼らは生きることを望む。生命とは何か。神の存在は私の生命であり、神の本質は私の本質である。」(B1・453) という点から見ると、現実の生命と神の存在とは一と見られているようである。ただ、神と人との本質が同じとなってよいのかと思う。

　次に、禅の立場からの有神論への批判。神の有という時、その神の有はかえって被造物の有の根が現れたものともいえる（7・49）。有という点で共通的に考えること自体が不可解である。神と被造物との区別が元来ないようである。さらに、「人格神的有神論に立脚している限り、愛の神の自己否定は父自身に及ぶ形を取っていない[1]」。しかしそうとばかりもいえない。子なる神の死は父自身にとって大いに苦しみであったであろう。しかし仮にたとえ自己否定という形を取っていないとしても、それは神の決めたことであり人があげつらうべきことではない。神自身にも「絶対的自己否定を要求する」ところにエックハルトの神秘主義の特徴ありとする[2]が、人に対してと同様に神に対しても同じ要求をするのが正しいのかと感じざるをえない。また、神としての「我性」を一切空却し[3]というが、神について人と同様に我性といってよいのか。同次元で扱ってよいのか。もしそうなら、そこには神は元来存してはいない。そもそも人格的であることを「我性」といってよいのか。人についてにしろ、神についてにしろ。無我の方がより徹底しているという前提がありはしないのか。絶対否定即絶対肯定というように、絶対否定とは根本的には自己否定ではなく自己肯定なのである。これに対して創造者なる神が被造的世界に姿をとっ

て現れたことは自己否定といえる。存在の様態を変えるのだから。その上、さらに他者なる人々のために十字架上で死ぬとは自己否定の極致といえよう。対等な人なる他者によって殺されるのである。かくて、少なくとも自己否定という言葉は矛盾している。自己が自己を否定することはできない。どこまでも他者によって否定されるのである。内面的世界での否定は即肯定と考えられるが、現実的世界での他者による否定は即肯定とはならない。肯定という要素はどこにも見いだしえない。

　エックハルトは最初から神の本性の本質的属性を究めんとしていた[4]。神の本性が不変なのは単一性、崇高性、発散する善性の普遍的原因性によるとする[5]。思弁的である。また神は知性であり、知性認識であり、存在よりも高いとされる[6]。神に知性が帰せられるときは被造物に存在が、神に存在が帰せられるときは被造物には無が帰せられる[7]。神には一段高いものが帰せられる。「存在―神―論理」の世界で神を存在とする限り虚無に転落するほかない人間の自律的自由への要求は、神を絶対無とする立場を開いて初めて満足させられる[8]。こういう論理の否定を神秘主義は含むという。たとえ神を存在と考えるにしても、人の存在と同じに考える必要はなかろう。神と人とに同じ尺度を当てはめること自体が不可解である。神を存在とする場合、それ自体が人の思索による一つの産物である。「わたしはあるという者だ」(出エジプト3,14)とはもっと直接的なものであり、人の思惟を媒介したものではない。旧約でのイスラエル民族は例えば出エジプトの過程で葦の海に直面する。後ろにはエジプト軍が迫っている。そういう危急存亡の体験後に旧約は書かれた。存在が危機に瀕する。そういう状況で有って有らせる神を信じた。これに対してヨーロッパの宗教哲学ではそういう危機が前提になってはいない。存在を前提とした上での思索的世界として神を存在としたり、あるいはその反動として人の自律的自由の要求が神を絶対無とする立場を開いたりしている。存在と思索とがいわば別々で二段構えになっている。旧約のイスラエルではそういう分離はない。そういう余裕はない。神と人との関係が直接的である。間に人の思索が入る余地はない。神を存在とすると、人が無となると考えるのも、反対に人の自律的自由への要求の前に神を無とする神秘主義も、共にそういう余裕が前提になって

いる。余裕の宗教哲学か余裕なしの信仰かの相違であろう。現代の宇宙観から見るとき、地球や人間の存在は無にも等しく余裕を持って宗教哲学を構築しうる状況ではなかろう。葦の海とエジプト軍との挟み撃ちに遭っている状況にアナロガスといいうるのではあるまいか。神の啓示をただひたすら信じることが必要ではないのか、もとより理性、知性で反省しつつ。

　「善性とか善とかは神の着物であり、神を純粋にそこではそれ自身において発見され裸にされている衣服小部屋において受け取れ」(B2・687)。神を善からさえも切り離して受け取れとは聖書の考えとは異なろう。義であり、愛であるから信じるのではないのか。かくて、無において神が誕生するとはいえても、逆にキリスト信仰においてのように、神の誕生(啓示)が無を生起させるのだろうか。無という契機がやはり即事的には優先していよう。禅に近いのであろう。神の内奥は無と見られている(7・164)。また、「神の意志や神の一切の業や神そのものを空にして立たんと欲する時、私は一切の被造物を超えてあり、神でも被造物でもなくという」(7・103)。結局、神という語は使用されても、聖書での啓示の神とは無関係の世界なのであろう。さらに、「彼は名なき所における神を欲する」(7・20)。旧約では神は自己の名前を名乗る。名無しでは呼びかけもできぬ。人格的でない。「わたしはあるという者だ」(出エジプト3,14)を解釈して、単に我有りといわれなかったところに神に有が帰せられぬことが示される(7・175)というが、原典でもそういう意なのか。神はやはり有であり、しかも他を有らせる存在であろう。そうなると、肉の体の人間に関しては、「神が能作するものは人間自身の能作するもの」(7・175)というように、人の意志と神の意志とが全く一ということはありえなくなる。神を究極的には無とするので、そう考えうるのである。神を無とすることが絶対の要件であろう。啓示とは正反対である。神は愛、義である必要はないが無であることはぜひとも必要である。無であれば当然のこととして基本的にいって救済史的性格はない。禅の立場の人からは、禅とエックハルトとが異なる世界に属しつつ相通じるものがあるとされる(7・3)。神の無に対応して、「内への方向を、合一というより以上に徹底させることであり、(中略)真に自らを破り自らの外に出たことでもある。」(7・250)ことになる。こういう外への出方はキリスト信仰と異なる。

外へ出るともいえるが、それはまだ内であろう。現実界に重みが欠けている以上、心と目とが端的な世界に向くことは生じないから。ただ、エックハルトはキリスト教的世界におり外界の重みを知っているとも考えられるが、神秘主義である以上十分にはそうはなりえないのであろう。

　神性自体は絶対の静で、いかなる生成の萌しも跡もなく、霊はそこへ帰す(7・74 以下)。神性についての思弁は聖書にはない。エックハルトでは神の本質は純一な知性であると共に非人格である絶対無である[9]。神を絶対無としたので生死即不生不滅という立場に至った[10]。確かにそうであろう。しかしそうであっても、というよりもその場合こそまさに否定的なものを積極的なものへと転換できている。そうである限りここには虚無というものはないといってよい。本来的死での向上面は向下面に翻る[11]とされる。確かにエックハルトはマリヤよりマルタを尊重する。無とはいえ神は神なので、こういうことも可能といえよう。無が単に理念的ではないとしても、聖書での啓示における神とはそういうものではなかろう。キリストの死と復活において示される。見えざる神が見えるキリストにおいて人に対して示される。したがって人は見えるように現れているキリストにおいて神を見るように定められている。エックハルトでは少なくとも神は現実的なものからその背後のものへと考えられている。神が内面化されている。「神的本質である無に同じ人々のみが神に同じようであり、自己愛の上に立てられているこの世の全ての愛を捨てたのなら、全世界を捨てたのである。」(B1・454)が、それは同時に神性の無に入る神化なので永遠の生の立場である(7・104)。もし肉体の存続が考えられているのなら、そこには肉の体があるのだから、神と一になることなどありえない。キリストが十字架上で血を流したことは聖なる神と罪ある肉の体との間には血を流す関係しかないことを示す。人が生きながらにして神化しうると考えるか否かが禅や神秘主義とキリスト信仰との分岐点である。

　三一なる神においては子なる神とは自らの内に映じた神の像であり、形造られる(einbilden)という立場にはなお父なる神と子なる神との間におけるごとき人格的な関係が残るが、神自体は像なく形相なきものである(7・16 以下)。神の本質(有)をも超えた無ともいうべき神性が神の根底として考えられてお

り、エックハルトでは人格的な神は被造物との関係から見られた神であり、神自身である限りでの神ではない(7・16)。子なる神について内に映じたというが、神自身におけることを第一に考えるのは本末転倒であろう。地上のイエス・キリストが神の子として信じられており、そこから遡って神自身の内でのロゴスの存在というものが例えばヨハネ伝で考えられているにすぎない。また人格的関係が残っているというが、"残っている"というところに禅的考え方の特徴が出ている。そういうことは悪いことだというニュアンスが付きまとう。だが終末の世界においても霊の体といわれる以上、人格的関係は消えることはない。さらに、神には像などはないと決めているが、そう決めること自体が人の思い上がりであろう。人の持つ概念を当てはめようとすること自体をやめなくてはならない。全ての概念が当てはまらぬと決めても何にもならない。そういう姿勢自体を捨てなくてはならない。禅はあるいはそういうものかもしれない。神性を無と考える点に禅の立場からは共鳴しやすいのであろう。しかし究極的なところを無としている点が問題である。人が特定の神観を考えることはやめなくてはならない。今現在の人には究極は分からない。自己完結性が捨てられない限りイエス・キリストを神の子としては信じえない。結局、今現在究極的なところへ至りうるのか否かが分かれ道である。さらに、被造物との関係で見られた神と神自身とを分けて考えること自体が聖書的ではない。神を人は知りえないのだから。啓示によるのみである。

　こういう神へと至る道について。「霊が神をも超えて、神の本質に入り、さらに神性に入ることを意味する」(7・17)。このように考えるには人にとって神が知られていることが前提であろう。さもないとその神へと入り行くことはできないから。ところで、神を現在の知性で直接知っている、あるいは知りうるのならキリストの啓示は不要であろう。歴史上のイエス・キリストとして知らされている限り、それ以上、実はそれ以下—なぜならそれは人に属すことだから—のことを知ろうとすることは禁断の木の実を食べるのと同じことで、神の意志に反するであろう。罪による断絶によって人は神を直接には知りえない。にもかかわらず知りうると考えることは神に代わって人を絶対化することとなろう。人格をも絶した神的本質というものが一体存在しているのか。そう

いう神"観"を前提としているだけのことであろう。神自体がどういうものかを分析的に考えるなどというのは絶対者の領域へ相対者が入り込むことで本来許されざることである。禅にはこういう傾向があるのでエックハルトのこういう面に共鳴するのであろう。

さらに、神観についてだが、神性とは、「これら三者が一つの神であるといわれる時の神の『一』そのものである。(中略)唯それとの生きた一においてのみ体験されうるごとき、神の神たるところを『非存在的存在』又は端的に『無』(Nichts)と呼んだのである」(7・233)。啓示もされていない神そのものがどういうものであるかをどうして人は知りうるのか。理解しがたい。有限な人がどうして無限者を知りうるのか。結局、人が神はこういうものと決めていることとなろう。これこそまさに人の分を超えたことであろう。神と神性とを分けて考えるのは、あたかも人について体と心とを分けて考えるのに似て、人格的存在をそのようにいわば分割的に考えるのは正しいのか。聖書では体と心とを一体的に考える。同様に神についても自体的存在と対他的存在とをいつも一体的に考えるべきであろう。被造物を造る面が欠けるとその神は無能となるし、三一的ではなくなろう。さらに、自己反省的な面が欠ける。人は神自体は知りえないのに、神性を考えたりすることは思弁的といえる。信仰は基本的にいって現実の世界の中への啓示を信じることなので思弁的ではない。エックハルトにはそういう思弁的姿勢が基本的底流として存している。

「神は名前を超えて崇高で、名状し難い」(B2・733)。一方でしかし突破において自己が神と一という。名状し難いと神を感じるのは当然であろう。明確な概念規定はしていないが、名状しようとする気持ちがあること自体が不可解である。聖書に照らしての神概念を求めたら、彼のような考えにはならなかったであろう。例えば、神自体の内での魂の流出[12]をまず考え次に現実的なそれを考える。しかしキリストの啓示からいうと順序は逆であり、キリストを神の子として信じることがまずある。そしてそこから遡って像の誕生を考えられよう。しかしこういうことを考えるのは必然的ではない。イエス・キリストが神の子たることも復活で分かったのである。現実のイエスを信じることが先にある。ロゴス・キリスト論のようなものは必然的ではない。

「神は言われた。『光あれ。』」(創世記1,3) について、光が産出される前に神が語ったと読んではならない[13]。このすぐ後でヨハネ1,9、12,46、エフェソ5,13などを挙げる。しかしこれらはイエスが光であることをいっているのではないのか。こういう読み方をすると、神は救済史的性格を失う。確かに自己の根底に絶対的地平が開かれるという側面はある。それがなくては信仰とはいえない。しかしそういう地平の中では救済史が生きている。こういう最初の前提自体が異なっている。

神は外界へ自己を啓示して、人の自己へ関わる自己という自我の自己完結性を破ることを目指された。エックハルトが外からの表象から自由となり内へと向かう道を行くのとはちょうど逆である。そういう意味での内がついに破れて内外一になるとはいえ、そういう世界は内というのいわば透明のベールをかぶっているようなもので顕な外とはいえない。人がどう関わるかということから独立した外的世界の重みがない限り、"外"ということは結局存しえない。外的世界からの表象を避けて内へ向かうこと自体、外的世界の重みの無さ、意味の無さを反映している。外の世界の独立した意義が外の世界が外の世界として存立するには必要である。しかしそういう意義にはこの世界が神の被造物というだけでは不十分である。ただ単にそうではなく、神によって神の栄光が最後には現れてくる世界へと今導かれているという動的な世界という観念が必要であろう。動ということが欠けていては神が生きた神か否か分からないから。神にリアリティがなくなってしまう。

かくて、エックハルトでは神について人とは隔絶した他者という面は見られないのではないのか。少なくとも存在として隔絶していると受け取られていることが啓示の神には不可欠である。存在であればこそ啓示ということが必要となろう。

西谷によれば、「自己の根元底とか本来の自己とか言われた処——そこは西洋中世の神秘主義者の言葉をかりれば、『魂の根底』と『神の根底』と、そして（仏教徒は付け加えるであろうが）『世界の根底』とが一つに帰する処と言えるであろう。」(11・219) とされ、西洋的な魂と神との根底という問い方と禅的な問い方とが共通的な処へ達すると考えられている。そうであろうか。エックハ

ルトでも神が霊の内に生まれることがまず存してはいないのか。そのことが契機となって神の内を突破して遂には無という神性へ至る。この点禅と異なりはしないのか。神は少なくとも人格的存在として霊の内へ生まれるのだから。神性＝無というときの無は禅での無とは異質ではないのか。「そういう実際化や世俗化が禅の当然な実現なのである。そこに禅と、色々な点でそれと近似している神秘主義との相違が現れている。」(11・221)というが、これはむしろ逆ではあるまいか。人格的性格の強いことになればなるほどそうではないのか。政治家、軍人、実業家へ影響を及ぼしているという。その影響の内容を考えてみなければならないであろう。

【注】
1) 川崎幸夫　同上書　p.6
2) 同上書　p.6
3) 同上書　p.2
4) 中山善樹　『エックハルト研究序説』1993　p.155
5) 同上書　p.38
6) 同上書　p.93, 95
7) 同上書　p.155 以下
8) 川崎幸夫　同上書　p.84
9) 同上書　p.18
10) 同上書　p.141
11) 同上書　p.145
12) H. Ebeling; Meister Eckharts Mystik 1966, p.146 魂が永遠の誕生において聖霊と共に流出したとされる。
13) キリスト教神秘主義著作集7　エックハルト　『創世記注解』1993　p.37

（4）
　神が人に与える本来の賜物は神自身なのだから、人は神を見ることを学ばねばならない(B5・530)。神は自身だけで人の財産であろうする(B5・535)。神以外のいかなるものも我々の財産ではない。そして、魂が神を顕わに見て、静かで、専ら神の存在の内にあり、存在と神以外の何も知らないのが最初の浄福

であって、魂が神を見、認識し、愛していると知り認識すれば、自然的秩序によって最初のものからの偏差で、最初のものへの反動である(B5・503)。魂が神を顕わに見るというが、そういうことが可能になるのはキリスト信仰では終末においてである。「そのときには、顔と顔とを合わせて見ることになる。」(第一コリント 13,12)というとおりである。神観自体が異なることが根本にあろう。また、神を見ることは人が自己自身において一であることでもある(B5・504)。この一において、神のみを心に留めれば、神はその人間と全ての彼の努力において一となり、神は我々のわざを行わねばならない(B5・509)。

　こういう神を見ることについて、西谷は例えば次のような解釈をする。「霊が神のうちに生れ神の子となるとは、神を観ることである。(中略)神を観るという意味もなくなった所が知の最後である。(中略)霊は内外の差別を撥無した仕方で神を生きるのである。(中略)放念或は離脱があると同時に、霊は神にも依存しない最高の自由と主体性とを得る」(7・170 以下)。外的なことやものから心が離れて内へと向かうことにより神を観て転換が起こり、内外の差別を撥無した生になる。いわば禅と同じことになる。しかし神はもはや救済史的性格を持ってはいない。人間界を見ても、「被造物も、いつか滅びへの隷属から解放されて」(ローマ 8,21)という自然界を見ても、外的世界が不完全である以上、救済史的性格なしではこの世界と神とは結合されないであろう。この場合は個人の生と世界全体の有り様とは統一されないままに留まることになろう。統一のためには人の生が救済史的性格を持つほかない。こういう統一を問題にしないことは結局当人の生が基本的には内へ向いたままであって外へは向いていないからであろう。こういう点でもエックハルトと禅とは共通である。現時点で究極的なものを体験することと内容として救済史的に信じることとは二律背反である。エックハルトや神秘主義は前者に入り、啓示のキリストを信じるキリスト信仰は後者であり相対立する。肉の体で生きたままで究極的なものを体験すると考えるのは、それは究極的なものが真にそういうものではないか、あるいはそこにある神観が「民が主を見ようとして越境し、多くの者が命を失うことのないように警告しなさい。」(出エジプト 19,21)というようなものとは異質だからであろう。啓示による神観は「神を見る私の目と私を見る神の目とは同

じ」(B1・478)というような考えとは大いに異なろう。エックハルトでは救済史は不必要であり、神が絶対無であるとか、霊と神とが互いの中に自己を生み合うとか考えたりする。これら二つのことは一体なのであろう。無の中に神が誕生する。救済史的観点は欠けており、そうなっているのであろう。パウロでは神の代わりにキリストが登場する。それに応じて終末論的観点が存在する。

　一般に禅的見方では、絶対について二元的なのは不徹底であるとの前提があるようである。絶対とは一でなくてはならないのであろう。しかしそういうこと自体が人の考えた論理であろう。かくてそういう論理に神の在り方まで合わせるように考えていることになろう。啓示の神とは人の論理とは無関係に神が自らを示すことである。神は人の論理に合わすように自己を啓示はしない。「人の子は思いがけない時に来るからである。」(マタイ 24,44)ともいうように、人の思いとはむしろ背馳している。

　ところで、禅の立場からは「死における瞬間性と虚無性とを徹底する道は有として自己を定立する限りの神を空却して、絶対無として神を見得することでしかない[1]」。例えばローマ 7,7 以下でのような告白をしている状況では、実存論的にいって絶対無としての神を見得するところへは行きえまい。罪という点から見てもいわば余裕があってこそできることである。禅の立場から見て真宗とかキリスト教が不徹底という見方と軌を一にする。だが救済史的、終末論的な神信仰は不可欠であろう。こういう問題はどちらが徹底しているかという問題とは次元の異なった問題であろう。また「人格的な神の有と活動とが神の本質と魂の根底とがそこで自己同一をなす絶対無そのものの全現成として把握される[2]」。現成というだけでははっきりしないが、人格神と絶対無とはどのような関係にあるのか。無を対象化してはならないにしても、一体どのようにして無から有が成るのか。無とはそれ程に産出力があるのか。そうではなく、根底ということなら、無の現成といっても無から有が生まれることではないことなのか。こういう点についてだが、神を観ることにおいて自らをも観るし、万物の根底をも観るのである(6・68)。キリスト信仰も同じく実存の立場だが、直接、神を見るのではなく、実存的な自己の場の開けと救済史的な場の開けとが一である。肉の体のままで見る神は真の神ではない。いわば偶像崇拝的な神に

過ぎない。もっとも「その直観もいわば神の現存在的な現前ともいうべきものであり、それが即ち証悟に外ならない」(7・226)。神秘主義での見神もこういう性格のものだという。こういう"現前"であればパウロのダマスコ途上でのキリスト顕現についてもいえよう。それ自体は決して神ではない。実存的な場の開けというものであろう。エックハルトも「人間は考えられた神に満足すべきではない。人はむしろ実在的な神を持つべきだ。その神は人間の考えや全ての被造物よりはるかに崇高なのである。」(B5・510) というように。そのとおりである。ただ人の内面に現れたものが真に神であるのかが問題である。さらに、神秘主義的な絶対の一から覚知という性格を持つ絶対無への転換において初めて万物がそこに現前すると同時に人が真の自覚に達する場が開ける(11・118 以下)。このような禅的見方との対比でいえば、キリスト信仰では絶対一と絶対無とが同時に成立しているともいえようか。絶対無として人を現成させて、同時に絶対一としてその現成した人格的にいわば無内容であるところの人を「人」として造っていく。無からの創造である。禅ではこの後半が脱落しているのではないのか。こういうことと仏教における本来的死について、「生と死を共に空なる幻として、同時に常住であり、同時に寂滅であると見得する[3]。」ということとが関係していよう。こういう見得はどこまでも心の中で行われることであり、外的世界には何らの関係もない。神の被造物として世界が重い意味を持ってくるのでもない。心の変化に重い意味をおかない限り、こういう見得に意味をおきえない。こういう点とも関連して絶対一を神と考えてみよう。絶対一の場合は、「自己に起こる脱自も、一者のうちへ自己を失うという形でしか考えられないのは当然である」(11・120)。"自己を失う"と考えるところが問題であろう。だから絶対一はだめだと判断されるのであろう。神秘主義ではあるいはそうであろう。だからそういうところでの自己否定はまだ観念論的とされるのであろう。キリスト信仰では自己を失うことが同時に新たなる自己を得ることと考えねばならない。真にキリストを信じたところでは、キリスト者としての自己の開けにおいて初めてキリストは受け入れられている。観念論的に考えられて、信仰の対象としてどこか遠いところに例えば天国に存すると想定されているのではない。キリストという場が同時に自己の開けでも

ある。ここには媒介も仲介もない。

　禅の立場からは、西洋的な形而上学的世界と一体的なものとしてキリスト教が見られているようである。たとえばニーチェのようなヨーロッパ人から見てそうなのだから、また日本へは欧米経由でキリスト教が入ってきたのだから、そういう見方になっても仕方ないところではあろう。しかし形而上学的世界と一になった信仰の世界では啓示自体に直接に接するのではなく、まず啓示に基づいて人が形而上学的世界を構築する。次に、それに基づいて現象的世界から離れて超越的な神的存在と一になることを目指すことになっているのではないのか。啓示に基づいて形而上学的世界を構築しているところに人としての余裕がうかがわれる。禅からはキリスト教は例えば絶対他者に依存していると見られている[4]。しかしパウロで「兄弟たち、つまり肉による同胞のためならば、キリストから離され、神から見捨てられた者となってもよいとさえ思っています。」(ローマ 9,3)というごとく、離されてもよいというほどにキリストと一である。真に根拠付けられ、依存しているということはそこにはもはや根拠も依存もないことを意味する。自己の根底の底が抜けている。無底である。これはしかし同時にキリスト底である。無底即キリスト底である。キリストと二即一なら同時に何にもよらずとなっている。対象的な他者への依存が不可なことが、なぜ直ちに禅のような方向へいくのか不可思議である。なぜ人格的内容のある場の開けのような考えにならないのか。なぜ無という場へいってしまうのか。

　エックハルトでは「神への帰入が直ちに絶対的自由と自主性を意味するごとき、また世界否定が直ちに世界肯定を意味するごとき立場」(7・216)が現れるが、こういうことはキリスト信仰でも同様であろう。ただキリストを信じてそうなっている点が異なる。かくて根拠が異なる。ただ"絶対的自由"についてだが、信仰義認と一であるパウロ的なキリスト信仰においてこそそういいうるのではないのか。肉の体で生きている人間が直接的に絶対的自由を考えると、どこかに無理が生じはしないのか。

　西谷は神秘主義を三つの段階に分ける(7・240以下)。第一段階では表象的把捉の否定、自己を内へと集中することが生じる。第二段階では自らの上に神を見、下に万物をその永遠の相の下に見るという観想が生じる。第三段階では

神秘的合一、端的な一、一物もなき無が生起する。第二段階ではまだ神は人格的であって人間的見方が支配する。ただ、人は造られたものではない自己自身を見る。以上である。内へと向かって行ってそこに神を見るという方向は人の考え出したものであり、聖書ではそうではない。啓示はいつも外界へと示される。第三段階は神、あるいはキリストへの依存をも否定して現れ、主体的自由における依存、無依存の依存である（7・192）。こういう要因はキリスト信仰にもある。自我に取って代わってキリストの霊が人の内で生きることによって。ただ肉の体で生きている限り、二元という面はあってこそ現実的といわねばならない。禅は神を信じることはその内に何か人間的なものを残すこととして受け取っている。しかし神を信じることが人の自我崩壊をもたらす場合、神を信じることは決して人間的なものを残してはいない。もっとも神秘主義的、体験主義的要素が入っているとそういうものが残ることになろう。だがそういう要素を完全に排除して純粋に信じる場合にはそういうものは残ってはいない。聖書に啓示された神を信じることおいて神と一といってもよかろう。ただ体験的、あるいは実体的に一なのではない。体験主義的要素の全くない信において人の心は地を離れている。体験主義的要素があるほど反対に地的要因、色彩が濃いのである。

　エックハルトはキリストについては例えばB2・714以下で述べる。キリストは真の神にして真の人である、人が自己を与える場合は神が賞賛されるためにそうすべきである、などのことを述べる。彼におけるキリスト理解についてはパッシオという我々をあがなった面とアクチオという我々を形造り我々に賜物を授ける面との二面が考えられる[5]。ただしキリストを通さないと人は神に近づけないのか否かは必ずしも明確ではない。

　サクラメントについて。「そのからだを通して強められ、あなたのからだは更新される。なぜなら我々は彼において変えられ、全く彼と一体とされるからである（第二コリント3,18）、そこで彼のものが我々のものになり、すべてが我々のものになり、我々の心と彼の心とが一つの心となり、我々のからだと彼のそれとが一つのからだとなる。こうして我々の感覚、我々の意志と努力、我々の力と肢体は彼の中へと持ち運ばれるべきである」（B5・526）。持ち運ぶ

(hineintragen)という。「その時あなたは彼(キリスト)に一体化(zueinen)される。全ての天使がそれら二つのもの(心と神と)の区別をもはや知りえず、見いだしえない。こんなに近い一体化(Einung)は成立したことはなかった。心は一人の人間を形成するところの心身よりもずっと近く神と一体化(vereint)しているから。この一体化(Einung)は一人の人が一滴の水を一樽のワインの中に注ぐ時よりもずっと緊密である。そこには水とワインがあろうがこれは一つのものへと変えられる、いかなる被造物も区別を見いだしえぬほどに」(B5・527)。心と神との一ということについて水とワインとを混ぜたとき以上としている。

【注】
1) 川崎幸夫　同上書　p.137 以下
2) 同上書　p.27
3) 同上書　p.176
4) 同上書　p.101
5) 中山善樹　同上書　p.50 以下

あとがき

　本書では個としての主体性の確立には聖書で啓示された神への信仰がいかに大切であるかを一貫して論じた。そのことがいわば結論として示された。ここではそれに続いて、そのことに関連して少し敷衍して人間生活のいくつかの面に関して考えておきたい。そうすることにより個としての主体性の確立の重要性が、結果から振り返って改めて認識できるからである。

　　（1）
　少なくとも日本に比べ民主主義の根付いている欧米人の書いたものを読むとき、元来個という強い意識が背景にあるそれらを個としての意識の低い我々日本人が読むと、そういう意識下で理解するので、その真意を誤解する危険が潜んでいると思う。この点については、例えばGod、Gottなどを神という語で訳したとき、その内容が変わってしまうのと類似の消息を見うる。かくて欧米人が共同的なことをいっている場合には、我々としてはその反対のことをこそいわなくてはならないのではないかとさえ感じる。さもなくば個人という意識の抜けたようなことをいうことになってしまいはしないかと感じるのである。例えば「与えられた恵みによって、それぞれ異なった賜物を持っていますから」（ローマ12,6）という聖句は個としての主体性の確立を促している。キリスト教では伝道に関連して土着化しなくてはならないが、土着化してはならないというが、信仰によって個としての主体性が確立するとはそういう仕方で信仰を受容することでもある。

　個としての主体性の確立という点は、イエスやパウロを引き合いに出すまでもなく、もっと日常生活に近いところで見ても気づく。我々が中学生になって初めて英語を学んだときのことを思い出してみよう。恐らく多くの人は驚いたことを覚えておられよう。つまり日本語の"はい、いいえ"と英語の"Yes、

No"の使い方がいわば逆である。日本語では話し相手の話の内容を自分が肯定するのなら、"はい"で答える。否定するのなら"いいえ"で答える。一方、英語では自分の話が肯定形であれば"Yes"であり、否定形であれば"No"である。日本語とは反対だなどと考えるのでややこしくなる。英語自体において考えればきわめて簡単なことである。日本語式の例えば"Yes, I don't go"(はい、私は行きません) といういい方はないのである。日本語では話し相手が中心である。一方、英語ではよい意味で自己が中心である。主体的である。そのように解釈しうる。相手の問い方が肯定形であろうと否定形であろうと、そういうことにはいうなれば一向に I don't care (俺の知ったことではない)なのである。英語に限らずヨーロッパ諸言語では同じであろうと思う。そういう使い方を毎日することによって人の意識が(自己)主体的に形成されていく側面も見落とせまい。このことはもとより種々の歴史的、その他の状況から由来するのであろうが、個としての主体性とも全く無関係ではない。因果関係においてどちらが先かはいえないが、常にそういう話し方をしていると結果として個としての意識も強くなろう。また映画の世界でもそういう傾向を見て取れよう。例えばあの有名な西部劇の名作「シェーン(Shane)」の最後の場面で、シェーンは少年に向かって「正しいことの好きな強い男の子になるんだぞ。」(邦訳)と言い残して、ワイオミングの山の中へ姿を消していく。こういう考え方も個としての主体性の確立があってこそなしうる。聖書的倫理観が背景にあるであろう。ここでも正しいことの好きなことと強いこととは一である。つまり前者の欠如は即後者の欠如でもある。清純な心になることと主体性の確立とは切り離せない。"長いものには巻かれろ、あるいは流れに棹させば角が立つ"的倫理とはおよそ異質である。少し飛躍するが、パウロがペテロをなじっている(ガラテヤ2,11)ことを思い起こさしめるのである。

　個としての主体性の確立が実現している場合、議論する時は文字どおり口角泡を飛ばしてだが、終わって分かれるときには握手してわだかまりなく、さっと別れる。後にはただ風が吹いているだけである。議論の最中にはヨブのように嵐の中に(神の)声を聞くのみである。そういうのが理想であろう。主体性確立に基づいた個相互間での和の世界(風景)を展開すれば、こういうものであろ

う。和ばかりいってはならない。全てを黒一色で塗りつぶしたようなものである。不和の抜けた和は和というに値しない。不和を超えてこその和であることを認識しなくてはならない。日本では会社の社長室などに「和」という字を額に入れて架けてあるのを見ることがある。その「和」はこういう内容でなくてはならない。社会の中での各々の立場は異なるが、和して業務を成就する。労使の対立をゼロにはなしえない。両者の同化は不可能であろう。異和であるほかない。部屋制度には問題があるが、日本の大相撲でも土俵上では全力でやる。だが勝負のついた後では互いに礼をして分かれる。お互いのフェア・プレイと健闘を称えあい、敬意を表するという意味であろう。またそれがフェアな勝負である限り、たとえ自分が敗れても敵ながらあっぱれとして相手を称える武士道精神も"心に書かれた律法"に一脈通じているであろう。つまりこういう武士道精神には自分の損得より義・不義を優先している点で人より神を優先する十戒の根本的精神との共通性が見うけられる。しかも個としての主体性の確立と自己の利害より義・不義を重んじることは一体のことなのである。世界共通な精神的真実の表明である。これらは日本でのそうあるべき姿を現す。一方、主体性の欠如は人間という概念からの脱落を意味するであろう。個の自立が欠如していると類は友を呼ぶということで、徒党を組む事態が不可避的に生じる。このことはまた他に対する社会的差別の温床ともなる。自己とは異なった考えを持つ人々が自己の近くにいることに耐ええないからである。

　ところで、戦後の日本の教育は個としての主体性の確立という方向を目指してきたのか。大げさにいえば自己が宇宙の中心になるぐらいの主体性を追求しなくてはなるまい。依存心を助長するような教育は誤りである。こういう教育は漠然としたものに寄りかかってしまい、自己が究極の権威たろうとしない、そういう心を人間に植え付ける。その結果、依存心助長教育はそういう情けない人間を大量生産する。本来ならそうならずにすむ人間までをもそういう人間へと変えてしまう。影響は実に大きい。こういう教育は亡国的教育といえる。各人の能力を最大限出させる結果にならないから。主体性が欠けていると、独創的な事柄、分野、事業などへの進出、企画でも遅れをとる。確立があってこそ各人の創造性、独創性が最高に発揮される。その結果、職業的、技能的に

も自己を高めることが可能となる。依存心が残っていればいるほど、人間のそういう能力は眠ったままになってしまう。最近の政府の教育改革(案)を顧みても、全体主義的なことがいわれているだけである。まことに情けない限りである。さらに、個としての主体性の確立をこそ教育の第一の眼目に据えねばならないのである。個としての主体性という契機が欠けていては、個人としての社会的責任の追及などもできはしないであろう。バブルの崩壊に際しても、日本と米国とではその対応に明確な差がある。日本では公的資金の投入ばかりがいわれて、その責任のある個人への追及はなされないままである。かくて個としての主体性の確立という契機は社会的公正の実現のためにも不可欠の事柄なのである。

（2）

個としての主体性の確立に関して、次に考えておくべきことは社会的差別はしないということ。一方、個人的事柄では差別という問題は端から存在しないということ。個人的な事柄で機会が平等でないのはきわめて自然なことで何の不思議もなかろう。社会的領域で行えば差別と解されることでも、個人的領域では差別には当たらないことを認識しておかなくてはならない。二つの事象の間には一種の緊張関係がある。いわば逆説的に統一されている。そして一見矛盾するこれら両者を同時に成立させる根底としての個としての主体性の確立ということ。社会的差別の排除と個人的事柄での自由の保証との逆説的統一は個としての主体性の確立があってこそ守られうる。もしこの契機が欠けると、前者の否定のみならず、後者の自由まで否定してしまうか、あるいは反対に後者の自由のみならず前者まで自由としてしまうかになるという邪道に陥ることとなるのである。かくてこれら三者は文字どおり三位一体である。三即一、一即三である。こういう三位一体にあっては総体として差別は存していない。差別を引き起こすような考え方をしておきながら、一方でそこから生じる差別的出来事を除こうとしても、成就しないであろう。最初から差別なしという地平に立つ必要がある。そのうち一つがこけていることは、即ち三つともこけていることを意味する。社会的差別はしない、個人的領域では差別問題は端から存し

ない―これら二つの事柄に問題が起きている場合には個としての主体性の確立の未達成を示唆する。そこでこの点を正して前二者での問題を解決するという経過となろう。原則的にいってこうでなくてはならない。このことは基本的にいって人口減少による移民の受け入れなどの事態を考慮しても、時空を超えてどこの国でも、いつでも妥当する、また妥当しなければならない普遍的真実であろう。

　社会的領域では差別の排除、個人的領域では自由の保障―これら二つの事象は共に個としての創造性の発揮を最大限に生かすための処置と考えられる。個人的領域へまで差別という考えを持ち込むことは実は社会的次元で差別を行うことと表裏の関係になっている。主体性が欠けていると、異なったものを異なったものとして認めることができないから。根は一つである。社会的領域での差別へ陥る危険が常に存している。そういう潜在的可能性さえも除去するには個としての主体性の確立を達成するしかないのである。個人的領域では各人がその良心に従って判断するという自由が確保されて（このことは人がローマ2,15以下に示されている心に書かれた律法に従って判断することを意味する）、端から差別は存しないということは社会的な不正を排除するという点からも必要でもあり、不可欠でもあろう。心に書かれた律法には個人の持つ制約を超えて人類普遍的次元へと目を開かせる要因が存するから。これはそこからさらに民族宗教などの団体からの制約をも突破していく。つまり真実の個は人類全体的次元へと結びつく契機を内に秘めている。例えば入札談合事件についても、古い知り合いなので情報を漏らす場合もあろう。ここでも社会的、個人的事象の区別の大切さが分かる。さらに、古い話で恐縮だが、かつての旧社会党委員長浅沼稲次郎氏が暴漢に刺されてなくなったが、彼は個人に対するものなら許すが、党に対するものだから許せないといった。社会的、個人的の区別はついているといえる。だがこれでは何か曖昧さが残る。次のように考えるべきであろう。個人として、そういう行為は個人に対してであれ、党に対してであれ全て許す。ただしそういう行為は個人に対してであれ、党に対してであれ、たとえ彼個人が許したとしても社会的には許されない以上、処罰されるべきである。たとえ党に対してのものであっても、具体的には個人に対して行われてい

る。そこでその個人としては許すのである。このように個人的観点と社会的観点とを区別して考えなくてはなるまい。
　個人的領域では差別問題は存しないということは、いわゆる差別問題が味噌も何もかも一緒にするという意味で解消したという意味ではない。双方は明確に区別しなくてはならない。さもなくばそれこそ差別が発生するであろう。異なったものを一緒にするのも差別である。個人の自由に対していかなる意味、仕方、方法にしろ、もとより明確な犯罪は別として一律の網をかぶせてはならない。それは誤りである。個人の創造性を摩滅させるから。ただいかに個人的な事柄では各人の自由があるとはいえ、"心に書かれた律法"(ローマ 2,15)に則っての判断が自ずからできるように、簡単なことではないが、常日頃より精進しておかねばならない。人としての務めであろう。心に書かれた律法は人類普遍的性格のものであり、ここから自己批判精神や体制の自己浄化作用などが生み出されるのである。
　主体性の確立とはとりもなおさず個としての自覚が確立することである。そこで当人の持っている種々の観点からの判断に基づいた区別ということは自ずから生じる。これは当然のことである。各人の判断の自由は完全に保証されねばならない。社会的領域でなら差別になるようなことでも、個人的領域では差別には当たらない。例えば日本もいずれは移民受け入れなどによって多民族国家になると想定しよう。その場合、人種、民族、宗教、性別を理由に就職を拒むことは許されないが、個人的交際や恋愛を断っても何ら問題ではなかろう。こういう個人的次元のことでは各人の選択は全く自由である。いかなる規制も加えられてはならない。全体主義的考えは間違いである。そういう意味で個人的領域では差別という問題は端から存しない。このことは今後さらに進むと思われる国際化、多様化していく社会にあって世界中、いつでも、どこでも妥当する真実であろう。こういう要因は次のこととも関わっている。つまりネアンデルタール人は滅んだが、ホモ・サピエンスは生き残ったという相違は創造性の違いからといわれている。両者は場所によっては同時期に共存していたのではないかとも考えられている。争いや戦争さえあったかもしれないのである。後者は壁画などに表されているように創造性に秀でていた。そこで環境などの

変化に対応しえたのであろうとされる。こういう点から考えても、個としての自由の尊重がいかに大切かが分かるのである。かくて個人間での競争を前提とする民族間での競争に勝ち残るためにも個人の自由は最大限に尊重しなくてはならない。そういう民族こそ人類全体へ貢献もしうる。そうでない場合はお荷物となってしまうのである。ところで、創造性は個にこそ所属しており、個人の自由が最大限尊重されてこそ個人の創造性が最大限に発揮され、社会的には発展もあれば、人類全体にとっての悪い状況の改善も生まれる。ただ限度を超えた格差の是正には、個人の善意に頼っていては不十分なので社会保障制度の充実など別の対策で対応すべきであろう。旧約でのヨベルの年（レビ記25章）を思いだすのである。

　個人的領域では差別は端から存しないことと個人としての創造性が生かされることとは連動している。ソ連支配の時代に東欧圏が西欧圏に比べて種々の点で遅れたのは全体主義的考え方の支配のために個人の創造性が生かされなかったからであろう。つまり個人としての創造性を十分に生かすには個人としての活動について最大限に自由を許容しなくてはならない。自由主義とソ連的統制主義とのシステムとしての優劣は明らかといわざるをえないのである。

　社会的差別は各人の資質に合った仕事に就けなくすることによって、いわば人的資源を宝の持ち腐れにしてしまう結果になり、民族、国家として損失となることは明らかである。ひいては人類全体としてそうであろう。不幸な話である。一国家の中での民族による社会的差別をなくすためにも個人的領域では差別問題は端から存しないことを徹底しなくてはならない。現実には民族、人種、宗教などによる社会的差別が生じている。これに対しては個としての主体性を確立して対応するしかない。主体性の確立は異文化との出会いにおいても大切な契機である。例えば他国へ出て行って、そこで外国人ということで奇異の目で見られるなどすることもあるかも知れない。こういう事態は終末が来ない限り永久に続くであろう。そういう場合、自国にはそれ独自の文化というものがあるというように確信できて、個としての主体性が確立されていれば、何ら問題ではない。無視できる。自国の文化に自信──このことは自己自身への自信に究極する──があれば、微動だにするものではない。お互いにそうであることが

相互間の和平のためには不可欠の要件である。ただ暴力行為だけはお互いに取り締まる必要があろう。

(3)
　各人が集団、社会の中でその一員として生きているからこそ、以上のような主体性の確立という事態が不可欠となってくる。人間がその発生以来集団として生きており、集団を離れては各人は生きえないからこそ、以上のような事柄を考慮することが不可欠となるのである。
　神の前では「ユダヤ人とギリシャ人の区別はなく」(ローマ 10,12)とは現実にはユダヤ人とギリシャ人との区別があることが前提である。これは神によっても承認されている多様性の許容である。現実の相違をなくしてしまって皆一様にしてしまうのでは決してない。反対である。一か多かの二者択一ではない。これは誤りである。一と多とを同時に現成させなくてはならない。一即多は決してイッショクタを意味してはならない。一か多かという二者択一は差別と区別との区別がついていない、主体性の欠如したものの見方と呼応する。ここではまた個人主義と利己主義との区別もつけられないこととなろう。差別と区別との区別ができていない事態と平行している事柄である。いわば差別と区別との間をいかなくてはならない。個人主義的であることができないほどに、自己が信じられていないという状況がその根底に存している。いつでもそうだが、特に自己責任の現代という時代ではこういう状況にあることは個人として真に許されざることである。「御子はその体である教会の頭です。」(コロサイ 1,18)という考え方は多を前提とする。パウロは奴隷の身分の者に「自由の身になることができるとしても、むしろそのままでいなさい。」(第一コリント 7,21)という。暴力によってでも自由になりなさいとはいってはいない。「信仰と、希望と、愛、この三つは、いつまでも残る。」(第一コリント 13,13)ともいうが、これはそういう原則が確認された上でのことと解すべきであろう。
　人間社会は種々の観点で多様であることは不可避である。各個人の資質は体力も能力もそれぞれ異なる。このことは生活の全ての面で出てこざるをえない。かくてある一定以上に不平等が拡大しないように努力することが人間とし

てできる最大限のことである。それがきわめて合理的な判断といえよう。何もかも均してしまうのならそれは単なる悪平等に過ぎない。社会的次元のことで機会の平等をいうのはよいが、結果の平等をいってはならない。競争原理を働かすことは優勝劣敗が明確になることでもある。そこでここには区別があることもまた不可避である。しかるに主体性が欠けていると全ての区別を差別と勘違いしてしまう。即ち差別と区別との区別ができないこととなる。こういうところでは民主主義もまた欠如する。人間に向上心のある限り人間社会に社会階層のできることは不可避であろう。人類の歴史始まって以来古今東西を問わず社会階層のなかったためしはない。地上の国がこの世の国であり、来るべき国ではないことの証しのようなものであろう。これをなくしようなどと考えることは夢のまた夢であろう。ただ一定以上に格差が拡大すると社会が崩壊するので、そうならないよう注意の必要があるのである。誰でも下、悪い、価値の低いものより上、より良い、価値の高いものの方を望む。またこのことを誰しも否定しえない。上からは断られ、反対に下については自分の方から断るから自ずからそうなっていくのであろう。同じ境遇の人々が集まることとなるのであろう。かくて社会階層の否定は悪平等を招いてしまう。向上心の否定に通じるから。かくて逆に考えると、個としての主体性の確立という契機は人類の歴史始まって以来社会階層のなかったことはないという事態に対応するためでもある。そういう対応に当たっての根本的要件といえよう。その上、こういう多様性は人類の発展にとって積極的な意味も持つ。向上しようとする競争があるからこそ新技術の開発などでも発展に貢献するのである。神に対して開かれているとは一方で人間社会の中では現実にはこういうことを意味するという一面もあるのである。

　個人が種々な点で多様であることは不可避であり、またそうであることは先述のように大いに結構なことでもある。ただ主体性が確立していないと差別と区別との区別がつけえないだけなのである。区別を差別と感じてしまう。そういう状況では多様性は否定されてしまう。多様性の否定された一様な世界しか許容しえないこととなろう。差別と区別との間には一種の緊張関係があり、その上に主体性の確立は存立している。というよりも主体性の確立がそういう緊

張感を生み出している。いずれにしても両者は真に一の事態の両面といえよう。

　差別、区別の区別についてはまず原則の確認が大切であろう。この点を不明確のままにしておいてはならない。それは個としての主体性の確立と一のことであるから。後者の意味での区別こそ個人としても社会全体としても最も活性化された状況の実現にとって極めて大切な契機である。この意味での区別ができていないことは個人的領域と社会的領域との区別ができていないことに呼応する。また差別という事態は原則として社会的次元でのみ考えるべきことである。これらのことも確認しておかなくてはならない。

　　（4）
　民主主義の基本的理念は異―和（異なりつつ、異なるにもかかわらず和する）ということであり、決して同―和（同じつつ和する）ということではありえない。そういう事態実現のためにはその前提として"いかなる人も真実を知る権利を有する"という原則を大切にしなくてはならない。適正な判断を行うにはそのことが不可欠であるから。そのためには情報や報道などの統制は許されない。何が真実であるかが人にとって第一位の関心事でなければならない。そういう前提で初めて人は人格として生き、幸せを実感しうるであろう。以上のことが人が「人格」である限り、不可欠である。個人の判断に先立って何らかの全体的な、画一的枠をはめることは許されない。個々人の判断を尊重、最優先しなくてはならない。人は顔が異なるようにその考えも千差万別であることは自然なことである。同―和という考えは基本的にいって民主主義と背馳するだけではなく、時代遅れでもある。いわゆる日本株式会社を前提としており、全体主義的発想が根底に存している。同じ者が和するのはあたりまえであろう。類は友を呼ぶのである。真実の個は付和雷同のようにあることはないし、またそうであってはならないのである。

　生ある和と死せる和との相違に注意せねばならない。前者は個の自立が前提となる。後者はそれが欠如している。前者こそ個々人の資質が真に生きてくる和といえよう。後者ではそうではない。個の資質が完全には生きていない、生

かされていない状況でしかありえない。むしろ逆に資質を開花させないようにする契機を孕む。資質を開花させるか、あるいは反対に窒息させるかの二者択一である。日本古来よりの和は後者に当たるといえないか。真の民主主義と呼応するのは前者であろう。

　異―和か同―和か。仏教では自我は妄想である。本来無我である。かくて各人にそれ固有な人格というものを考える必要もない。かくて西田哲学の一即多がイッショクタという揶揄を招いたように一切を同じて和するという考えに行き着き易い。これに対してキリスト教は神と対話する個という各人の人格は固有である。そこでここには異という契機が不可欠である。かくて同―和という考えにはなりえない。異―和であるほかないのである。民主主義的考えではそこでいかに多様な考え方が許容されているかがその成熟の度合いを示す。こういう原則から判断して異―和の方を取らざるをえないのである。自分の考えと異なる考えを許容しえないことは主体性を欠いた、精神的に未熟、幼稚な心の在り方を反映している。いわば駄々っ子と同じである。甘やかされてきた結果であろう。その犠牲者でもあろう。甘えとしては次のような場合も生じうる。即ち道徳的行いなどは自分自身が他に対して実行すべき事柄である。他に向かって要求すべきことではない。各人の自由にどこまでも任さねばならないからである。各自はそういう自由を有していることを肝に銘じておかねばならない。他に向かっての要求は個の主体性に逆行する単なる甘えでしかない。そういう甘えは許容されるべきではない。社会的公正をゆがめるからである。それと同時に、いうまでもないことだが、他人の私生活に干渉するなどということは許されることではない。主体性欠損の露呈以外の何物でもないのである。

（5）
　どのような制度も、できたそのときには、それなりの合理性を有していよう。問題はその後における時代への適応である。ヨーロッパでは宗教改革、フランス革命に代表される市民革命を実行した。他の民族はそれを、つまり自己改革を怠った。その結果、ヨーロッパ人が全世界へ進出することとなった。このように常に時代への適応へと自己改革していかなくてはならない。旧態依然とし

た体制にこだわっていると他に対して遅れをとるだけである。このことは単に自己が遅れるというだけではなく、人類全体の福祉に逆行することでもある。惰眠をむさぼることは自己のみではなく、人類全体を停滞させる。人類全体にとってのお荷物となってしまうのである。

　個の主体性の確立は他への個の依存心の排除を結果する。自らのことは自らで決めるという自律、自立心を生み出すから。さらに、個としての主体性には集団の中に埋没している個をそこから自由にさせる、例えば心に書かれた律法というような契機が属する。これは民族、人種、宗教、性別、あるいは種々のいわゆる圧力団体などの利害を超えた和の基礎となりうるものである。そこからまた独立的精神が自ずから生まれる。社会的には当然のこととして一極集中の改革という考えに至るであろう。多元的であってこそ競争原理も働き、独創的考えや技術も生まれるのである。独立志向というぐらいの心構えが求められよう。かくて"主体性の確立"は、一見無関係、ないし余り関係がないと見える社会的改革、是正という社会的次元での公平の実現へも通じている。日本が真の民主主義国家に生まれ変わるという契機を見出しうる。何といっても国民の各人が個として確立しなくては民主主義国家になることはおぼつかない。かくて個としての主体性の確立は個人的にも社会的にも大変重要な契機なのである。だからこそ教育の第一の眼目に据えねばならない。それと平行して日本株式会社の存立が前提となっているような思考様式、行動様式は全て放擲しなくてはならないのである。いわゆる大連立とは政界における競争原理の否定であり、誤りであろう。それは政党としての責任放棄であり、したがって自殺行為である。国民の選択権の剥奪である。大政翼賛会とかのような全体主義的発想から由来しているであろう。個の自立あってこそ国家もまた自立しうる。国として他の国々に対して主体的な主張を行うことができるのである。両者は一のことである。日本は国家戦略を欠いているという問題にしても、国民の一人ひとりが人としての主体性を有していて初めて解決しうることであろう。何でもそうであるが、裾野がしっかりしていないと国としても足腰が強くなることはできない。国の基礎は国の足腰である個々の国民一人ひとりにあることを改めて確認しておかなくてはならない。国民の一人ひとりが輝いていてこそ民族全

体としても輝くことができるのである。輝くためには一人ひとりが苦難を伴う思い、体験をすることが必要な場合もあろう。そうして民族全体として結果を出すのである。国際競争において多民族間で勝ち残ることを意味する。合理的なやり方をしていない民族はもし他の条件が同じであれば、そういうやり方をしている民族に対しては勝ち残れないであろう。惰眠をむさぼっていると民族全体として没落する傾向となるのである。

　（6）
　最後に、今後益々国の内外を問わず流動化、多様化、国際化が進む状況下にあって、日本は人口減少に転じていく。こういう観点から今一度主体性の確立という契機を考えてみよう。
　人口減少という事態は国家として決して喜ばしいことではない。いわゆる先進国で人口が増えているのは米国のみである。これは移民による。またフランスで女性にとって働きやすい職場環境を整備した結果、出生率が上がってきたといわれている。さて、日本としてはどうするのか。移民受け入れとなれば、これまでに述べてきた個としての主体性の確立、社会的な差別の排除、そしてそれに基づく差別と区別との区別などのことが重要となろう。
　今後は人口減少を補って国としての活力を維持するために毎年何十万人かの移民を受け入れるしかないという意見もある。諸外国の例を見ても、移民として入ってくる人々は単純労働の場合が多い。そこで治安が悪化するという面が生じる。そこでIT技術者など日本が必要としている人たちを受け入れれば治安の悪化という事態も生じないという意見もある。ただ高度の教育を受けた人たちは自国において立ち行くであろうから他国へ移民として移住はしないのではないかと思う。むしろ逆にそういう人たちは一時他国に行っていても自国に帰るのではなかろうか。かくてそういう人々の移民を認めても、出生率が回復するほどの効果は期待薄であろう。そこでまずは北欧やフランスでのように女性の働きやすい環境を整えて出生率の回復を期待するのが適切であろう。そういう努力をまずすべきであろう。その次に移民のことを考えるべきであろう。ただそういう環境整備は一企業では不可能であり、社会全体の共通経費として

そういう制度を構築していく必要がある。いずれにしろ移民受け入れとなれば、日本は多民族国家となっていくであろう。そういう状況を前提として考えてみると、性、人種、民族、宗教による社会的差別は廃さねばなるまい。それは当人個人として不幸なことはいうに及ばず、国家全体としても不幸である。人的資源を無駄にしているから。宝の持ち腐れである。各人の能力が十分発揮されることが国家としては必要である。ここで問題となることは社会的公正である。その上、そういう差別は様々な社会問題を引き起こす。最悪の場合、不満からの暴動さえ生じかねない。ただ職はあくまで仕事のためにあるのであり、仕事が職のためにあるのではない。本末転倒になってはならない。他に負担のかかる可能性のあるような仕方で職についても立派な仕事のできるはずはない。いわば自殺行為であり、サッカーでいえばオウン・ゴールである。自主規制が必要である。自己を真の意味で大切にしなくてはならない。そのことは自己の創造主である神に対しての責務であろう。このように目的は手段を選ぶのである。

　日本もドイツのように多民族国家になっていく可能性を考えると、社会的次元のことと個人的次元のこととを別個に考えることが不可欠となろう。そういう区別という考えに立たない限り、多民族が共存する多元的社会は収まりがつかないことであろう。差別ということは社会的次元でのみ考えるという見方はその重要性を増すであろう。

　日本の場合、制度が民主主義的にできているのは事実であろう。だが個としての主体性の確立という根本精神が抜けている。像を造って魂を入れていないようなものである。キリスト教的にいえば、「主なる神は、土の塵で人を形づくり、その鼻に命の息を吹き入れられた。」（創世記2,7）といわれている"命の息"が吹き入れられていないようなものである。そこでそういう制度が形骸化する危険が常に存する。否、事実そうなっているといえよう。例えば政権交代が皆無に近いことをとってもそうであろう。大連立などというのは国民の選択の自由を奪うことであり、誤りである。少しでも時宜にあった提案を行うことにおいて各政党は競争をしなくてはならない。そういう精神を否定することである。また個の主体性の確立は、政治経済的次元で考えれば一極集中の排除

へと自ずから通じていく。日本全国どこにいても、そこにしかない固有なものを育てて全国に、そして世界に誇りうるように各地域を形成していくこととなろう。何もかもを自己のところへと集めようとすることは個の主体性の欠如した依存的傾向の強い人間性の現れといえよう。依存心、つまり主体性欠如の代表的表現の一つといえよう。したがって心の創造性開発のためには、そういう動きは否定して極力分散化しておかねばならない。そうでない限り、つまり依存傾向のある限り創造的なものは生まれにくいであろう。分散化と集中排除とが不可欠であろう。集中排除によって人は漠然とした何かに依存してはおれなくなり、自己自身が究極のいわば権威であることを目指さざるをえなくなり、ここに創造性も生まれるのである。かくて分散化と集中排除とは個としての主体性確立に応じた社会体制といえよう。

　要約しておこう。人には罪という契機があるので、社会が活性を維持するには競争原理の導入が不可欠であろう。それには個としての主体性の確立が必要である。これは究極的には聖書に啓示された神を信じることを要請するのである。日本の歴史を振り返ってみると、今は明治以来の社会的、経済的体制の改革が求められている。全体主義から個人主義へ、個性埋没から主体性確立へ、横並び一線から競争へ、同─和から異─和へ。人がそのように変わりうる根源を聖書本来のキリスト信仰に見いだすのである。社会構造を競争原理の働くものへと変えなくてはならないのである。

　日本では伝統的に個としての主体性の確立という契機の重要性の認識が不十分と感じるので、この際そういう側面に焦点を合わせて特に取り上げた次第である。

2009 年 8 月

著　者

■著者紹介

名木田　薫（なぎた　かおる）

昭和 14 年	岡山県に生まれる
昭和 37 年	京都大学経済学部卒業、その後 3 年間武田薬品工業（株）勤務
昭和 40 年	京都大学文学部学士編入学　基督教学専攻
昭和 47 年	京都大学大学院博士課程単位取得退学、和歌山工業高専講師
昭和 60 年	岡山理科大学教授
平成 5 年	ドイツ・チュービンゲン大学神学部へ留学（1 年間）
平成 7 年	倉敷芸術科学大学教授
平成 15 年	同大学退職（3月末）

主要著書

『信仰と神秘主義』（西日本法規出版、1990）
『救済としてのキリスト教理解』（大学教育出版、1995）
『東洋的思想への問』（大学教育出版、2001）
『パウロと西洋救済史的思想』（大学教育出版、2004）
『旧約聖書での啓示と受容』（大学教育出版、2006）
『西洋キリスト『教』とパウロ的『信仰』』（大学教育出版、2008）
『東西の表裏一と聖書的思考』（大学教育出版、2009）

東西両宗教の内実的同異

2009 年 11 月 30 日　初版第 1 刷発行

■著　者──名木田　薫
■発行者──佐藤　守
■発行所──株式会社　大学教育出版
　　　　　〒700-0953　岡山市南区西市 855-4
　　　　　電話 (086)244-1268 ㈹　FAX (086)246-0294
■印刷製本──サンコー印刷（株）
■装　丁──ティーボーンデザイン事務所

Ⓒ Kaoru Nagita 2009, Printed in japan
検印省略　　落丁・乱丁本はお取り替えいたします。
無断で本書の一部または全部を複写・複製することは禁じられています。

ISBN978-4-88730-948-7

好評発売中

旧約聖書での啓示と受容
―日本文化からの考察―

名木田 薫 著
ISBN4-88730-702-0
定価 3,150 円(税込)
旧約聖書における，日本的心情の観点から理解・対応を試みる。

西洋キリスト『教』とパウロ的『信仰』

名木田 薫 著
ISBN978-4-88730-851-0
定価 3,675 円(税込)
東洋的・禅的考え方を背景としたキリスト『信仰』の探究書。

東西の表裏一と聖書的思考

名木田 薫 著
ISBN978-4-88730-926-5
定価 3,150 円(税込)
東西両宗教の思想における神の考え方の特異性を考察する。